千葉明徳高等学校

〈収録内容〉

2024 年度 …………………… 前期 1 月 17 日（数・英・国）

2023 年度 …………………… 前期 1 月 17 日（数・英・国）

2022 年度 …………………… 前期 1 月 17 日（

2021 年度 …………………… 前期 1

DL 2020 年度 …………………… 前期 1 月 ）

便利な DL コンテンツは右の QR コードから

解答用紙　過去年度　非対応 リスニング

⇒

※データのダウンロードは 2025 年 3 月末日まで。
※データへのアクセスには、右記のパスワードの入力が必要となります。 ⇒ 318851

〈合格最低点〉

	特　進		進学ＨＳ	
	前 期 A	前 期 B	前 期 A	前 期 B
2024年度	200点	200点	170点	180点
2023年度	190点	200点	150点	160点
2022年度	190点	200点	150点	160点
2021年度	190点	200点	150点	160点
2020年度	180点	190点	155点	165点

本書の特長

実戦力がつく入試過去問題集

- ▶ 問題 …………… 実際の入試問題を見やすく再編集。
- ▶ 解答用紙 …… 実戦対応仕様で収録。
- ▶ 解答解説 …… 詳しくわかりやすい解説には、難易度の目安がわかる「基本・重要・やや難」の分類マーク（下記参照）。各科末尾には合格へと導く「ワンポイントアドバイス」を配置。採点に便利な配点つき。

入試に役立つ分類マーク

基本 確実な得点源！
受験生の90%以上が正解できるような基礎的、かつ平易な問題。
何度もくり返して学習し、ケアレスミスも防げるようにしておこう。

重要 受験生なら何としても正解したい！
入試では典型的な問題で、長年にわたり、多くの学校でよく出題される問題。
各単元の内容理解を深めるのにも役立てよう。

やや難 これが解ければ合格に近づく！
受験生にとっては、かなり手ごたえのある問題。
合格者の正解率が低い場合もあるので、あきらめずにじっくりと取り組んでみよう。

合格への対策、実力錬成のための内容が充実

- ▶ 各科目の出題傾向の分析、合否を分けた問題の確認で、入試対策を強化！
- ▶ その他、学校紹介、過去問の効果的な使い方など、学習意欲を高める要素が満載！

解答用紙ダウンロード 解答用紙はプリントアウトしてご利用いただけます。弊社ＨＰの商品詳細ページよりダウンロードしてください。トビラのＱＲコードからアクセス可。

UD FONT 見やすく読みまちがえにくいユニバーサルデザインフォントを採用しています。

千葉明徳高等学校

千葉明徳が育む人、それは『行動する哲人』です

普通科
生徒数　1,043名
〒260-8685
千葉県千葉市中央区南生実町1412
☎043-265-1612
京成千原線学園前駅　徒歩1分
内房線・京葉線蘇我駅　バス15分
外房線鎌取駅　バス10分

URL	https://edu.chibameitoku.ac.jp/senior/

プロフィール

『行動する哲人』

1925(大正14)年、千葉淑徳高等女学校設立。1947(昭和22)年、千葉明徳高等学校と改称。38年に男子部を新設し、1974年から男女共学となった。2011年4月、中学校開設。2013年より完全学校6日制。「明徳を明らかにせん」とする校是に基づき、学芸、スポーツ、集団生活を通じて自己の主張や判断力を持ち行動する人間の育成に努めている学校だ。

環境

交通の便に恵まれた広大な敷地

京成線で千葉駅から約10分、「学園前」駅の正面に広がる3万坪の広大なキャンパス。JR蘇我駅・鎌取駅からも約10分のバスルートが確保されており、交通の便に大変恵まれている。

校舎はすべて冷暖房完備。昼休みには食堂となる約300席の生徒ホール、生徒ロビー、運動場脇のポケットパークや中庭など、憩いのスペースも豊富だ。

広大な校地の中にはスポーツ施設も充実しており、県内でも有数の広さを誇る体育館、天然芝の野球場、人工芝フィールドのサッカー・ラグビー場、全天候型走路の陸上トラック、テニスコート等、すべて校舎に隣接しているのが魅力だ。また、全生徒が一人1台のiPadを持ち、授業をはじめあらゆる学校生活に活用する本格的なICT教育を実践している。

カリキュラム

大学進学に特化した4コース制

中高一貫コースは6年間別カリキュラム。高校からの入学生は以下の3コース制。教育目標である「行動する哲人」の育成を図るため、大学進学を重視したコース別カリキュラムとなっている。

◆特別進学コース

国公立及び早慶上理レベルへの現役合格を目指すコース。豊富な授業に加え、朝7時から最終下校時刻まで休日も含めて利用できる自習室や、長期休業中の特別セミナーなど、予備校に通うことなく難関大学現役合格を目指す環境が整っている。他にも問題意識とプレゼンテーション能力を高める本格的総合学習など、社会のリーダーとしての人間形成にも力を入れている。

◆進学コース

GMARCHレベルを目標とした「ハイレベル進学(HS)クラス」と、日東駒専レベルを目標とした「進学(S)クラス」のクラス編成。一般受験に対応したカリキュラムの中で、各自の到達度に合わせて目標大学を明確にした学習指導を行う。主要教科の確認テストを中心とした毎日の朝学習や長期休業中の特別セミナーなどにより、学習習慣の定番と授業の意識を高めていく。部活動との両立に配慮した本コースは高校生活そのものを充実させながら進路目標実現を図る「文武両道」コースとして、本校の中心となるコースである。

◆アスリート進学コース

全員が運動系部活動に所属し、部活動の中心的役割を担いながら、生涯教育・社会体育など専門分野におけるリーダーとしての資質を育む。本コースにおいても4年制大学進学を目標とし、進学コースと同じカリキュラムで現役合格を目指す。

広大なキャンパスロケーション

清潔感あふれる制服

学校生活

種類の豊富な部活動

運動系17、文化系20の部活動・同好会が、全国大会常連のチアリーディング部を筆頭に熱心に活動している。

進路

卒業生の8割以上が大学・短大へ進学

例年、卒業生の約8割が大学・短大へ進学。2024年度卒業生の主な進学先は、東北大、千葉大、鹿児島大、早稲田大、上智大、明治大など。

国際化

多彩なグローバルプログラム

全コースで行う海外修学旅行や希望者によるセブ島やオーストラリア英語合宿、姉妹校交換留学、ネイティブによる校内集中ゼミなどグローバルプログラムも充実。

2025年度入試要項

試験日　1/17または18(前期B・C)
1/18(前期A)
1/28(前期D)

試験科目　前期A・B：国・数・英
前期C・D：国・数・英＋面接

2024年度	募集定員	受験者数	合格者数	競争率
前期A/B	270	139/750	130/706	1.1/1.1
前期C 専願/併願		14/147	8/82	1.8/1.8
前期D 専願/併願		8/41	5/20	1.6/2.1

※2024年度の定員は、特別進学70名、進学130名、アスリート進学70名

過去問の効果的な使い方

① **はじめに**　入学試験対策に的を絞った学習をする場合に効果的に活用したいのが「過去問」です。なぜならば，志望校別の出題傾向や出題構成，出題数などを知ることによって学習計画が立てやすくなるからです。入学試験に合格するという目的を達成するためには，各教科ともに「何を」「いつまでに」やるかを決めて計画的に学習することが必要です。目標を定めて効率よく学習を進めるために過去問を大いに活用してください。また，塾に通われていたり，家庭教師のもとで学習されていたりする場合は，それぞれのカリキュラムによって，どの段階で，どのように過去問を活用するのかが異なるので，その先生方の指示にしたがって「過去問」を活用してください。

② **目的**　過去問学習の目的は，言うまでもなく，志望校に合格することです。どのような分野の問題が出題されているか，どのレベルか，出題の数は多めか，といった概要をまず把握し，それを基に学習計画を立ててください。また，近年の出題傾向を把握することによって，入学試験に対する自分なりの感触をつかむこともできます。

過去問に取り組むことで，実際の試験をイメージすることもできます。制限時間内にどの程度までできるか，今の段階でどのくらいの得点を得られるかということも確かめられます。それによって必要な学習量も見えてきますし，過去問に取り組む体験は試験当日の緊張を和らげることにも役立つでしょう。

③ **開始時期**　過去問への取り組みは，全分野の学習に目安のつく時期，つまり，9月以降に始めるのが一般的です。しかし，全体的な傾向をつかみたい場合や，学習進度が早くて，夏前におおよその学習を終えている場合には，7月，8月頃から始めてもかまいません。もちろん，受験間際に模擬テストのつもりでやってみるのもよいでしょう。ただ，どの時期に行うにせよ，取り組むときには，集中的に徹底して取り組むようにしましょう。

④ **活用法**　各年度の入試問題を全問マスターしようと思う必要はありません。できる限り多くの問題にあたって自信をつけることは必要ですが，重要なのは，志望校に合格するためには，どの問題が解けなければいけないのかを知ることです。問題を制限時間内にやってみる。解答で答え合わせをしてみる。間違えたりできなかったりしたところについては，解説をじっくり読んでみる。そうすることによって，本校の入試問題に取り組むことが今の自分にとって適当かどうかが，はっきりします。出題傾向を研究し，合否のポイントとなる重要な部分を見極めて，入学試験に必要な力を効率よく身につけてください。

数学

各都道府県の公立高校の入学試験問題は，中学数学のすべての分野から幅広く出題されます。内容的にも，基本的・典型的なものから思考力・応用力を必要とするものまでバランスよく構成されています。私立・国立高校では，中学数学のすべての分野から出題されることには変わりはありませんが，出題形式，難易度などに差があり，また，年度によっての出題分野の偏りもあります。公立高校を含め，ほとんどの学校で，前半は広い範囲からの基本的な小問群，後半はあるテーマに沿っての数問の小問を集めた大問という形での出題となっています。

まずは，単年度の問題を制限時間内にやってみてください。その後で，解答の答え合わせ，解説での研究に時間をかけて取り組んでください。前半の小問群，後半の大問の一部を合わせて50%以上の正解が得られそうなら多年度のものにも順次挑戦してみるとよいでしょう。

英語

英語の志望校対策としては，まず志望校の出題形式をしっかり把握しておくことが重要です。英語の問題は，大きく分けて，リスニング，発音・アクセント，文法，読解，英作文の5種類に分けられます。リスニング問題の有無(出題されるならば，どのような形式で出題されるか)，発音・アクセント問題の形式，文法問題の形式(語句補充，語句整序，正誤問題など)，英作文の有無(出題されるならば，和文英訳か，条件作文か，自由作文か）など，細かく具体的につかみましょう。読解問題では，物語文，エッセイ，論理的な文章，会話文などのジャンルのほかに，文章の長さも知っておきましょう。また，読解問題でも，文法を問う問題が多いか，内容を問う問題が多く出題されるか，といった傾向をおさえておくことも重要です。志望校で出題される問題の形式に慣れておけば，本番ですんなり問題に対応することができますし，読解問題で出題される文章の内容や量をつかんでおけば，読解問題対策の勉強として，どのような読解問題を多くこなせばよいかの指針になります。

最後に，英語の入試問題では，なんと言っても読解問題でどれだけ得点できるかが最大のポイントとなります。初めて見る長い文章をすらすらと読み解くのはたいへんなことですが，そのような力を身につけるには，リスニングも含めて，総合的に英語に慣れていくことが必要です。「急がば回れ」ということわざの通り，志望校対策を進める一方で，英語という言語の基本的な学習を地道に続けることも忘れないでください。

国語

国語は，出題文の種類，解答形式をまず確認しましょう。論理的な文章と文学的な文章のどちらが中心となっているか，あるいは，どちらも同じ比重で出題されているか，韻文(和歌・短歌・俳句・詩・漢詩)は出題されているか，独立問題として古文の出題はあるか，といった，文章の種類を確認し，学習の方向性を決めましょう。また，解答形式は，記号選択のみか，記述解答はどの程度あるか，記述は書き抜き程度か，要約や説明はあるか，といった点を確認し，記述力重視の傾向にある場合は，文章力に磨きをかけることを意識するとよいでしょう。さらに，知識問題はどの程度出題されているか，語句(ことわざ・慣用句など)，文法，文学史など，特に出題頻度の高い分野はないか，といったことを確認しましょう。出題頻度の高い分野については，集中的に学習することが必要です。読解問題の出題傾向については，脱語補充問題が多い，書き抜きで解答する言い換えの問題が多い，自分の言葉で説明する問題が多い，選択肢がよく練られている，といった傾向を把握したうえで，これらを意識して取り組むと解答力を高めることができます。「漢字」「語句・文法」「文学史」「現代文の読解問題」「古文」「韻文」と，出題ジャンルを分類して取り組むとよいでしょう。毎年出題されているジャンルがあるとわかった場合は，必ず正解できる力をつけられるよう意識して取り組み，得点力を高めましょう。

数学

出題傾向の分析と合格への対策

●出題傾向と内容

本年度の出題数は，大問が5題，小問数にして20題と例年なみだった。前半は基礎力を重視した問題が中心になっているが，後半の規則性の問題や空間図形の計量の問題などは基礎力だけでは解けない。

本年度の出題内容は，[1]が数・式の計算，方程式，因数分解，平方根の計算の小問群，[2]が表面積，確率，平均値，円すいの展開図の小問群，[3]が正三角形の数を数える規則性の問題，[4]が図形と関数・グラフの融合問題で点の座標，直線の式，三角形の面積を考える問題，[5]が空間図形の計量で三平方の定理を利用して，辺の長さ，面積，体積について考える問題だった。

✓学習のポイント

前半に出題される計算問題や基本問題は，確実に解けるようにしておこう。また，マークシートの記入にも慣れておこう。

●2025年度の予想と対策

来年度も，出題の量や傾向に大きな変化はないと思われる。レベルは，基本事項をしっかりとふまえた上での，比較的，練習問題を多く解くことによってカバーできる標準的な問題が中心である。広い範囲にわたって十分に練習しておこう。図形は，いろいろな図形の性質や定理を使いこなせるように，標準問題を確実に解くという姿勢で練習に取り組もう。図形では，問題の通りに解くよりも，一工夫して解くものが多かったので，いろいろな場合に対する対処方法を身につけておきたい。確率は基本となる考え方をしっかりとおさえ，問題に対応できるようにしておくこと。

▼年度別出題内容分類表……

出題内容			2020年	2021年	2022年	2023年	2024年
数と式		数の性質	○	○	○	○	○
		数・式の計算	○	○	○	○	○
		因数分解	○	○	○	○	○
		平方根	○	○	○		○
方程式・不等式		一次方程式	○	○	○	○	○
		二次方程式	○	○	○	○	○
		不等式					
		方程式・不等式の応用	○	○	○	○	○
関数		一次関数	○	○	○	○	○
		二乗に比例する関数	○	○	○	○	○
		比例関数	○		○		
		関数とグラフ	○	○	○	○	○
		グラフの作成					
図形	平面図形	角度	○	○	○		
		合同・相似		○	○	○	
		三平方の定理		○	○	○	
		円の性質	○	○	○		
	空間図形	合同・相似	○			○	
		三平方の定理	○		○	○	○
		切断			○	○	
	計量	長さ	○		○	○	○
		面積		○	○	○	○
		体積	○	○	○	○	○
		証明					
		作図					
		動点					
統計		場合の数					
		確率	○	○	○	○	○
		統計・標本調査		○		○	
融合問題		図形と関数・グラフ		○	○	○	○
		図形と確率	○				
		関数・グラフと確率					
		その他					
その他						○	○

千葉明徳高等学校

英語

出題傾向の分析と合格への対策

●出題傾向と内容

本年度は，リスニング問題3題，語順整序問題，長文読解2題，会話文1題の計7題の出題であった。問題の難易度に変化はなく，解答形式も例年通り，マークシート方式であった。

リスニング問題は比較的平易で聞き取りやすい内容だった。

文法に関する問題は，例年，文法事項のほぼ全般にわたっての出題で，慣用表現の知識を問うものもある。出題形式も多岐にわたっている。

✔学習のポイント

標準レベルの文法問題集を使ってくり返し練習し，典型的な問題には即答できるようにしておこう。

●2025年度の予想と対策

来年度も，出題傾向と難易度は，ほぼ例年と変わらないものと思われる。

リスニングは教科書本文の音声などを多く聞くとよいだろう。

中学の学習範囲の文法事項は，ほぼまんべんなく出題されるだろう。標準レベルの問題集をくり返し練習することが重要だ。

長文読解は，いろいろな種類のものを数多く読んで，英文に慣れることである。文脈の流れや要旨をつかむ練習をしておこう。

会話文では日常で使われる典型的な会話表現をできるだけ多く覚えること。

▼年度別出題内容分類表 ……

	出題内容	2020年	2021年	2022年	2023年	2024年
話し方・聞き方	単語の発音			○	○	○
	アクセント					
	くぎり・強勢・抑揚					
	聞き取り・書き取り	○	○	○	○	○
語い	単語・熟語・慣用句					
	同意語・反意語					
	同音異義語					
読解	英文和訳(記述・選択)					
	内容吟味	○	○	○	○	○
	要旨把握					
	語句解釈		○			
	語句補充・選択	○	○	○	○	○
	段落・文整序					
	指示語		○		○	○
	会話文	○	○	○	○	○
文法・作文	和文英訳					
	語句補充・選択					
	語句整序		○	○	○	○
	正誤問題					
	言い換え・書き換え					
	英問英答					
	自由・条件英作文					
文法事項	間接疑問文				○	
	進行形	○			○	
	助動詞				○	○
	付加疑問文				○	
	感嘆文					
	不定詞			○	○	○
	分詞・動名詞		○	○		
	比較					○
	受動態					
	現在完了			○	○	
	前置詞	○	○	○		
	接続詞		○	○		
	関係代名詞		○	○		○

千葉明徳高等学校

国語

出題傾向の分析と 合格への対策

●出題傾向と内容

本年度も，知識問題が1題，現代文の読解問題が2題，古文の読解問題が1題の計4題の大問構成であった。

文学的文章は小説が採用されており，語句の意味の問題や心情理解が主に問われている。

論理的文章の読解問題では，論説文が採用され，文脈把握や内容吟味，筆者の主張をとらえる設問が中心となっている。段落構成の問題も出題された。

古文の読解問題は，『竹取物語』の一節，『万葉集』からの抜粋の出題で，大意や文脈把握，仮名遣いが問われている。

解答は，すべてマークシート方式が採用されている。

学習のポイント

紛らわしい選択肢の問題に慣れ，得点力を高めておこう。知識問題は基本的なものを確実におさえるようにしよう。

●2025年度の予想と対策

論理的文章と文学的文章に加え古文が出題され，基礎的な学力が幅広く問われる出題傾向は，大きく変わることはないと考えられる。

論理的文章では，文脈を正確に把握できるように，筆者の考えの中心をおさえつつ，細部を読み取る練習を積んでおくことが必要である。

文学的文章では，登場人物や立場などに留意しつつ，心情を把握できるように作品を多く読みこんでおこう。

古文は，全体の内容がつかめるように，代表的な作品を読んで，古文に慣れておこう。

漢字，語句，文法などは，問題集できちんと練習しておくことが大切である。

▼年度別出題内容分類表 ……

出題内容			2020年	2021年	2022年	2023年	2024年
内容の分類	読解	主題・表題					
		大意・要旨	○	○	○	○	○
		情景・心情	○	○	○	○	○
		内容吟味	○	○	○	○	○
		文脈把握	○	○	○	○	○
		段落・文章構成				○	○
		指示語の問題	○	○			
		接続語の問題	○			○	○
		脱文・脱語補充	○	○	○	○	○
	漢字・語句	漢字の読み書き	○	○	○	○	○
		筆順・画数・部首					
		語句の意味	○	○		○	○
		同義語・対義語	○				
		熟語	○	○	○		
		ことわざ・慣用句				○	○
	表現	短文作成					
		作文(自由・課題)					
		その他					
	文法	文と文節					
		品詞・用法	○	○	○	○	○
		仮名遣い			○	○	○
		敬語・その他					
	古文の口語訳		○	○	○	○	○
	表現技法		○	○	○	○	○
	文学史		○	○	○	○	○
問題文の種類	散文	論説文・説明文	○	○	○	○	○
		記録文・報告文					
		小説・物語・伝記	○	○	○	○	○
		随筆・紀行・日記					
	韻文	詩					
		和歌(短歌)					
		俳句・川柳					
	古文		○	○	○	○	○
	漢文・漢詩						

千葉明徳高等学校

2024年度 合否の鍵はこの問題だ!!

数学 [4], [5]

[4]は座標平面上で三角形の面積を求める典型的な出題。(1)は連立方程式を解くことによって交点の座標を求めたり，2点の座標から直線の式を求めたり，という関数の問題の基本動作の確認。関数の学習は高校に入っても続くので，ここは避けて通れない。座標平面上で，図形の問題を解くための基本は，辺の長さを求めること。縦に並ぶ2点間の距離は，上の点のy座標から下の点のy座標をひく。横に並ぶ2点間の距離は，右の点のx座標から左の点のx座標をひく。座標が具体的な数で与えられているときは意識しないかもしれないが，座標が文字式で与えられたときも同じように処理できなければいけない。三平方の定理を学習したので，2点間の距離はどのような場合も式で表すことができるが，式はできるだけ簡単な方がよい。三角形の面積を求める際も，等積変形を利用したり，いくつかの部分にわけたり，大きめに求めていらないところを引いたりと工夫したい。底辺×高さ÷2の式だけで三角形の面積を考えないほうがよい。

[5]は三平方の定理を利用する空間図形の計量。解説にある通り，三平方の定理は1つの問題の中で何度も何度も使うことがある。[4]とはうってかわって，三角形の面積を求めるに際して積極的に三平方の定理を利用する。斜めの線が登場したらそれを斜辺とする直角三角形を意識することになる。(3)のように立体の体積を2通りの方向から考える問題も非常に多いので，ぜひ，知っている問題にしておきたい。

英語 [6]

[6]の長文問題は，やや長い英文を使ったものであり，あまり身近ではない内容が書かれているので，読みこなすのに苦労した人も多かっただろう。注が用意されているものの，普段見かけない地名や人名に困惑した人もいたのではないだろうか。ただし，段落ごとの文章量が少なめで，内容が明確に変わっていくので，その点では読みやすいとも言える。

用いられている語彙や文法はごく標準的なものである。よって，中学での内容を超えた特別な学習は必要ないだろう。その代わり，これまでに習ったことをしっかりと復習しておく必要がある。

設問を見ると長文の内容を確認するものが並んでおり，適当な読み方をしていては正解は得られない。ただし，選択肢の内容自体のレベルは低いものなので，長文の内容をきちんとわかっていれば，解答に迷うことはないだろう。

このような問題を解くには，まず，中学で習った単語と熟語をしっかりと身につけるための復習をすることが重要である。語彙の知識が乏しいと，長文を正しく読解することはできない。また，まとまった量の長文を要領よく読みこなすための訓練をする必要がある。数多くの長文を読むという体験を多くもって，慣れることをめざそう。

国語 二 問七

★なぜこの問題が合否を分けるのか

段落のまとめを行うことで，文章全体の流れを掴むヒントになり，他の問題も解きやすくなる

★こう答えると合格できない

筆者が何を伝えたいのかを読み取れないこと

★これで合格！

形式段落事の話題ごとの関係性を考える。そして，目印となる指示語や接続語を探す。

しかし(逆説)や　ところで(転換)は，段落の分かれ目になるので，日頃から文章を読む際に目印をつけるように工夫するとよい。

2024年度

★★★★★★★★★★★★★★★★★★★★★★★

入　試　問　題

2024年度

千葉明徳高等学校入試問題

【数　学】（50分）〈満点：100点〉

1　次の□に入る数値を答えなさい。

（1）$\dfrac{8}{7}\times(-7)+9$ を計算すると，$\boxed{ア}$ である。

（2）$\dfrac{7(2+x)}{12}+\dfrac{-5x+2}{4}$ を計算すると，$\dfrac{\boxed{イ}-\boxed{ウ}x}{\boxed{エ}}$ である。

（3）方程式 $8x+2=\dfrac{9}{2}(x+2)$ を解くと，$x=\boxed{オ}$ である。

（4）連立方程式 $\begin{cases} -2x-3y=19 \\ 3x+2y=-6 \end{cases}$ を解くと，$x=\boxed{カ}$，$y=-\boxed{キ}$ である。

（5）$\sqrt{75}-\sqrt{27}+\dfrac{\sqrt{147}}{7}$ を計算すると，$\boxed{ク}\sqrt{\boxed{ケ}}$ である。

（6）$(x+4)^2-(x+4)-12$ を因数分解すると，$x(x+\boxed{コ})$ である。

（7）2次方程式 $3(x^2-6)=-24x$ を解くと，$x=-\boxed{サ}\pm\sqrt{\boxed{シ}\boxed{ス}}$ である。

2　次の□に入る数値を答えなさい。

（1）1辺の長さが1の立方体が下図のように組合わされているとき，この立体の表面積は $\boxed{ア}\boxed{イ}$ である。

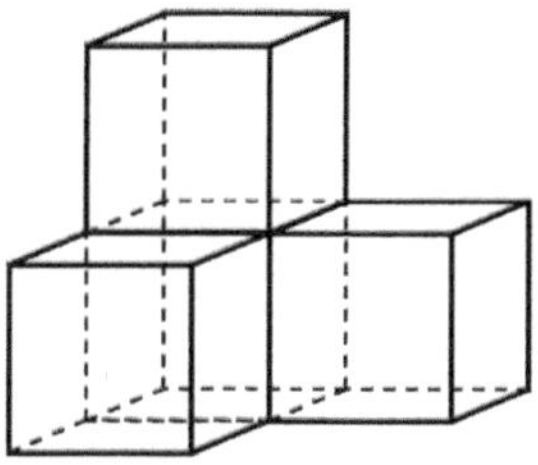

（2）2つのさいころを1回振って，出た目の数の和が素数となる確率は $\dfrac{\boxed{ウ}}{\boxed{エ}\boxed{オ}}$ である。

（3）5人の生徒が数学のテストを受けた。5人の得点の平均点は60点であり，最高点と最低点をとった生徒2名の平均点も60点であった。残り3人の得点の比が2：3：4であるとき，この3人の中での最高点は $\boxed{カ}\boxed{キ}$ 点である。

（4）次のページの図のような円すいについて，底面の中心をOとし，OA＝3，OB＝4とする。このとき，この円すいの展開図をかいたときのおうぎ形の中心角は $\boxed{ク}\boxed{ケ}\boxed{コ}^\circ$ である。

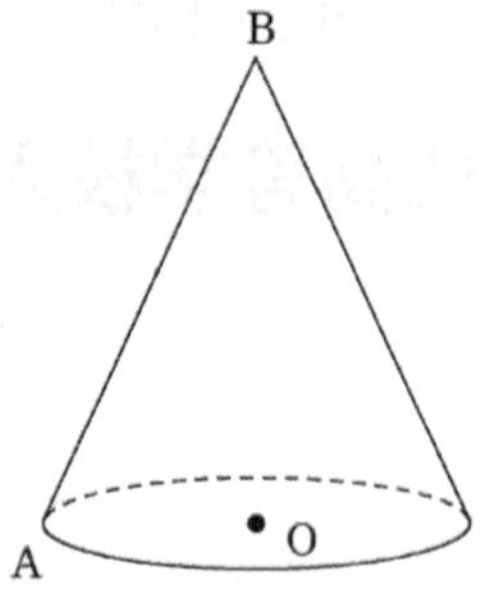

3

次の□に入る数値を答えなさい。

図1のように，1辺が1cmの正三角形をいくつか組合せてできる正三角形について考える。

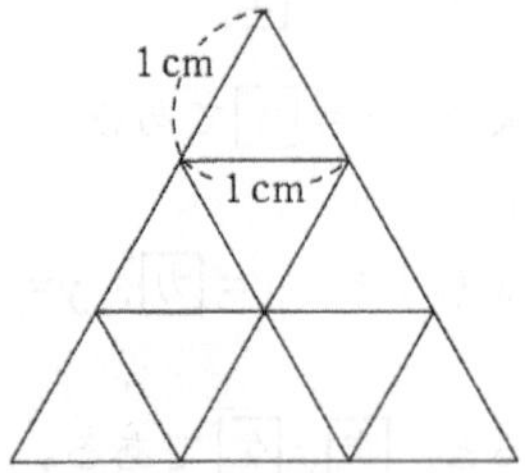

図1

（1） 1辺が4cmの正三角形をつくるとき，1辺が1cmの正三角形は[ア][イ]個必要である。

（2） 1辺が5cmの正三角形をつくるとき，1辺が3cmの正三角形は全部で[ウ]個できる。

（3） 図2のように，長さ1cmの棒を組み合わせて正三角形をつくる。1辺が10cmの正三角形をつくるには，長さ1cmの棒が全部で[エ][オ][カ]本必要である。

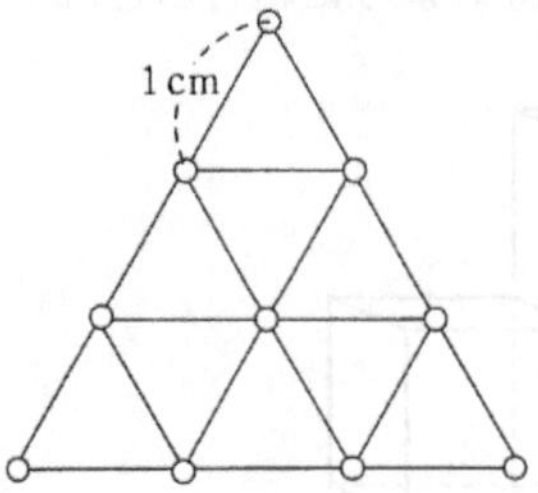

図2

4

次のページの図のように，放物線$y=\frac{1}{4}x^2$と直線lがあり，この放物線と直線lの交点をA，Bとする。A，Bのx座標はそれぞれ-2，8である。(0，-2)を通り，x軸と平行な直線をmとし，直線lと直線mとの交点をCとする。このとき，次の□に入る数値を答えなさい。

（1） 点Aの座標は(-2，[ア])であり，点Bの座標は(8，[イ][ウ])である。また，直線ABの式は，$y=\frac{\boxed{エ}}{\boxed{オ}}x+\boxed{カ}$である。

（2） 点Bを通り，y軸に平行な直線と直線mとの交点をDとする。このとき△BCDの面積は[キ][ク][ケ]である。

（3） $a>0$とする。点Eを$(a,\ -2)$とおくとき，△ABEの面積が△BCDの面積の$\frac{1}{3}$倍となるようなaの値は，$\frac{\boxed{コ}}{\boxed{サ}}$である。

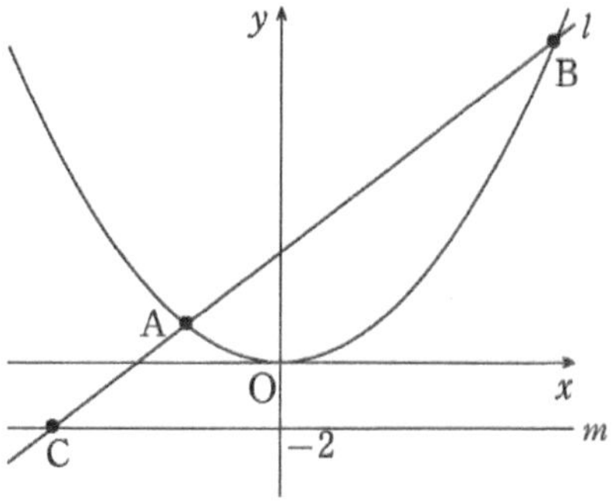

5

右図は，AB＝BF＝3，BC＝6の直方体である。次の$\boxed{}$に入る数値を答えなさい。

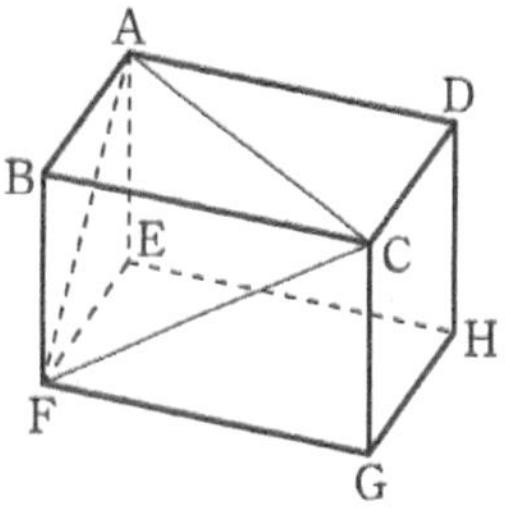

（1） ACの長さは$\boxed{ア}\sqrt{\boxed{イ}}$である。

（2） △ACFの面積は$\frac{\boxed{ウ}\boxed{エ}}{\boxed{オ}}$である。

（3） 三角すいB－AFCの頂点Bから△ACFに下ろした垂線の長さは$\boxed{カ}$である。また，その垂線が△ACFと交わる点をIとし，線分AFの中点をMとするとき，MI＝$\frac{\sqrt{\boxed{キ}}}{\boxed{ク}}$である。

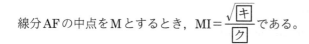

【英　語】（50分）〈満点：100点〉

リスニングの問題は1から3です。

1 この問題は，英語の対話を聞いて，最後の発言に対する受け答えを選ぶ問題です。受け答えとして最も適当なものを4つの選択肢（1 ～ 4）のうちから1つ選び，その数字をマークしなさい。問題は（1）から（4）の4問で，対話と選択肢はそれぞれ2回放送します。

（1）（内容は記載されません。）

（2）（内容は記載されません。）

（3）（内容は記載されません。）

（4）（内容は記載されません。）

2 この問題は，英語の対話または発言を聞いて，それぞれの内容についての質問に答える問題です。問題用紙に印刷された質問の答えとして適当なものを，4つの選択肢（1 ～ 4）のうちから1つ選び，その数字をマークしなさい。問題は（5）から（7）の3問で，対話または発言は，それぞれ2回放送します。

（5） What are they planning to do?

1 They're going to a movie.
2 They're going to finish their work.
3 They're going to the library to study.
4 They're eating at a restaurant.

（6） What are the man and the woman talking about?

1 The man's family and their house near the beach.
2 The weather at the beach which the man will visit.
3 The plan of the man's trip with his family.
4 The concert which the woman went to before.

（7） What is the man talking about?

1 A building newly built in the UK.
2 A famous tourist site in France.
3 A very old and mysterious place in England.
4 A tower in the US which few people visit today.

3 この問題は，長めの英文を聞き，その内容についての質問に答える問題です。質問の答えとして適当なものを，4つの選択肢（1 ～ 4）のうちから1つ選び，その数字をマークしなさい。問題は（8）と（9）の2問で，英文と質問は，それぞれ通して2回放送します。

（8）
1 An old town.
2 A big mountain.
3 Huge ocean.
4 A great artist.

（9） 1 Because it is not a real town.
2 Because they swim in the sky.
3 Because it is under the sea now.
4 Because they are very good at painting.

リスニングテストはここまでです。

これから，英語のリスニングテストを行います。まず，問題用紙の1ページ目を開いてください。リスニングテストの問題は大問1から大問3の三つです。
では，大問1から始めます。
この問題は，英語の対話を聞いて，最後の発言に対する受け答えを選ぶ問題です。受け答えとして最も適当なものを1～4のうちから一つ選び，その数字をマークしなさい。問題は（1）から（4）の4問で，対話と選択肢はそれぞれ2回放送します。では，始めます。

1

（1）
Man　　：I'm so tired after that long hike.
Woman：Yeah, me too. But the view from the top was amazing.
Man　　：
1 We should go hiking again right now.
2 I don't like swimming.
3 You will be at the top of the league.
4 That's true. I want to see it again.

（2）
Woman：I can't find my keys anywhere!
Man　　：Did you check on the kitchen counter?
Woman：
1 I'm not hungry.
2 I did! But I couldn't find them.
3 I think we need a better kitchen.
4 My keys are in the car.

（3）
Man　　：The movie starts at 7:30. Should we leave at 7?
Woman：No, let's leave a bit earlier, just to be safe.
Man　　：
1 We should go to the movies at 7:30.
2 The movie is not safe.
3 We'll leave it on the table.
4 You're right. We don't want to be late.

(4)

Woman：This cake is delicious! Did you make it?

Man　　：Yeah, I followed the recipe my grandmother gave me.

Woman：

1　The cake is terrible.

2　Where did you buy the book?

3　Your grandma is great.

4　I don't know the recipe.

2

この問題は，英語の対話または発言を聞いて，それぞれの内容についての質問に答える問題です。問題用紙に印刷された質問の答えとして適当なものを，１～４のうちから一つ選び，その数字をマークしなさい。問題は(５)から(７)の３問で，対話または発言は，それぞれ２回放送します。では，始めます。

(5)

Man　　：I'm going to the library to study for the test.

Woman：That's a good idea. I need to finish my project too.

Man　　：Let's meet there in an hour then.

< Written on the question paper >

What are they planning to do?

1　They're going to a movie.

2　They're going to finish their work.

3　They're going to the library to study.

4　They're eating at a restaurant.

(6)

Woman：I heard you're going on a trip next week.

Man　　：Yes, I'm going to the beach with my family.

Woman：That sounds like a lot of fun. Don't forget to bring sunscreen!

< Written on the question paper >

What are the man and the woman talking about?

1　The man's family and their house near the beach.

2　The weather at the beach which the man will visit.

3　The plan of the man's trip with his family.

4　The concert which the woman went to before.

(7)

Stonehenge is a very old and mysterious monument in England. It is made of huge stones that were put together a long time ago. Some people think it was a special place for some important ceremonies or for watching the sun and seasons. No one knows exactly why it was built, but it is a famous and interesting place to visit.

< Written on the question paper >

What is the man talking about?

1 A building newly built in the UK.
2 A famous tourist site in France.
3 A very old and mysterious place in England.
4 A tower in the US which few people visit today.

3

この問題は，長めの英文を聞き，その内容についての質問に答える問題です。質問の答えとして適当なものを，問題用紙に印刷されている１～４のうちから一つ選び，その数字をマークしなさい。問題は(８)と(９)の2問で，英文と質問は，それぞれ通して2回放送します。では，始めます。

There was a town called Baia. It was a town of the old Roman Empire more than 2,000 years ago. Today, a lot of fish swim through the town. Also, about 15,000 divers and tourists visit it every year. How is it possible? Hundreds of years ago, the town disappeared into the sea because of a volcano in the Mediterranean Sea. Then, in 1969, some divers found the whole town underwater.

Today, people can swim through the town. They see beautiful statues and tile art. Some artworks were broken by the animals and plants in the sea, so people made copies of them and put them back in the sea.

Questions

No. 8 What is Baia?

No. 9 Why can divers swim through Baia?

< Written on the question paper >

No.8

1 An old town.
2 A big mountain.
3 Huge ocean.
4 A great artist.

No.9

1 Because it is not a real town.
2 Because they swim in the sky.
3 Because it is under the sea now.
4 Because they are very good at painting.

4 [ ]内を日本文と合うように，正しく並べ替える際に選択肢の中で3番目に来るものを番号で答えなさい。なお，[ ]内の英語は全て用いるとは限らず，文頭に来るものも小文字になっています。

(10) 私はあなたにそんなことを言ってほしくはありません。

I don't [a thing / to / want / say / you / such / about].

1 a thing
2 to
3 say
4 such

(11) リハビリの後，彼は歩けるようになるだろう。

After the rehabilitation, he [can / going / will / to / be / able] walk.

1 be
2 going
3 able
4 to

(12) 私は1日に5時間英語を勉強することに慣れています。

I am used [studying / study / to / learn / English] for five hours a day.

1 to
2 English
3 study
4 studying

(13) 私の兄は私ほどお金を稼いでいません。

My brother doesn't [as much / as / do / time / earn / I].

1 I
2 as
3 as much
4 time

(14) これは私が今まで見た中で最も美しい絵です。

This is [ever / the most / picture / that / have / beautiful / seen / I].

1 ever
2 beautiful
3 that
4 picture

(15) その本を1か月間貸してください。

Please [that book / rent / lend / me / for] a month.

1 that book
2 to
3 lend
4 rent

5 以下の英文を読み，問いに答えなさい。

The Earth is very old. It has changed often during its long life, and it is still changing. Millions of years ago, when dinosaurs like ***Tyrannosaurus rex** were alive, the Earth was much warmer. There was very little ice on the land or on the sea, even in the very north or the very south of the world. And the sea was much higher than it is today.

There have been many changes since that time, sometimes to a【 ア 】climate, sometimes to a【 イ 】one. About 20,000 years ago, for example, a time called the Ice Age began. There was ice over much of the world, and it was 3 kilometres deep over much of North America and Europe. And the sea was not as high as it is today. Our climate has changed many times, and it will change again.

Why does our climate change? Sometimes the change comes from outside the Earth. For example, the Earth moves around the Sun — this is called the Earth's ***orbit**. Every few thousand years, the Earth changes its orbit around the Sun. The change happens slowly, and it brings the Earth near to the Sun or it takes it far away from the Sun. When this happens, it can finish an ice age — or it can start an ice age.

A change can also come from inside the Earth. An example of (17) this is the ***volcano** of Krakatoa. When it ***erupted** in 1883, the (18) [sky] became dark over many countries, and stayed dark for months. And for more than a year, the Earth was 1℃ colder than before. But now, for the very first time, people are changing the climate. In the year 1900, the Earth was 0.7℃ colder than it was in 2000, just one hundred years later. This change did not happen because of the Earth's orbit — (19) it happened because of us. Some people think that this is a small change. But think about this. A change of just 5 to 7℃ can start or finish an ice age.

Does climate change happen quickly or slowly? The film *The Day After Tomorrow* is about a change that happens very quickly. In the film, the Earth's climate changes in only a few days, and a new ice age begins in the north of the world.

Can the climate change like this? Scientists think that it can — but not as quickly as this. Scientists do not always agree. Some think that the climate is changing a lot, and some think that it is changing a little. Some think that it will change quickly, and some slowly. But all scientists agree that climate change is happening. The important question is this: how dangerous will the change be?

***Al Gore**, who worked next to President Clinton of the USA between 1993 and 2001, thinks that the change will be dangerous. In his film *An Inconvenient Truth*, Al Gore describes how the Earth's climate has changed. He has talked about the dangers of climate change (20) more than twenty years, but is he right? Is climate change a dangerous problem? Must we do something about it? And what can we do?

BARNABY NEWBOLT "*Climate Change*" OXFORD UNIVERSITY PRESS
(partly modified)

【注】 ***Tyrannosaurus rex** ティラノサウルス　***orbit** 軌道　***volcano** 火山
***erupt(ed)** 隆起　***Al Gore** アルゴア(第45代アメリカ合衆国副大統領)

(16)　【　ア　】と【　イ　】に入る適切な組み合わせを番号で答えなさい。

1　ア warmer　　イ colder　　2　ア brighter　　イ darker

3　ア lighter　　イ heavier　　4　ア sooner　　イ later

(17)　(17)のthisが表す内容ものを選択肢の中から選び番号で答えなさい。

1　change　　2　the Earth　　3　example　　4　an ice age

(18)　(18)[sky]の下線部と同じ発音をもつ単語を番号で答えなさい。

1　key　　2　my　　3　ski　　4　since

(19)　下線部(19)の文の，itの内容を明らかにしているものを番号で答えなさい。

1　Human beings made the climate temperature drop by 0.7℃ from 1900 to 2000.

2　The Earth's orbit made the climate temperature drop by 0.7℃ from 1900 to 2000.

3　Human beings made the climate temperature rise by 0.7℃ from 1900 to 2000.

4　The Earth's orbit made the climate temperature rise by 0.7℃ from 1900 to 2000.

(20)　(20)に入る適切なものを選択肢の中から選び，番号で答えなさい。

1　to　　2　for　　3　since　　4　by

(21)　次の文のうち，本文の内容と合っている文が二つあります。その組み合わせとして正しいものを選び，番号で答えなさい。

ア　Millions of years ago, the Earth had very little ice except in the very north.

イ　About 20,000 years ago, the sea level was lower than today and the ice was 3,000 meters deep over much of North America and Europe.

ウ　The climate changes because of the Sun every two thousand years.

エ　The volcano of Krakatoa in 1883 caused the Earth to become 1℃ warmer.

オ　Some scientists believe that the climate changes quickly and some don't agree with this idea.

1　ア・イ　　2　ウ・エ　　3　ウ・オ　　4　イ・オ

6　以下の英文を読み，問いに答えなさい。

【1】People often think of Marco Polo as the most famous traveller of his time. But it is important to remember that Marco's father and uncle travelled to the East before him. Without the earlier journey of Niccolo and Maffeo Polo, we cannot imagine the travels of Marco and his book *_The Description of the World_.

【2】Nicciolo and Maffeo left Venice for *__Constantinople__ in 1253. They sailed from the city in large ships full of goods to *__trade__. At this time, travel by sea was dangerous, dirty, and very uncomfortable, so the brothers were surely pleased to arrive, at last, in Constantinople.

【3】This great city was an important centre for *__merchants__ from around the world. The brothers traded busily here for six years and bought a lot of *__jewels__. But after some fighting between different groups in the city, the Polos decided to leave and take their jewels with them.

【4】The brothers first sailed to Sudak in modern-day Ukraine. They wanted to return to Venice but travel from here was too dangerous. So they began to move east along the north *__route__ of the Silk Road. The roads were safer in this area because they were under the rule of the *Mongols. On the journey the brothers bought and sold goods like salt, animal skins, gold, and spices.

【5】They travelled to Serai in a place now called Astrakhan. This was the summer home of the Mongol ruler Barka Khan and his people. When the Polos first met Barka Khan, they gave him their jewels from Constantinople as a present. But the ruler then gave them twice the number of jewels in return!

【6】The brothers, who were now rich, stayed there for a year and traded. They then travelled to the famous Silk Road city of Bukhara in modern-day Uzbekistan. More fighting meant that they could not go far from the city, or return home, so they worked there as merchants for three years.

【7】By luck, they met an *ambassador in Bukhara who was going to visit the great Mongol ruler of China, Kublai Khan. The ambassador agreed to take the two men to China to meet the Khan. In 1264 the Polos arrived at Kublai Khan's palace in Khanbaliq, or modern-day Beijing. It was now eleven years since they first left Venice.

【8】Later in *The Description of the World*, Marco talked about this famous meeting between the Polos and Kublai Khan. We learn that the great ruler was very interested to hear about the world. He asked the brothers about *the Pope, the Christian church, and the different rulers in Europe.

【9】The Khan liked Niccolo and Maffeo. The brothers traded in China for two years and learned to speak the Mongol language well. But in the end, they wanted to return home. Kublai Khan agreed, and he gave the two men a beautiful gold passport. With this, they could travel freely in the larger Mongol Empire and always get food and a place to sleep along the road.

JANET HARDY GOULD *"Marco Polo and the Silk Road"*
OXFORD UNIVERSITY PRESS
(partly modified)

【注】 ***The Description of the World*** 『東方見聞録』
***Constantinople** コンスタンティノープル（トルコの古代都市） ***trade(d)** 貿易をする
***merchant(s)** 商人 ***jewel(s)** 宝石 ***route** 道 ***Mongol(s)** モンゴル人
***ambassador** 大使 ***the Pope** ローマ法王

(22) From the paragraph【1】and【2】,
1 Marco Polo travelled to the East with his father and uncle.
2 Niccolo and Maffeo went to Venice in a big ship full of many things.
3 the sea near Constantinople was very safe so anyone could sail from there.
4 Niccolo and Maffeo probably had a lot of troubles getting to Constantinople.

(23) From the paragraph【3】and【4】,
1 Marco Polo left Constantinople after some fighting between different groups there.
2 Constantinople was one of the most important cities for merchants from around the world.

3 Niccolo and Maffeo returned to Venice because the route of the Silk Road was very dangerous for them.

4 the north route of the Silk Road was very safe because there were many people from other countries.

(24) From the paragraph【5】and【6】,

1 a lot of jewels were given to Barka Khan, as a present, by Marco Polo.

2 at first, Barka Khan didn't welcome the brothers because they were from Europe.

3 the brothers spent one year in Serai and three years in Bukhara.

4 Barka Khan asked the brothers to work as merchants in Bukhara.

(25) From the paragraph【7】to【9】,

1 Kublai Khan was interested in the world so he asked many questions to the brothers.

2 Niccolo and Maffeo had to work in Bukhara for eleven years until they met Kublai Khan.

3 Kublai Khan asked the brothers to write about him in the *The Description of the World*.

4 when Niccolo and Maffeo decided to return home, Kublai Khan gave them a beautiful gold passport to find a safe ship.

(26) From all the paragraphs,

1 some merchants in those days could go anywhere in a ship very safely.

2 it seemed easy for many people to take a trip safely to foreign countries in those days.

3 taking safe routes was always important for travelers in those days.

4 the title of this story is "Beautiful Gold Passport."

7 以下の対話文を読み，問いに答えなさい。

Kate : Hi guys!! Summer is almost here. Are you excited?
John : Yeah, only two more days until the vacation starts.
Ryu : I am really excited! What are you guys doing?
Kate : Actually, I haven't decided yet.
John : Me, neither. How about you, Ryu?
Ryu : I have some ideas, but I haven't decided one hundred percent yet.
Kate : Well, why don't we have a chat together and try to decide our summer plans?
John : That sounds good. What are some of your ideas, Ryu?
Ryu : Hmmm. Well, I want to go camping and also to Dozeyland.
Kate : Dozeyland?!? I really want to go there. I heard there is a new attraction.
John : "Small Sunny Mountain". It opened last week. I really want to ride it.
Ryu : We should go together!
Kate : That sounds good. When should we go?
John : How about this Friday?
Ryu : The second day of the vacation? I have a dentist's appointment.
Kate : What about next week, Friday?

John ：July 25th? That sounds good.
Ryu ：Great. What about some other activities?
Kate ：I want to go to the pool or the beach.
John ：Camping sounds good to me.
Ryu ：Okay. Camping, the pool and the beach.
Kate ：Why don't we go camping the day after Dozeyland?
John ：I can't, I am visiting my grandparents house, on that day.
Ryu ：Where do your grandparents live?
John ：In Ibaraki.
Ryu ：Mine, too.
Kate ：Wow. Mine live in Osaka. I am visiting them on August 15th.
John ：How about we go camping on July 30th?
Ryu ：I'm free.
Kate ：Me, too.
John ：Great.
Ryu ：How about the pool?
Kate ：Anytime is Okay for me.
John ：To be honest, I don't like the pool so much, but I do want to go to the beach.
Ryu ：So, Kate and I can go to the pool and all of us can go to the beach together on another day.
Kate ：There will be fireworks in Inage on August 3rd, so let's go to the beach then, and then watch the fireworks in the evening.
John ：That sounds good.
Ryu ：Kate, let's go to the pool the day before you visit your grandparents.
Kate ：Great. We now have a wonderful summer plan.

(27) When does summer vacation start?
 1 July 25th　　2 July 17th　　3 July 18th　　4 July 30th

(28) Who is not visiting their grandparents?
 1 Ryu　　2 Kate　　3 John

(29) On what day of the week will they go camping?
 1 Friday　　2 Tuesday　　3 Wednesday　　4 Thursday

(30) When is Ryu's dentist appointment?
 1 July 16th　　2 July 18th　　3 July 25th　　4 July 30th

(31) Where do Ryu's grandparents live?
 1 Inage　　2 Osaka　　3 Ibaraki　　4 Chiba

(32) Which activity will John not take part in?
 1 The beach　　2 Camping　　3 Dozeyland　　4 The pool

(33) When will they go to the pool?
 1 July 30th　　2 August 14th　　3 August 15th　　4 August 16th

Z 士に富む

① 資源がとてもある
② 人々が裕福になる
③ 出世が期待される
④ 兵士が多くいる
⑤ 予算が多い

問三 文章Bの空欄 ア に入る語として最も適切なものを次の中から一つ選び、番号をマークしなさい。

① 雪
② 月
③ 花
④ 雨
⑤ 煙

問四 文章Cの空欄 イ に入る語を本文中から抜き出し、それと同じ漢字が使われている四字熟語を次の中から選び、番号をマークしなさい。

① ジュウオウムジンに駆け回る。
② ジンバイッタイの動き。
③ チュウシンギシの心を持つ。
④ キシカイセイを図る。
⑤ シシソンソンの繁栄を願う。

問五 文章A・Bについて述べた内容として最も適切なものを次の中から一つ選び、番号をマークしなさい。

① 「逢ふことも…」の歌では、かぐや姫と会えなくなった帝の胸中が詠まれている。
② 帝は、かぐや姫へと宛てた手紙を、不死の薬とともに燃やすように指示した。
③ 調石笠は、富士山へ案内するよう帝に命じられ、帝と共に、富士山へと向かった。
④ 「田子の浦ゆ…」の歌は、別の山から見た雄大な富士山の姿が詠まれている。
⑤ かぐや姫に会えない帝に代わって、調石笠はかぐや姫に手紙を届けた。

ものであるが、それには「富士」説のほかに「不死」説があり、時代が下るにつれて、後者のほうが一般的になった。

富士説は「Z士に富む」意であり、『竹取物語』の本文に採用されている。とてもユーモラスな解釈であり、作者の好む洒落《しゃれ》とみてよいだろう。

不死説は、不死の薬を燃やしたことによる。威容を誇る霊山にふさわしいので、不死説を採りたいところだが、富士説よりも新しい。『竹取物語』より成立の古い『万葉集』には、「富士」も「不死」もなく、代わりに「［イ］」がある。どうやら、たえず天に立ち昇る噴煙が、語源のもとらしい。

（『ビギナーズ・クラシック日本の古典　竹取物語（全）』より）

語注

1　大臣、上達部を召して…「大臣と上達部を召喚して」の意。「大臣」、「上達部」は共に官職・官位を表す語。

2　駿河の国…かつて日本の地方行政区分だった令制国の一つ。現在の静岡県中部。

3　勅使…勅旨を伝える人。勅旨は天皇からの命令。

4　もてつくべきよし…「持っていくように命令した」の意。

5　御文…かぐや姫から帝へ宛てた手紙。

問一　傍線部a・bの読み方（発音の仕方）として最も適切なものをそれぞれ後の選択肢の中から一つ選び、番号をマークしなさい。

a　御使ひにたまはす

①　みつかひにたまはす

②　みつかいにたもうす

③　みつかひにたまわす

④　みつかいにたまはす

⑤　みつかいにたまわす

b　すべきやう教へさせ給ふ

①　すべきやうおしえさせたまふ

②　すべきようおしえさせたもう

③　すべきやうおしへさせたもう

④　すべきようおしへさせたまふ

⑤　すべきようおしへさせたまう

問二　傍線部X・Y・Zの現代語訳として最も適切なものをそれぞれ後の選択肢の中から一つ選び、番号をマークしなさい。

X　「いづれの山か天に近き」と問はせ給ふに、

①　「どの山が一番高いか」とご質問なさったところ、

②　「あの山はどれくらい高いか」とご質問なさったところ、

③　「なぜあの山は高いのか」と質問をお受けになられると、

④　「どっちの山が高いか」と質問をお受けになられると、

⑤　「いつの山が素晴らしいか」とご質問なさったところ、

Y　死なぬくすりも　何にかはせむ

①　（飲めば）死んでしまう薬を、何故使おうとするのか。

②　（飲んでも）死んでしまうなら、薬はどうすればいいのか。

③　（飲めば）死なない薬に、何の価値があるのか。

④　（飲んでも）死ねないなら、私はどうすればいいのか。

⑤　（飲めば）死なないなら、私は飲むべきだろうか。

④　プロの夢はあきらめたが、今までの将棋人生を振り返ることで、やはり将棋は好きであると実感したということ。

⑤　将棋に打ち込んだ今までの人生を振り返り満足したことで、将棋は趣味にしようと思いなおしたということ。

問七　この文章の表現に関する説明として最も適切なものを次の中から一つ選び、番号をマークしなさい。

①　二重傍線部ａ「胃が痛いし、まるで味がしないのに、どんどん食べられるのがふしぎだった」は、精神と肉体の差異を表し、祐也の不調がこれからも続くことを表現している。

②　二重傍線部ｂ「祐也は野崎君を容赦なく叩きつぶした」は、祐也の怒りの大きさを強い言葉を用いて表し、野崎君に対していら立つ気持ちの強さを表現している。

③　二重傍線部ｃ「肩に手を置かれて、その手で背中をさすられた」は、将棋で負けが続く息子に優しく接することで、プロ入りをあきらめさせようとする父親の気持ちを表現している。

④　二重傍線部ｄ「きみはあきらかにおかしかった。おとうさんも、おかあさんも、気づいてはいたんだが、将棋についてはい素人同然だから」はひらがなを多用することで聞き分けのない息子をあやそうとする父親の様子を表している。

⑤　二重傍線部ｅ「祐也はしだいに眠たくなってきた」は、プロを目指すことを諦めた祐也の緊張の糸が途切れ、父親の言葉を受け入れて安心した様子を表現している。

四　次の文章Ａは『竹取物語』の一節で、「かぐや姫」が月の都へ昇天した後の場面である。文章Ｂは『万葉集』からの抜粋であり、文章Ｃは文章Ａと文章Ｂについて、解説したものである。これらの文章を読み、後の問いに答えなさい。

【文章Ａ】

（帝は、）注1大臣《おとど》、上達部《かんだちめ》を召して、Ｘ「いづれの山か天に近き」と問はせ給ふに、ある人奏《そう》す。「注2駿河《するが》の国にあるなる山なむ、この都も近く、天も近く侍る」と奏す。これを聞かせ給ひて、

逢《あ》ふことも　涙にうかぶ我身には　Ｙ死なぬくすりも　何にかはせむ

かの奉《たてまつ》る不死の薬に、又、壺ぐして、ａ御使《みつか》ひにたまはす。注3勅使《ちょくし》には、調石笠《つきのいわかさ》といふ人を召して、駿河の国にあなる山の頂に注4もてつくべきよし仰せ給ふ。嶺《みね》にてｂすべきやう教へさせ給ふ。注5御文《おほんふみ》、不死の薬の壺ならべて、火をつけて燃やすべきよし仰《おほ》せ給ふ。そのよしうけたまはりて、つはものどもあまたぐして山へ登りけるよりなむ、その山をふじの山とは名づけける。

（『竹取物語』より）

【文章Ｂ】

田子《たご》の浦ゆ　うち出でて見れば、真白にそ　不尽の高嶺に　ア　は降りける

（『万葉集』より）

【文章Ｃ】

『竹取物語』の最終場面である。最後の落ちは富士山の語源を説いた

問三　傍線部Ａ「あんなやつはＥ２が最高で、あとは落ちていくだけさ」とあるが、このときの祐也の心情を説明したものとして最も適切なものを次の中から一つ選び、番号をマークしなさい。

①　野崎君は自分より年上であるのにまだ二段であるため、成長の見込みがないとみくびっている気持ち。
②　自分よりも焦らなければいけない野崎君が黙々と将棋に打ち込む姿に、やる気がないと見下している気持ち。
③　入会試験で負けが多かった野崎君のことを、自分より上になることがないとたかをくくる気持ち。
④　冷静に将棋に取り込む野崎君のことを、自分ではかなわないと思うが隠したい気持ち。
⑤　野崎君と同じ将棋教室に通っていた山沢君に対して歯が立たず、悔しい気持ちを代わりに野崎君にぶつける気持ち。

問四　傍線部Ｂ「祐也がまねしたくても、まねようのないものだった」とあるが、そのように示される野崎君の様子として最も適切なものを、次の中から一つ選び、番号をマークしなさい。

①　今のペースのまま昇段してもプロ入りが叶わないことを受け入れ、あきらめて将棋に取り組む様子。
②　プロ入りのために着々と駒を進め、やる気に満ち溢れたように見える様子。
③　自分より年上でプロ入りのためには急がなくてはならないのに、冷静に将棋に取り組む様子。
④　プロになることが目的ではなく、楽しんで将棋を打つことを目的としている様子。
⑤　自分より実力がないと見下していたのに、それを気にすることなく接してくれた様子。

問五　傍線部Ｃ「祐ちゃん、お帰りなさい。お風呂が沸いているから、そのまま入ったら」とあるが、ここに込められた母の心情として最も適切なものを、次の中から一つ選び、番号をマークしなさい。

①　息子に明るく声をかけあたたかいお風呂に入ってもらうことで、疲れた体を少しでも癒してほしいと思う気持ち。
②　普段と同じ態度で息子に声をかけることで、将棋をあきらめた息子に将棋のことを忘れさせようとする気持ち。
③　子どもに対して明るく振る舞うことで、将棋を嫌いになった息子にまた好きになってほしいと思う気持ち。
④　プロ棋士になることを諦めたことを夫から聞き、普段と同じ態度で接することで息子を受け入れ励ます気持ち。
⑤　お風呂に入ることをうながすことで、一人の空間で落ち着いて物事を考えてほしいとたしなめる気持ち。

問六　傍線部Ｄ「それでも将棋が好きだ」とあるが、この説明として最も適切なものを次の中から一つ選び、番号をマークしなさい。

①　野崎君や山沢君など、かけがえのない友達と出会うきっかけとなった将棋に感謝しているということ。
②　今までの自分の努力を振り返り、プロになれないのは当然であると受け入れ十分頑張れたと満足しているということ。
③　プロにはなれなかったが、家族のあたたかさを知るきっかけになった将棋を嫌いにはなれなかったということ。

と思っていたが、1局目と2局目はミスをしたところで正しく指していれば、優勢に持ち込めたことがわかった。

「おれは将棋が好きだ。プロにはなれなかったけど、Dそれでも将棋が好きだ」

うそ偽りのない思いにからだをふるわせながら、祐也はベッドに横になり、深い眠りに落ちていった。

語注

1 奨励会…新進棋士奨励会のこと。日本将棋連盟のプロ棋士養成機関であり、奨励会で三段に上がり、一定の成績を収めると四段（プロ）入りを果たすことができる。二十一歳の誕生日時点において初段に昇格できなかった場合は退会となる。研修会は奨励会の下部組織に相当する。

2 桂の間…部屋の名前のこと。

3 E2…研修会のランクのこと。上からS・A・B・C・D・E・Fとあり、A以下のランクはさらに1・2と分かれる。入会資格は二十歳以下のアマチュア有段者の少年少女であり、入会時の試験によってランクが振り分けられる。

4 飛車…将棋に使う駒の名前。銀も同様である。

5 三和土…土やコンクリートで作られた床のこと。ここでは玄関を意味する。

6 秀也…祐也より三歳年上の兄。小学生の時は将棋をしていたが、ほどなく飽きてやめている。

7 米村君…祐也と同じ小学校に通っていた同級生。祐也が将棋を始めるきっかけになった人物。

問一　傍線部（ア）～（ウ）の本文中における意味として最も適切なものを、次の各群の①～⑤のうちからそれぞれ一つずつ選び、番号をマークしなさい。

（ア）歯が立たなかった
① かみくだけないこと
② 受け入れられないこと
③ 勝ち目がないこと
④ 悔しく思うこと
⑤ 理解できないこと

（イ）体たらく
① あきらめた姿
② 明るく振る舞う姿
③ 泣きたくなる姿
④ ふがいない姿
⑤ 立ち向かう姿

（ウ）身も世もなく
① 周囲を気にできないほど苦しむこと
② 自分以外何も見えなくなっていること
③ 自分のことをどうでもいい存在と思うこと
④ 体調が悪く周囲の様子がわからないこと
⑤ 体力がつき何もできなくなっていること

問二　空欄Xにあてはまる語として最も適切なものを次の中から一つ選び、番号をマークしなさい。
① 頬を緩ませた　② 頭を抱えた
③ 目くじらを立てた　④ まぶたが重くなった
⑤ 頭が上がらなかった

まだと、きみは取り返しのつかないことになる。わかったね？」

「はい」

　そう答えた祐也の目から涙が流れた。足がとまり、溢《あふ》れた涙が頬をつたって、地面にぼとぼと落ちていく。胸がわななき、祐也はしゃくりあげた。こんなふうに泣くのは、保育園の年少組以来だ。（ウ）身も世もなく泣きじゃくるうちに、ずっと頭をおおっていたモヤが晴れていくのがわかった。

「将棋をやめろと言っているんじゃない。将棋は、一生をかけて、指していけばいい。しかし、おととしの10月に研修会に入ってから、dきみはあきらかにおかしかった。おとうさんも、おかあさんも、気づいてはいたんだが、将棋については素人同然だから、どうやってとめていいか、わからなかった。2年と2ヵ月、よくがんばった。今日まで、ひとりで苦しませて、申しわけなかった」

　父が頭をさげた。

「そんなことはない」

　祐也は首を横にふった。

「たぶん、きみは、注6秀也《しゅうや》が国立大学の医学部に現役合格したことで、相当なプレッシャーを感じていたんだろう」

　父はそれから、ひとの成長のペースは千差万別なのだから、あわてる必要はないという意味の話をした。

　千駄ヶ谷駅で総武線に乗ってからも、父は、世間の誰もが感心したり、褒めそやしたりする能力だけが人間の可能性ではないのだということをわかりやすく話してくれた。

「すぐには気持ちを切り換えられないだろうが、まだ中学1年生の12月なんだから、いくらでも挽回はきく。高校は、偏差値よりも、将棋部があるかどうかで選ぶといい。そして、自分なりの将棋の楽しみかたを見つけるんだ」

　ありがたい話だと思ったが、e祐也はしだいに眠たくなってきた。錦糸町《きんしちょう》駅で乗り換えた東京メトロ半蔵門《はんぞうもん》線のシートにすわるなり、祐也は眠りに落ちた。

　午後6時すぎに家に着くと、玄関で母がむかえてくれた。

「c祐ちゃん、お帰りなさい。お風呂が沸いているから、そのまま入ったら」

　いつもどおり、張り切った声で話す母に、祐也は顔がほころんだ。浴槽につかっているあいだも、夕飯のあいだも、祐也は何度も眠りかけた。2年と2ヵ月、研修会で戦ってきた緊張がとけて、ただただ眠たかった。

　悲しみにおそわれたのは、ベッドに入ってからだ。

「もう、棋士にはなれないんだ」

　祐也の目から涙が溢れた。布団をかぶって泣いているうちに眠ってしまい、ふと目をさますと夜中の1時すぎだった。父と母も眠っているらしく、家のなかは物音ひとつしなかった。

　常夜灯がついた部屋で、ベッドのうえに正座をすると、祐也は将棋をおぼえてからの日々を思い返した。注7米村《よねむら》君はどうしているだろう。中学受験をして都内の私立に進んでしまったが、いまでも将棋を指しているだろうか。いつか野崎君と、どんな気持ちで研修会に通っていたのかを話してみたい。

　祐也は、頭のなかで今日の4局を並べ直した。どれもひどい将棋だ予想に反してE2からE1へ、そしてさらにD2へと昇級し、2ヵ月ほど前から祐也とも対局が組まれるようになった。もっとも祐也のほうが力は上で、最初の試験対局と合わせて3連勝していたが、今日の2局目でついに初黒星を喫してしまったのである。

祐也は、野崎君に密かに感心していた。D2では、奨励会試験に合格するのはかなり難しい。野崎君はもう中学2年生なのだから、かりにこのままのペースで昇級したとしても、合格ラインであるC2にあがるのは1年後だ。奨励会へは6級で入会するのが普通だから、高校1年生での入会では、21歳の誕生日までに初段というハードルはまず越えられない。

つまり野崎君は祐也以上に焦らなければならないはずなのに、いまもひとりで黙々と詰め将棋を解いている。その落ち着いた態度は、B祐也がまねしたくても、まねようのないものだった。

やがて1時15分が近づき、ひとりまたひとりと対局場である大広間にむかっていく。祐也も桂の間を出て盤の前にすわったが、とたんに緊張しだして、呼吸が浅くなるのがわかった。

3局目の将棋も、まるでいいところがなかった。注4飛車を振る位置を三度も変える(イ)体たらくで、かつてなくみじめな敗戦だった。

4局目も、中盤の入り口で、銀をタダで取られるミスをした。祐也は大広間から廊下に出て、[X]。

「祐也」

呼ばれて顔をあげると、注5三和土《たたき》に背広を着た父が立っていた。

「どうした?」

心配顔の父に聞かれて、祐也は4連敗しそうだと言った。

「そうか。それじゃあ、もう休もう。ずいぶん、苦しかったろう」

祐也は父に歩みよった。C肩に手を置かれて、その手で背中をさすられた。

「挽回《ばんかい》できそうにないのか?」

手を離した父が一歩さがって聞いた。

「無理だと思う」

祐也は目を伏せた。

「そうか。それでも最後まで最善を尽くしてきなさい」

「わかった」

父に背をむけて、祐也は大広間に戻った。どう見ても逆転などあり得ない状況で、こんな将棋にしてしまった自分が情けなかった。10手後、祐也は頭をさげた。次回の、今年最後の研修会で1局目から3連勝しないかぎり、D1で2度目の降級点がつき、D2に落ちる。これでは奨励会試験に合格するはずがない。しかし、そんなことよりも、いまのままでは、将棋自体が嫌いになりそうで、それがなによりこわかった。

祐也はボディーバッグを持ち、大広間を出た。

「負けたのか?」

父に聞かれて、祐也はうなずいた。そのまま二人で1階まで階段をおりて、JR千駄ヶ谷《せんだがや》駅へと続く道を歩いていく。いきには気づかなかったが、街はクリスマスの飾りでいっぱいだった。

「プロを目ざすのは、もうやめにしなさい」

祐也より頭ひとつ大きな父が言った。

「2週間後の研修会を最後にして、少し将棋を休むといい。いまのまることができるから。

問六 [15]に入る最後の文として最も適切なものを次の中から一つ選び、番号をマークしなさい。

① このルーシーこそ、高い理想を掲げつつ、傷付きやすい最近の若者たちのモデルだと言える。
② このルーシーこそ、他者を軽視する最近の若者たちの、改善の余地がある部分を表していると言える。
③ このルーシーこそ、劣等感を抱えて苦悩する、最近の若者たちの姿を現していると言える。
④ このルーシーこそ、最近若者たちが抱いている他者軽視傾向の性格を持つと言える。
⑤ このルーシーこそ、他者の動向を気にしつつ、自身の在り方を決定する若者たちの姿だと言える。

問七 この文章を意味のある段落のまとまりに分けたものとして、最も適切なものを次の中から一つ選び、番号をマークしなさい。

① [1][2][3][4][5]—[6][7][8][9]—[10][11][12]—[13][14][15]
② [1][2]—[3][4][5][6][7]—[8][9][10]—[11]—[12][13][14][15]
③ [1][2][3]—[4][5][6][7][8]—[9][10]—[11][12]—[13][14][15]
④ [1][2]—[3]—[4][5]—[6]—[7]—[8][9][10][11]—[12][13][14][15]
⑤ [1][2][3]—[4]—[5][6]—[7][8][9][10]—[11]—[12][13][14][15]

三

次の文章は、佐川光晴「駒音高く」の一節である。中学一年生の小倉祐也《おぐらゆうや》は将棋のプロ棋士を目指す人が集まる注1奨励会《しょうれいかい》に所属している。祐也はなかなか実力が伸びず、負けることが増え悩んでいる。以下はそれに続く場面である。これを読んで後の問いに答えなさい。

鳩森八幡《はともりはちまん》神社の電話ボックスから将棋会館に戻り、祐也は4階の注2桂の間で幕の内弁当を食べた。a胃が痛いし、まるで味がしないのに、どんどん食べられるのがふしぎだった。

「小倉君。持ち時間なしの一手10秒で一局指さない?」

今日の2局目に対戦した野崎《のざき》君が声をかけてくれたが、祐也は首を横に振った。1年前、野崎君は将棋を始めてわずか2年で研修会に入ってきた。入会試験の1局目を祐也が指したので、よくおぼえていた。朝霞《あさか》こども将棋教室に通っていて、二段になったばかり、歳は祐也よりひとつ上だという。

「中1で二段? それで、どうやってプロになるんだよ。こいつ研修会をなめてるだろ」

むやみに腹が立ち、b祐也は野崎君を容赦なく叩きつぶした。じっさい、野崎君は入会試験の8局を3勝5敗の成績で、注3E2クラスでの入会となった。

「Aあんなやつは E2が最高で、あとは落ちていくだけさ」

祐也がいつになくイジワルな気持ちになったのは、野崎君と同じ朝霞こども将棋教室に通っていた山沢貴司《やまさわたかし》君にまったく(ア)歯が立たなかったからだ。祐也より4ヵ月あとに入会してきた山沢君は小学3年生にして四段だった。評判通り、破格の強さで、8月の奨励会試験に合格して小学4年生での奨励会入りとなり、ちょっとしたニュースになった。

一方、野崎君も派手さはないが、着実に自力をつけていた。祐也のちな人たち。

② 学問を修めたエリートであり、高い理想を掲げる自分たちに並々ならぬプライドを持つが、一般市民の理想に対しては冷ややかな視線を送る人たち。

③ 現代の若者にない、自身への誇りにみなぎっており、何事においても成功することが可能であるという自信に満ちている人たち。

④ エリートである自分たちに誇りを持ち、一般市民に対しても自分たちと同じく理想を掲げて生きることを強く推奨《すいしょう》する人たち。

⑤ 理想を掲げて生きることを誇りとし、一般市民を見下してはいるが、自分たちが理想的な状態であるとは考えていなかった人たち。

問四　傍線部Ｂ「防衛機制」とあるが、具体的にどういうことか。具体例として最も適切なものを次の中から一つ選び、番号をマークしなさい。

① 人よりも劣っている部分が多い自分をあまり好きになれなかったが、自分を誇れるようになろう、と一念発起し、地道な努力を続けた。

② 同級生がうまくやっているのを見て、自分は到底敵わない、と内心では思いつつも、そんなことくらいで喜んでいるのか、と冷やかした。

③ 友人だと思っていたクラスメイトに悪口を言われているのを知り、人の悪口を言うような人間の相手はするだけ無駄だ、と思い、付き合いをやめた。

④ 友人に心無い一言を言われて傷付いたので、本当は反論したかったが、言い返されて更に嫌な思いをしたくないので黙って我慢した。

⑤ 親友が他者と楽しそうに話していたのを見て、いつも一緒でないのであれば親友ではない、と割り切り、他の友人のところへ話に行った。

問五　傍線部Ｃ「本当に幸福と感じる人」とあるが、なぜこの人達は「本当に幸福を感じ」られるのか。最も適切なものを次の中から一つ選び、番号をマークしなさい。

① 劣等感を抱くことがなく、自身に浴びせられる批判は全て的外れであることを理解しているために、他者の行動に対して干渉《かんしょう》せずに済むから。

② 強い自信を持ちつつも、自身が周囲から批判される理由を理解することができており、たとえ自分の価値がおびやかされる危機に瀕《ひん》しても、傷付くことがないから。

③ 劣等感を抱いてはいるが、他者に傲慢《ごうまん》な態度を取らないことを自らに誓っており、それ故に他者から価値の高い者と見られることに満足しているから。

④ 自信があり、他者から欠点を指摘されることもないため、自分にも確固たるプライドがあることを他者に対して知らしめる必要がないから。

⑤ 他者に対する劣等感を抱いておらず、また、適切に自身を評価することができているため、本当に必要な時には他者を頼

Ⅲ 、一般的にはチャーリーの方がルーシーよりも社会的に望ましく好感が持てる。チャーリーは問題を持つとしばしば他者に助けを頼むが、ルーシーはあまりにプライドが高くて他者に助けを求めようとしない。彼女が助けを求めないのは、他者に助けを求めることが自分の弱さを人に露呈《ろてい》することになる、と見ているからだろう。しかし、そのような考え方は改めるべきである。本当のプライドを持つ人は、自らをあるがままにとらえ評価し、必要な時には他者に素直に助けを求めるものだからである。

12 ルーシーは、外面上は劣等感を見せず、自分がいかに偉いかを、他人ばかりでなく自分にも必死で納得させようとする。 Ⅳ 、内心では自分に対する評価の低いルーシーは、行動上いばるだけでなく、他人をバカにして支配しようとまでする。そのため傲慢《ごうまん》なルーシーは、時々攻撃的になる。他人を支配しようとするばかりか、他人の気持ちや立場をまったく配慮しない。

13 ルーシーは、たとえ自分に非があっても、自分には罪がないと言い張るだけでなく、責任を他人に押しつけようとする。自らの失敗を失敗と認めず、成功だと主張する。自信のある人は、あちこちで自分の価値を ウ してまわって自分の無知をさらけ出すようなことはしないものだろう。それに対して自信のない人は何でも知っていると吹聴《ふいちょう》し、とんでもないばかげたことを言いかねない。しかもその エ な態度と無遠慮な発言で周りから敬遠されがちで、自分から人が離れていくのに、彼らはその原因も自分の性格のせいだとは認めようとしない。

14 ルーシーが日常的に上機嫌になれないのは、防御の姿勢が強いからであろう。劣等感に苦しんでいるのに、自分の価値の高さを誇示したい人たちは、自分を周りの人より優れていると思うことで、自尊感情を取り戻そうとする。そのため、周りの人を低く見る必要がある。

15 ［　　　　　　　　］

（速水俊彦『他人を見下す若者たち』）

＊出題の関係上、文章の一部を改変している。

語注

1 旧制高校…明治時代から昭和時代前期にかけての日本に存在した高等教育機関のこと。

2 寮歌…旧制学校の寮の歌。特に、旧制高校などの学生寮の歌のこと。

問一 空欄Ⅰ～Ⅳにあてはまる語として最も適切なものをそれぞれ次の中から一つ選び、番号をマークしなさい。ただし、同じ選択肢を二度以上使うことはできません。

① 例えば　② しかし　③ そして
④ だとすれば　⑤ むろん

問二 空欄ア～エにあてはまる語として最も適切なものをそれぞれ次の中から一つ選び、番号をマークしなさい。ただし、同じ選択肢を二度以上使うことはできません。

① 弁解　② 余裕《よゆう》　③ 横柄
④ 類推　⑤ 吹聴《ふいちょう》

問三 傍線部A「旧制高校の学生」とあるが、彼らの特徴として最も適切なものを次の中から一つ選び、番号をマークしなさい。

① 一般市民を低級なものだと見下しつつ、大きな理想を掲げる自分に満足し、自身の無力さは棚に上げて、他者を批判しが

めたエリートにあたる青年が、高い理想とのズレによって、他者軽視をする傾向があったと考えられる。しかし、現代生じている他者軽視はこれとはメカニズムが異なるし、殆《ほとん》どの若者が行っていることと考えられる。

5 現代の多くの若者は、理想主義からは遠い存在である。高い理想を掲げること自体を嘲笑《ちょうしょう》する傾向すら、現代の若者にはある。昔の高い理想を掲げる人たちはそれを目指して生きて行こうとしており、高い動機づけを持ち、生き生きしていた。そして、おそらく自分たちのように理想を持てない人を情けなく思ったのであろう。だからといって、彼らは自分たちが実際に他者に比べて著しく理想に近い状態にあるとは考えなかったものと推察される。だが、理想を掲げ、それに向かっていること自体が、他者に対しての誇りであったようにも思われる。［ Ⅱ ］、現在の若者は一般に、内心自信を喪失《そうしつ》しており、一種のB防衛機制として他者を軽視することで自信を取り戻そうとしているのである。

6 昔の若者たちは他者軽視するといっても、他者を無意味な存在だとか、抹消《まっしょう》すべきだなどとは安易に考えていなかったものと思われる。気に入らない相手に対して簡単に「死ね」などという言葉を、若者が発するようになったのは、最近のことではなかろうか。その意味では昔の若者の他者蔑視は、純粋に認知的、評価的なものであるが、近頃の若者の他者蔑視は、どろどろしたネガティブな感情を含んだものと言えるかもしれない。

7 スヌーピーに代表されるシュルツの描く漫画、『ピーナッツ』には対照的な二人の人物、チャーリーとルーシーが登場する。ここでは精神科医ツワルスキーの解説を参考にして二人の性格に注目してみよう（笹野洋子訳『スヌーピーたちの性格心理分析』講談社、笹野洋子訳『スヌーピーたちのいい人間関係学』講談社）。

8 ルーシーは悪いことが起きても、自分自身は成功していると考えるので［ イ ］する。一方、チャーリーはそれを自分が失敗の原因と考える。例えば、野球でルーシーのフィールディングは、チャーリーのピッチングと同様うまくないが、試合に負けた原因についても彼女は自分の失敗に触れないで、チャーリーのまずさを指摘する。ルーシーのようなタイプはすべて自分が正しいと考えやすい。彼女は自分の誤りに心を痛めることなく、自分の弱点を長所と見なしてしまう。

9 しかし、自分自身がC本当に幸福と感じる人は、周りの人を批判したりけなしたりする必要はない。十分に適応している人たちは、むしろ自分への批判を素直に受け入れることができる。ルーシーのような人たちは、おそらく心のどこかに劣等感を持っているために、他者の小さな欠点も見逃さず、彼らに対して優越者のように振る舞うと考えられる。むろんそのような行動は周りから批判を受けやすく、また彼らはその批判に対して我慢できない。そのため彼らは周りに八つ当たりする傾向がある。彼らは問題を自ら処理することに力を注ぐのでなく、他の人々を攻撃することで切り抜けようとする。

10 一方、チャーリーも劣等感を持ち、すぐに自分はダメな人間だと考えやすい。ただルーシーと違うのは、他者からの批判を無批判に受け入れてしまい、自分の立場で反論しようとしないことである。

11 このように見てくるとチャーリーとルーシーは異なっているところもあるが、心の奥に劣等感を持っているという点で類似している。

① 一月―霜月―冬　② 二月―如月―春
③ 八月―文月―夏　④ 十月―神無月―秋
⑤ 五月―弥生―夏

問四　次の短歌で用いられている表現技法として適切なものを後の選択肢から選び、番号をマークしなさい。

列車にて遠く見ている向日葵は少年のふる帽子のごとし

① 押韻　② 隠喩法　③ 体言止め
④ 倒置法　⑤ 直喩法

問五　次の意味を持つ慣用句として適切なものを後の選択肢から選び、番号をマークしなさい。

頭がよく判断が早いこと

① 顔が広い　② 舌を二枚使う
③ 敷居が高い　④ 目から鼻へ抜ける　⑤ 縄を張る

問六　川端康成の作品として適切なものを次の中から選び、番号をマークしなさい。

① 夜明け前　② 沈黙　③ 走れメロス
④ 暗夜行路　⑤ 雪国

問七　次の和歌の空欄に当てはまる語句として適切なものを後の選択肢から選び、番号をマークしなさい。

[　　]絶えなば絶えね　ながらへば　しのぶることの　弱りもぞする

① 玉の緒よ　② ちはやぶる　③ きりぎりす
④ 世の中は　⑤ ほととぎす

二

次の文章を読んで、後の問いに答えなさい。なお、設問の関係で本文の段落には[1]～[15]の番号を付してある。

[1] 半世紀以上も前に、青年心理学者・桂廣介《かつらひろすけ》は、若者というものは現実から離れた高い理想を掲げる傾向が強く、その理想主義に支配されて、高い位置から他者や世間一般を批判しやすいことを指摘している（『青年心理学』金子書房）。

[2]「青年は高い理想を尺度として、他人や一般社会を眺《なが》める。その高い理想にくらべると、他人の能力や社会の現実はあまりにも低級で汚れたものを感ぜざるを得ない。そこで青年は、それらを軽視する。ところで、外に対する軽蔑《けいべつ》は、おのずと相対的に、自尊・自負の情を誘発するのである。その場合、青年は、他人の無力だけに気づいていて、自分もまた現実では、他人と同じように無力であることを顧みるだけの[ア]がない」

[3] 特にA注1旧制高校の学生が愛唱した注2寮歌《りょうか》には、彼らの自負の念があふれているものが多い。例えば第一高等学校寮歌「嗚呼玉杯《ああぎょくはい》」の歌詞には、「栄華の巷《ちまた》、低く見て」とあり、これは寮から平和ボケした下界を見下ろし、自治の理想と救国の使命感に燃えるエリートの心意気を歌っていると言われているが、一般市民を見下している若者の姿が浮かび上がってくる。

[4] [I]、他人蔑視《べっし》、他者軽視は、若者がいつの時代に生きようとも、ある程度は経験することなのだろうか。かつては特に学問を修

【国語】（五〇分）〈満点：一〇〇点〉

一 次の問いに答えなさい。

問一 次のA～Eの傍線部の漢字と同じものを次の①～⑤の中からそれぞれ一つずつ選び、番号をマークしなさい。

A 強風で鉄道のカ線が切れた。
① 子供から大人へのカ渡期にある。
② 図書館の書カが満杯だ。
③ カ麗な舞台に魅了された。
④ 作品がカ作に選ばれた。
⑤ 育児休カをとる。

B 部活動のコ問の先生が来た。
① わがままが過ぎてコ立した。
② 不当な解コは禁止されている。
③ 定年を迎えて往時を回コする。
④ 一流品に触れると目がコえる。
⑤ 遠く離れた故郷をコう。

C 乗客に危ガイを加える。
① なかなか気ガイのある人物だ。
② しみじみと感ガイに浸る。
③ 庭のガイ虫駆除を頼む。
④ どの項目にもガイ当する。
⑤ ガイ交上の取引き。

D キョ実入り混じる報道。
① 十分な根キョを示す。
② 熱弁だが中身が空キョだ。
③ 具体例を列キョして説明する。
④ 家から駅までのキョ離を測る。
⑤ 外出のキョ可を得る。

E ケイ続的に通院する。
① 雑誌にケイ載された小説だ。
② 先生にケイ発されて学問を志した。
③ 客の様子を見て休ケイをとる。
④ ケイ自動車を運転する。
⑤ 古来の伝説をケイ承していく。

問二 次のA～Eの傍線部の品詞として、適切なものを次の中からそれぞれ一つずつ選び、番号をマークしなさい。

A 姉が食事を作ってくれた。
B いまとなってはずいぶん昔のことだ。
C あらゆる種類の花が植えてある。
D 私は将来、俳優になりたい。
E 静かに歩く。

① 形容動詞　② 連体詞　③ 助動詞
④ 副詞　⑤ 助詞

問三 漢数字の月と旧暦における月の異名と季節の組み合わせとして適切なものを次の中から選び、番号をマークしなさい。

2024年度

解答と解説

《2024年度の配点は解答欄に掲載してあります。》

＜数学解答＞

1 (1) ア 1 (2) イ 5 ウ 2 エ 3 (3) オ 2 (4) カ 4 キ 9
(5) ク 3 ケ 3 (6) コ 7 (7) サ 4 シ 2 ス 2

2 (1) ア 1 イ 8 (2) ウ 5 エ 1 オ 2 (3) カ 8 キ 0
(4) ク 2 ケ 1 コ 6

3 (1) ア 1 イ 6 (2) ウ 6 (3) エ 1 オ 6 カ 5

4 (1) ア 1 イ 1 ウ 6 エ 3 オ 2 カ 4 (2) キ 1 ク 0
ケ 8 (3) コ 4 サ 5

5 (1) ア 3 イ 5 (2) ウ 2 エ 7 オ 2 (3) カ 2 キ 2 ク 2

○配点○

1・2 各4点×11 3 (1) 4点 (2) 6点 (3) 7点

4 (1) ア 2点 イウ 2点 エオカ 4点 (2) 6点 (3) 7点

5 (1) 3点 (2) 5点 (3) カ 4点 キク 6点 計100点

＜数学解説＞

1 (数・式の計算，1次方程式，連立方程式，平方根，因数分解，2次方程式)

基本 (1) $\frac{8}{7}\times(-7)+9=-8+9=1$

(2) $\frac{7(2+x)}{12}+\frac{-5x+2}{4}=\frac{7(2+x)+3(-5x+2)}{12}=\frac{14+7x-15x+6}{12}=\frac{20-8x}{12}=\frac{5-2x}{3}$

(3) $8x+2=\frac{9}{2}(x+2)$ 両辺を2倍して$16x+4=9(x+2)$ $16x+4=9x+18$ $16x-9x=18-4$ $7x=14$ $x=2$

基本 (4) $-2x-3y=19$…①は3倍すると$-6x-9y=57$…①×3 $3x+2y=-6$…②は2倍すると$6x+4y=-12$…②×2 ①×3+②×2は$-5y=45$ $y=-9$ ②に代入すると$3x-18=-6$ $3x=12$ $x=4$

(5) $\sqrt{75}-\sqrt{27}+\frac{\sqrt{147}}{7}=5\sqrt{3}-3\sqrt{3}+\frac{7\sqrt{3}}{7}=2\sqrt{3}+\sqrt{3}=3\sqrt{3}$

(6) $(x+4)^2-(x+4)-12=x^2+8x+16-x-4-12=x^2+7x=x(x+7)$

(7) $3(x^2-6)=-24x$ 両辺を3でわると$x^2-6=-8x$ $x^2+8x-6=0$ 解の公式を利用する。
$x=\frac{-8\pm\sqrt{8^2-4\times1\times(-6)}}{2\times1}=\frac{-8\pm\sqrt{88}}{2}=\frac{-8\pm2\sqrt{22}}{2}$ $x=-4\pm\sqrt{22}$

2 (表面積，確率，平均点，円すいの展開図，三平方の定理)

(1) 上下左右前後の6方向から，いずれも1辺1の正方形が3つみえる。したがって，表面積は$1\times1=1$の正方形$3\times6=18$個分で$1\times18=18$

(2) 2つのさいころの目の出方は全部で$6\times6=36$通り。その中で和が素数となるのは和が2となる(1，1)の1通り，和が3となる(1，2)，(2，1)の2通り，和が5になる(1，4)，(2，3)，(3，2)，(4，1)の4通り，和が7になる(1，6)，(2，5)，(3，4)，(4，3)，(5，2)，(6，1)の6通り，和が

11となる(5，6)，(6，5)の2通り，あわせて$1+2+4+6+2=15$通り。したがってその確率は$\frac{15}{36}=\frac{5}{12}$

(3)　5人の合計点が$60\times5=300$点，最高点と最低点をとった2名の合計点が$60\times2=120$点なので，残り3人の合計点は$300-120=180$点。残りの3人の得点の比が2：3：4であることから，3人の得点を$2a$，$3a$，$4a$とおくことができ，$2a+3a+4a=180$　$9a=180$　$a=20$となる。3人の中での最高点は$4a=4\times20=80$点

(4)　円すいの展開図は，底面の円と側面のおうぎ形になる。底面の円の円周の長さと側面のおうぎ形の弧の長さが等しくなることを考える。底面の円の半径は3なので，弧の長さは$3\times2\times\pi=6\pi$　おうぎ形の半径は5，中心角をaとおくと弧の長さは$5\times2\times\pi\times\frac{a}{360}=\frac{10\pi a}{360}=\frac{\pi a}{36}$　$\frac{\pi a}{36}=6\pi$　$a=36\times6=216°$

3　(規則性，平面図形)

(1)　上から1段目に1辺1cmの正三角形1つ，2段目には3つ，3段目には5つ，4段目には7つ　あわせて$1+3+5+7=16$個

(2)　1辺が5cmの正三角形を1つつくるには，5段必要になる。1辺3cmの正三角形は1段目から3段目に1つ，2段目から4段目に2つ，3段目から5段目に3つ，あわせて$1+2+3=6$個

(3)　1番上の段にある正三角形を上向きの正三角形，反対向きの正三角形を下向きの正三角形とする。1番上の段には上向きの正三角形が1つ，2段目には上向きの正三角形が2つ，下向きの正三角形が1つあるが，上向きの正三角形をつくるように棒を並べれば，下向きの正三角形はできる。3段目，4段目…も同様に，上向きの正三角形をつくれば，その間に下向きの正三角形はできる。したがって，棒の数を数えるには，上向きの正三角形だけを数えればよい。10段目までに上向きの正三角形は$1+2+3+4+5+6+7+8+9+10=55$個作ることになるので，棒の数は$55\times3=165$本

4　(図形と関数・グラフの融合問題)

(1)　点Aは$y=\frac{1}{4}x^2$上の点で$x=-2$なので，$y=\frac{1}{4}\times(-2)^2=1$　A$(-2,\ 1)$　点Bは$y=\frac{1}{4}x^2$上の点で$x=8$なので，$y=\frac{1}{4}\times8^2=16$　B$(8,\ 16)$　直線ABの式を$y=px+q$とおくとAを通ることから$-2p+q=1$…①　Bを通ることから$8p+q=16$…②　②−①は$10p=15$　$p=\frac{3}{2}$　②に代入すると$8\times\frac{3}{2}+q=16$　$q=4$　直線ABの式は$y=\frac{3}{2}x+4$

重要 (2)　mの式は$y=-2$となるので，ℓとmの交点は，$\frac{3}{2}x+4=-2$より$3x+8=-4$　$3x=-12$　$x=-4$　C$(-4,\ -2)$　Bを通りy軸に平行な直線は　$x=8$なので，D$(8,\ -2)$となる　$\triangle BCD=\frac{1}{2}\times CD\times BD=\frac{1}{2}\times(8+4)\times(16+2)=\frac{1}{2}\times12\times18=108$

やや難 (3)　Aから直線CDに垂線をおろし，垂線との交点をA′とするとA′$(-2,\ -2)$　$\triangle ABE=\triangle CBE-\triangle ACE=\frac{1}{2}\times CE\times BD-\frac{1}{2}\times CE\times AA'=\frac{1}{2}\times CE\times(BD-AA')=\frac{1}{2}\times(a+4)\times(18-3)=\frac{15}{2}(a+4)$　これが$\triangle BCD\times\frac{1}{3}=108\times\frac{1}{3}=36$となればよい　$\frac{15}{2}(a+4)=36$　$15(a+4)=72$　$a+4=\frac{72}{15}=\frac{24}{5}$　$a=\frac{4}{5}$

5　(空間図形の計量，三平方の定理)

(1)　△ABCについて三平方の定理により　$AC^2=AB^2+BC^2=3^2+6^2=9+36=45$　$AC=3\sqrt{5}$

重要 (2)　△FBCについても(1)と同様に$FC=3\sqrt{5}$　△ABFについて三平方の定理により　$AF^2=AB^2+BF^2=3^2+3^2=18$　$AF=3\sqrt{2}$　△ACFはAC=FCの二等辺三角形であるのでCとAFの中点Mを結ぶ線CMはCM⊥AFとなる。△ACMについて三平方の定理により$CM^2=AC^2-AM^2=(3\sqrt{5})^2-\left(\frac{3\sqrt{2}}{2}\right)^2=45-\frac{9}{2}=\frac{81}{2}$　$CM=\frac{9}{\sqrt{2}}$　$\triangle ACF=\frac{1}{2}\times AF\times CM=\frac{1}{2}\times3\sqrt{2}\times\frac{9}{\sqrt{2}}=\frac{27}{2}$

やや難 (3)　三角すいB−AFCの体積=$\triangle AFC\times BI\times\frac{1}{3}=\frac{27}{2}\times BI\times\frac{1}{3}=\frac{9}{2}\times BI$　同じ三角すいを，向きを変えて底面ABF，高さBCとすると，$\frac{1}{2}\times3\times3\times6\times\frac{1}{3}=9$となるが，向きを変えても体積

は変わらないので，$\frac{9}{2}\times\mathrm{BI}=9$　BI＝2　△BCIについて三平方の定理により$\mathrm{CI}^2=\mathrm{BC}^2-\mathrm{BI}^2=6^2-2^2=36-4=32$　$\mathrm{CI}=4\sqrt{2}$　$\mathrm{MI}=\mathrm{CM}-\mathrm{CI}=\frac{9}{\sqrt{2}}-4\sqrt{2}=\frac{9}{2}\sqrt{2}-4\sqrt{2}=\frac{\sqrt{2}}{2}$

★ワンポイントアドバイス★

問題数は多くないが，確実な計算力が要求される。試験時間内に解答を仕上げられるよう，過去問演習を通して時間配分に気配りできるようにしておこう。

＜英語解答＞

1 (1) 4　(2) 2　(3) 4　(4) 3

2 (5) 3　(6) 3　(7) 3

3 (8) 1　(9) 3

4 (10) 2　(11) 3　(12) 2　(13) 2　(14) 4　(15) 1

5 (16) 1　(17) 1　(18) 2　(19) 3　(20) 2　(21) 4

6 (22) 4　(23) 2　(24) 3　(25) 1　(26) 3

7 (27) 2　(28) 1　(29) 3　(30) 2　(31) 3　(32) 4　(33) 2

○配点○

1, 2, 4　各2点×13　3　各3点×2　5　(16)～(20)　各4点×5　(21)　5点

6　各4点×5　7　(27)～(31)　各3点×5　(32)・(33)　各4点×2　計100点

＜英語解説＞

1～3　リスニング問題解説省略。

4　**(語順整序問題：不定詞，助動詞，慣用表現，比較，関係代名詞，命令文)**

(10)　(I don't) want you to say such a thing (.)　〈 want A to ～ 〉で「A に～してほしい」という意味を表す。〈 such a ～ 〉で「こんな(そんな)～」という意味を表す。

(11)　(After the rehabilitation, he) will be able to (walk.)　〈 be able to ～ 〉は〈 can ～ 〉と同じように「～できる」という意味を表す。

(12)　(I am used) to studying English (for five hours a day.)　〈 be used to ～ing 〉で「～するのに慣れている」という意味になる。

(13)　(My brother doesn't) earn as much as I do (.)　〈 not as ～ as … 〉で「…ほど～でない」という意味を表す。

(14)　(This is) the most beautiful picture that I have ever seen (.)　〈最上級＋現在完了の経験用法〉で「～した中で一番…」という意味を表す。

(15)　(Please) lend me that book for (a month.)　〈 lend A B 〉で「A に B を貸す」という意味になる。

5　**(長文読解問題・説明文：語句補充，指示語，発音，内容吟味)**

(全訳)　地球はとても古いです。長い生命の中で何度も変化し，今も変化し続けています。ティラノサウルス・レックスのような恐竜が生きていた数百万年前，地球はもっと暖かかったです。世界の極北や極南であっても，陸地にも海にも氷はほとんどありませんでした。そして，海は今日よりもずっと高かったです。

それ以来，時には【ア】より温暖な気候に，時には【イ】より寒冷な気候に，多くの変化がありました。たとえば，約2万年前，氷河期と呼ばれる時代が始まりました。世界の大部分に氷があり，北アメリカとヨーロッパの大部分では深さ3キロメートルに達しました。そして海は今日ほど高くはありませんでした。私たちの気候はこれまで何度も変化してきましたが，今後もまた変化するでしょう。

なぜ気候は変化するのでしょうか？　時々，変化は地球の外からもたらされます。たとえば，地球は太陽の周りを移動します――これは地球の軌道と呼ばれます。数千年ごとに，地球は太陽の周りの軌道を変えます。変化はゆっくりと起こり，地球を太陽に近づけたり，太陽から遠ざけたりします。これが起こると，氷河期を終わらせることができます――あるいは氷河期を始めることもあります。

変化は地球の内部から起こることもあります。(17)これの一例がクラカトア火山です。1883年に噴火したとき，多くの国で(18)空が暗くなり，何ヶ月も暗いままでした。そして1年以上にわたり，地球は以前よりも1℃寒かったです。しかし今，人類は初めて気候を変えています。1900年の地球は，わずか100年後の2000年よりも0.7℃寒かったです。この変化は地球の軌道のせいで起こったのではなく，(19)私たちのせいで起こりました。これは小さな変化だと考える人もいます。しかし，これについて考えてください。わずか5度から7度の変化で，氷河期が始まるか終わる可能性があります。

気候変動は急速に起こるのでしょうか，それともゆっくりと起こるのでしょうか？　映画『ザ・デイ・アフター・トゥモロー』は，急速に起こる変化について描いています。映画では，地球の気候はわずか数日で変化し，世界の北部で新たな氷河期が始まります。

気候はこのように変化するのでしょうか？　科学者たちは，それは可能だが，これほど早くはできないと考えています。科学者たちはいつも同意するとは限りません。気候が大きく変化していると考える人もいれば，少しずつ変化していると考える人もいます。すぐに変化すると考える人もいれば，ゆっくりと変化すると考える人もいます。しかし，科学者全員が気候変動が起こっていることに同意しています。重要な問題は，この変化がどの程度危険になるかということです。

1993年から2001年まで米国のクリントン大統領の隣で働いていたアル・ゴア氏は，この変化は危険だと考えています。アル・ゴア氏は，映画『不都合な真実』の中で，地球の気候がどのように変化したかについて説明しています。彼は20年以上もの(20)間気候変動の危険性について語ってきましたが，それは正しいのでしょうか？　気候変動は危険な問題でしょうか？　それについて何かしなければならないのでしょうか？　そして，私たちに何ができるでしょうか？

(16)　氷河期のような気候変動について書いているので，1が答え。2「ア＝より明るい，イ＝より暗い」，3「ア＝より軽い，イ＝より重い」，4「ア＝より早い，イ＝より遅い」

(17)　直前にある「変化は地球の内部から起こることもあります」の「変化」を指している。

(18)　sky =〔skái〕　1〔kíː〕，2〔mái〕，3〔skíː〕，4〔síns〕

(19)　直前にある「1900年の地球は，わずか100年後の2000年よりも0.7℃寒かったです」という内容を指しているので，3が答え。　1「人類は1900年から2000年にかけて気候の温度を0.7℃低下させた。」低下させたのではないので，誤り。　2「地球の公転により，1900年から2000年にかけて気候の温度が0.7℃低下した。」低下させたのではないので，誤り。　3「人類は1900年から2000年にかけて気候の温度を0.7℃上昇させた。」　4「地球の公転により，気候の温度は1900年から2000年まで0.7℃上昇した。」地球の公転のせいではないので，誤り。

(20)　現在完了の文において「～の間」という意味は〈for ～〉で表す。

重要　(21)　ア「何百万年も前，地球には極北を除いて氷がほとんどなかった。」「世界の極北や極南であっても，陸地にも海にも氷はほとんどありませんでした」とあるので，誤り。　イ「約2万年前，海面は現在よりも低く，北アメリカとヨーロッパの大部分に氷の深さは3,000メートルあった。」「北アメリカとヨーロッパの大部分では深さ3キロメートルに達しました。そして海は今日ほど高くはありませんでした」とあるので，正しい。　ウ「太陽のせいで気候は2千年ごとに変化します。」「変化は地球の内部から起こることもあります」とあるので，誤り。　エ「1883年のクラカトア火山により，地球は1℃暖かくなった。」「地球は以前よりも1℃寒かった」とあるので，誤り。　オ「科学者の中には，気候は急速に変化すると信じている人もいれば，この考えに同意しない人もいる。」「気候が大きく変化していると考える人もいれば，少しずつ変化していると考える人もいます」とあるので，正しい。

6 （長文読解問題・説明文：内容吟味）

（全訳）【1】 人々はよくマルコ・ポーロを当時最も有名な旅行者だと考えます。しかし，マルコの父親と叔父がマルコよりも前に東方へ旅行したことを覚えておくことが重要です。ニッコロとマフェオ・ポーロの初期の旅がなければ，マルコと彼の著書『世界の記述』の旅を想像することはできません。

【2】 ニッコロとマフェオは1253年にヴェネツィアを出てコンスタンティノープルに向かいました。彼らは交易品を満載した大きな船で街から出航しました。当時，海での移動は危険で，汚く，非常に不快なものでした。それで兄弟たちは，ついにコンスタンティノープルに到着できてきっと喜んだでしょう。

【3】 この大都市は世界中からの商人にとって重要な中心地でした。兄弟はここで6年間忙しく貿易をし，たくさんの宝石を購入しました。しかし，市内のさまざまなグループ間でいくつかの争いがあった後，ポーロたちは宝石を持って去ることにしました。

【4】 兄弟たちは最初に現在のウクライナにあるスダクへ航海しました。彼らはヴェネツィアに戻りたかったのですが，ここからの移動は危険すぎました。そこで彼らはシルクロードの北ルートに沿って東に移動し始めました。この地域はモンゴル人の統治下にあったため，道路はより安全でした。旅の途中，兄弟たちは塩，動物の皮，金，香辛料などの商品を売買しました。

【5】 彼らは現在アストラハンと呼ばれている場所にあるセライへ旅行しました。ここはモンゴルの統治者バルカ・カーンとその民の夏の別荘でした。ポーロたちがバルカ・カーンに初めて会ったとき，コンスタンティノープルからの宝石をプレゼントとして贈りました。しかし，統治者は代わりに2倍の宝石を彼らに与えました。

【6】 今では裕福になった兄弟たちは，そこに1年間滞在して貿易をしました。その後，一行はシルクロードの有名な都市，現在のウズベキスタンのブハラへ向かいました。戦闘が増えると，彼らは街から遠くに行くことも家に帰ることもできなくなり，そこで3年間商人として働きました。

【7】 幸運なことに，彼らはブハラで中国の偉大なモンゴルの支配者フビライ・カーンを訪問する予定だった大使に会いました。大使はカーンに会うために二人を中国に連れて行くことに同意しました。1264年，ポーロたちはハンバリク，つまり現在の北京にあるフビライ・カーンの宮殿に到着しました。彼らが初めてヴェネツィアを離れてから11年が経ちました。

【8】 マルコは『世界の記述』の後半で，ポロ族とフビライ・カーンの間のこの有名な会談について語りました。偉大な統治者が世界について聞くことに非常に興味を持っていたことがわかります。彼は兄弟たちに，教皇，キリスト教会，そしてヨーロッパのさまざまな統治者について尋ねました。

【9】 カーンはニッコロとマフェオが好きでした。兄弟は中国で2年間貿易をし，モンゴル語を上手に話せるようになりました。しかし，結局彼らは家に帰りたかったのです。フビライ・カーンは

これに同意し，二人に美しい金のパスポートを渡しました。これにより，彼らはより大きなモンゴル帝国内を自由に旅行することができ，常に食べ物と道沿いに寝る場所を得ることができました。

(22) 「【1】と【2】段落より,」 1 「マルコ・ポーロは父と叔父と一緒に東方へ旅行した。」「父親と叔父がマルコよりも前に東方へ旅行した」とあるので，誤り。 2 「ニッコロとマフェオは，いろいろな物を積んだ大きな船でヴェネツィアへ行った。」「ヴェネツィアを出てコンスタンティノープルに向かいました」とあるので，誤り。 3 「コンスタンティノープル近くの海は非常に安全だったので，誰でもそこから出航することができた。」「当時，海での移動は危険で」とあるので，誤り。 4 「ニッコロとマフェオはコンスタンティノープルに行くまでにおそらくたくさんの苦労があっただろう。」「当時，海での移動は危険で，汚く，非常に不快なものでした。それで兄弟たちは，ついにコンスタンティノープルに到着できてきっと喜んだでしょう」とあるので，答え。

(23) 「【3】と【4】段落より,」 1 「マルコ・ポーロは，コンスタンティノープルでの異なるグループ間のいくつかの戦闘の後，コンスタンティノープルを去った。」 マルコ・ポーロがしたことではないので，誤り。 2 「コンスタンティノープルは世界中の商人にとって最も重要な都市の一つだった。」「この大都市は世界中からの商人にとって重要な中心地でした」とあるので，答え。 3 「ニッコロとマフェオは，シルクロードのルートが彼らにとって非常に危険だったので，ヴェネツィアに戻った。」 シルクロードのルートをたどったので，誤り。 4 「シルクロードの北ルートは他国から来た人が多かったのでとても安全だった。」「この地域はモンゴル人の統治下にあったため，道路はより安全でした」とあるので，誤り。

(24) 「【5】と【6】段落より,」 1 「マルコ・ポーロからバルカ・カーンにたくさんの宝石が贈り物として贈られた。」 マルコ・ポーロがしたことではないので，誤り。 2 「当初，バルカ・カーンは兄弟たちがヨーロッパ出身だったので歓迎しなかった。」 文中に書かれていない内容なので，誤り。 3 「兄弟たちはセライで1年，ブハラで3年を過ごした。」「そこ(セライ)に1年間滞在して貿易をしました」,「そこ(ブハラ)で3年間商人として働きました」とあるので，答え。 4 「バルカ：カーンは兄弟たちにブハラで商人として働くよう頼んだ。」 文中に書かれていない内容なので，誤り。

(25) 「【7】から【9】段落より,」 1 「フビライ・カーンは世界に興味があったので，兄弟たちにたくさんの質問をした。」「偉大な統治者が世界について聞くことに非常に興味を持っていた」とあるので，答え。 2 「ニッコロとマフェオは，フビライ・カーンに出会うまで，ブハラで11年間働かなければならなかった。」 文中に書かれていない内容なので，誤り。 3 「フビライ・カーンは兄弟たちに，自分について『世界の記述』に書くよう頼んだ。」 文中に書かれていない内容なので，誤り。 4 「ニッコロとマフェオが帰国を決意したとき，フビライ・カーンは安全な船を見つけるために美しい金のパスポートを彼らに与えた。」「船を見つけるため」ではないので，誤り。

(26) 「全段落より,」 1 「当時の商人の中には，船に乗ってどこへでも非常に安全に行くことができた人もいた。」「当時，海での移動は危険で，汚く，非常に不快なものでした」とあるので，誤り。 2 「当時，多くの人にとって外国へ安全に旅行に行くのは簡単なことだった。」「当時，海での移動は危険で，汚く，非常に不快なものでした」とあるので，誤り。 3 「当時の旅行者にとって，安全なルートをとることは常に重要だった。」 ニッコロとマフェオが体験した内容に合うので，答え。 4 「この物語のタイトルは『美しい金のパスポート』です。」 文章の中心的な内容ではないので，誤り。

7 （会話文問題：内容吟味）

ケイト：こんにちは，みんな！　夏はもうすぐそこだよね。わくわくしてますか？
ジョン：うん，休暇が始まるまであと2日だね。
リュウ：本当にわくわくしているよ！　みんな何するの？
ケイト：実はまだ決めてないんだ。
ジョン：ぼくも。リュウはどう？
リュウ：いくつかアイデアはあるけど，まだ100パーセント決まってないよ。
ケイト：そうだ，一緒に話し合って，私たちの夏の予定を決めてみない？
ジョン：いいね。リュウ，君のアイデアのいくつかはどんなの？
リュウ：うーん。そうだね，キャンプとドジーランドにも行きたいね。
ケイト：ドジーランド？　私もそこに行きたいな。新しいアトラクションがあると聞いたよ。
ジョン：「スモール・サニー・マウンテン」だね。先週オープンしたよ。本当に乗りたいね。
リュウ：一緒に行こうよ！
ケイト：いいね。いつ行こう？
ジョン：今週の金曜日はどう？
リュウ：休みの二日目？　ぼくは歯医者の予約があるよ。
ケイト：次の週，金曜日はどう？
ジョン：7月25日？　いいね。
リュウ：素晴らしいね。他の活動についてはどうかな？
ケイト：プールか海に行きたいな。
ジョン：キャンプっていいと思うな。
リュウ：わかった。キャンプ，プールそしてビーチだね。
ケイト：ドジーランドの翌日キャンプに行かない？
ジョン：無理なんだ，その日は祖父母の家に行く予定なんだ。
リュウ：あなたの祖父母はどこに住んでいるの？
ジョン：茨城だよ。
リュウ：ぼくの祖父母も同じだよ。
ケイト：あら。私の祖父母は大阪に住んでいるよ。8月15日に訪問する予定なんだ。
ジョン：7月30日にキャンプに行くのはどう？
リュウ：ぼくは予定がないよ。
ケイト：私もよ。
ジョン：よかった。
リュウ：プールはどう？
ケイト：私はいつでも大丈夫だよ。
ジョン：正直に言うと，プールはあまり好きではないので，ビーチに行きたいんだ。
リュウ：それじゃ，ケイトとぼくはプールに行って，みんなで別の日にビーチに行ってもいいね。
ケイト：8月3日に稲毛で花火があるから，そのときに海に行こうよ，それから夕方には花火を見よう。
ジョン：それはいいね。
リュウ：ケイト，おじいちゃんを訪ねる前日にプールに行こう。
ケイト：いいね。もう素敵な夏のプランができたね。

(27) 「夏休みはいつ始まるか。」 7月25日の金曜日の前の金曜日が「休みの二日目」と言っているので，2が答え。

(28) 「祖父母を訪問しないのは誰か。」 ジョンとケイトは訪問すると言っているので，1が答え。

(29) 「彼らは何曜日にキャンプに行くか。」「7月30日」だと言っているので，3が答え。

(30) 「リュウの歯科医の予約はいつか。」「休みの二日目」なので，2が答え。

基本 (31) 「リュウの祖父母はどこに住んでいるか。」 ジョンと同じだと言っているので，3が答え。

(32) 「ジョンが参加しない活動はどれか。」「プールはあまり好きではない」と言っているので，4が答え。

(33) 「彼らはいつプールに行くか。」 ケイトは「8月15日に祖父母を訪問する」と言っている。リュウはケイトが「おじいちゃんを訪ねる前日に」と言っているので，2が答え。

★ワンポイントアドバイス★

4の(12)では〈 be used to ～ing 〉が使われている。似たものとして〈 used to ～ 〉がある。これは「かつてよく～した」という意味で過去の習慣的動作を表す。(例) I used to talk with him at school.「私はかつてよく彼と学校で話した。」

＜国語解答＞

一 問一 A ② B ③ C ③ D ② E ⑤ 問二 A ⑤ B ④ C ② D ③ E ① 問三 ② 問四 ⑤ 問五 ④ 問六 ⑤ 問七 ①

二 問一 Ⅰ ④ Ⅱ ② Ⅲ ⑤ Ⅳ ③ 問二 ア ② イ ① ウ ⑤ エ ③ 問三 ⑤ 問四 ② 問五 ⑤ 問六 ④ 問七 ⑤

三 問一 ア ③ イ ④ ウ ① 問二 ② 問三 ⑤ 問四 ③ 問五 ① 問六 ④ 問七 ②

四 問一 a ⑤ b ② 問二 X ① Y ③ Z ④ 問三 ① 問四 ① 問五 ①

○配点○

一 問一・問二 各1点×10 他 各2点×5 二 問一～問三 各2点×9 他 各3点×4 三 問一～問四 各3点×6 他 各4点×3 四 問一・問二 各2点×5 問三・問四 各3点×2 問五 4点 計100点

＜国語解説＞

一 （漢字の読み書き，ことわざ・慣用句，語句の意味，品詞・用法，文学史，表現技法）

問一 A 架線 ① 過渡期 ② 書架 ③ 華麗 ④ 佳作 ⑤ 休暇

B 顧問 ① 孤立 ② 解雇 ③ 回顧 ④ 肥 ⑤ 乞

C 危害 ① 気概 ② 感慨 ③ 害虫 ④ 該当 ⑤ 外交

D 虚実 ① 根拠 ② 空虚 ③ 列挙 ④ 距離 ⑤ 許可

E 継続的 ① 掲載 ② 啓発 ③ 休憩 ④ 軽自動車 ⑤ 継承

問二 A 「が」は，主語である事を表す「(格)助詞」である。 B 「ずいぶん」は副詞で後ろに用言がくるので「副詞」である。 C 体言(名詞)を修飾して意味をくわしく説明する語。自立語で活用がなく，主に連体修飾語になる。種類の花を指している。　D　ラ行五段活用の動詞「なる」の連用形である「なり」に，希望の助動詞「たい」が付いた形。　E 「静かに」は，終止形が「静かだ」となる「形容動詞」の連体形である。

やや難 問三　旧暦における月の異名は，1月は「睦月(むつき)」，2月は「如月(きさらぎ)」，3月は「弥生(やよい)」，4月は「卯月(うづき)」，5月は「皐月(さつき)」，6月は「水無月(みなづき，みなつき)」，7月は「文月(ふみづき，ふづき)」，8月は「葉月(はづき，はつき)」，9月は「長月(ながつき，ながづき)」，10月は「神無月(かんなづき)」，11月は「霜月(しもつき)」，12月は「師走(しわす)」。四季の分類は，春は一～三月，夏は四～六月，秋は七～九月，冬は十～十二月なので，月の異名と季節の組み合わせが合致しているのは，②。

問四 【現代語訳】 列車の窓から遠くに咲いている向日葵が見えるが，まるで少年がふる帽子のようだ。この歌の作者は寺山修司である。「～のようだ」「～に似ている」などの説明の言葉と一緒に，ある事柄を他のものにたとえる方法である。向日葵を「少年のふる帽子のようだ」とたとえている。⑤が正解である。

問五　①　顔が広いは，交際範囲が広く，知り合いが多いこと。　②　前に言ったことと後で言ったこととが違う。また，相手しだいで違ったことを言う。二枚舌を使う。　③　敷居が高いは，相手に迷惑をかけたり失礼なことをしたりして，その人の家に行きづらくなったり，その人に会いにくくなったりすることの例え。　④　目から鼻へ抜けるは，頭がよく判断が早いこと。　⑤　縄を張るは，縄を張って境界線を決めること。

重要 問六　①　島村藤村の作品で，長編歴史小説である。　②　遠藤周作の作品で，日本を代表するキリスト教文学作品である。　③　太宰府の作品である。他に『人間失格』などが有名である。　④　志賀直哉の作品で，『城の崎にて』などが有名である　⑤　川端康成の作品で，『伊豆の踊子』などが有名である。

問七 【現代語訳】 我が命よ，絶えてしまうのなら絶えてしまえ。このまま生き長らえていると，堪え忍ぶ心が弱ってしまうと困るから。玉の緒とは，もともとは，首飾りなどに使われる玉を貫いた緒(を。ひものこと)のこと。「絶え」「ながらへ」「よわり」は，緒の縁語で，どれも緒の状態に関係している。

二 **(接続語の問題，大意・要旨，情景・心情，文脈把握，脱文・脱語補充，段落・文章の構成，論説文・説明文)**

問一　Ⅰ　仮定ではない前の事柄に対して自分の主張を述べるときに使う④。　Ⅱ　前の事柄から予想される結果とは逆になっていることを示す②。　Ⅲ　前の文章と比較して譲歩する⑤。
Ⅳ　前の事柄に加えてもう一つ事柄を付加的に加えるのに使う③。

重要 問二　①　弁解　都合の悪いことや過失などをとりつくろうための説明をすること。　②　余裕　ゆったりと落ち着いていること。心にゆとりがあること。　③　横柄　無礼なこと，偉そうな態度をとること。　④　類推　類似の点をもとにして，他を推しはかること。　⑤　吹聴　言いふらすこと。言い広めること。

問三　傍線Aの後に旧制高校の歌詞は，自治の理想と救国の使命感に燃えるエリートの心意気を歌っていると言われているが，寮から下界を見下ろして一般人を見下している若者の姿が浮かんでくる。高い理想とのズレに苦しんでいる若者たちが実際に他者に比べて著しく理想に近い状態にあるとは考えていなかったと推測される。

問四　傍線Bの前後を読んで見ると，現在の若者は内心喪失しており，他者を軽視することで，自信を取り戻そうと書かれている。

問五　後ろの文章を読んでいくと「このように」とあり，前で述べてきた事柄からある事柄を導きだす時に使われるので，その後を読んでいくとプライドを持っている人は，自らをそのままとらえ評価し，必要な時には他者に素直に助けを求められるとある。

重要 問六　ルーシーがどんな人物だったか前の文章を読んで見ると自分がいかに偉いか他者より劣っていないかをアピールしている。筆者の若者は高い理想を掲げる傾向が強く，高い位置から他者や世間一般を批判しやすいことを指摘しているこれに当てはまるので，④が適当である。

重要 問七　話題が似ている形式段落をまとめていくと意味段落を見つけやすい。[3]と[4]の意味段落の分け方が難しいが，「だとすれば」と結果を述べている為段落が変わるので注意が必要である。

三 (ことわざ・慣用句，大意・要旨，情景・心情，文脈把握，小説・物語・伝記　)

問一　ア　自分の力ではどうにも対応できない様子を比喩的に言い表す場合にも用いられる。　イ　体たらく(ていたらく)とは，人の様子・ありさまを意味する。　ウ　悲しみがひどく，自分のことも世間の手前も考えていられないこと。

やや難 問二　①　嬉しい気持ちなどでにこにこして，結んでいた口もとが緩み，緊張した表情が解けること。　②　物事に思い悩み，途方に暮れるさま。　③　目を吊り上げて怒りながら人を咎め立てたり粗探しをしたりすること。　④　眠くなる。眠気をもよおす。　⑤　負い目があったり，権威に圧迫されたりして対等に振る舞えないこと。

問三　傍線Aの後に「いつになくイジワルな気持ちになった」理由が書かれており，山沢君に歯がたたなかったからであると書かれている。⑤が正解である。

問四　野崎君は，裕也よりも一つ年上で，21歳までに初段というハードルを越えなければプロ棋士になることが出来ない。だが，ひとりで黙々と詰め将棋を解き，落ち着いた態度であったことが，裕也はまねようもなかった。

重要 問五「いつもどおり，張り切った声で話す母に，裕也は顔がほころんだ」とあり，いつも通り接することで，緊張や疲れを癒して欲しいという母心が見える。①が適当である。

問六　プロ棋士への道を諦めることを決め，将棋を覚えた日々を思い出しながら，この日行った4局を並べ直していく中で，将棋のことが好きであることを再認識していった。

問七　容赦なくとは，遠慮したり，手加減したり，情けをかけたりせずに，全力で攻撃などを行うさまを示す表現である。叩き潰したとあるので，徹底的におこなったこっとが分かり，裕也の怒りの大きさが表現されている。

四 (古文，口語訳，品詞・用法，仮名遣い，表現技法)

〈古語訳〉【文章A】大臣や上達部をお呼びになって，「どの山が一番高いか」とご質問なさったところ，ある人が申し上げる。「駿河国にあるという山が，この都からも近く，天にも近くございます。」と申し上げる。これをお聞きになって，あなたに会うこともない涙に浮かんでいる私の身にとては，(飲めば)死なない薬になんの価値があるか。いや何にもなりません。

あの献上した不死の薬に，また壺を添えてお使いの者にお与えになる。勅使には，つきのいわかさという人をお呼びになって，駿河国にあるという山の頂上まで運んでいけという旨をおっしゃる。頂上でやるべきことをお教えになる。お手紙と不死の薬の壺を並べて，火を付けて燃やせという旨をおっしゃる。その旨を承って，兵士達大勢を連れて，山へ登ったことから，その山をふしの山と名付けたのである。その煙は，まだ雲の中へ立ち上っていると言い伝えている。

【文章B】田子の浦を過ぎ，広い海にこぎ出でて眺めてみると，真白に，富士山の山頂に雪が降っていることよ。

問一　a「御使ひにたまはす」は，語頭と助詞以外の「は・ひ・ふ・へ・ほ」は，「わ・い・う・え・お」に置き換える。⑤が正解。　b「すべきやう教へさせ給ふ」は，語頭と助詞以外の「は・ひ・ふ・へ・ほ」は，「わ・い・う・え・お」に置き換えるが。②が正解。

問二　X 「いづれ」には，どこ・どちらという不定称の指示代名詞である。①が正解である。
　Y 「何にかはせむ」何になろうか，いや何にもならないという反語の意味がある。③が正解である。　Z 「富む」とは，豊富にあるや多くにそなえるという意味がある。④が正解である。

問三　アの前に，「真白に」や高嶺とは，高い山・高い峰のことを指す言葉があり，後ろには，「降りける」とあるため，①。

重要　問四　①　縦横無尽とは，自由自在に物事を行うさま。思う存分に。四方八方に限りないこと。
　②　人馬一体とは，乗馬において乗り手(騎手)と馬が一つになったかのように，巧みな連携が行われること。　③　忠臣義士とは，主君や国家に対して忠誠と節義を尽くす武人のこと。
　④　起死回生とは，崩壊や敗北などの危機に直面した状態を一気によい方向に立て直すこと」「絶望的な状況を立て直し，一挙に勢いを盛り返すこと。　⑤　子孫繁栄とは，一つの血統を受け継ぎ生まれて，豊かにさかえて発展すること。

問五　「逢ふことも涙に浮かぶわが身には」の「涙(「なみ」だ)」と「無み(「なみ」)」との掛詞になっており，会えなくなった帝の胸中が詠まれている。

★ワンポイントアドバイス★

紛らわしい選択肢の問題に慣れ，得点力を高めておこう。知識問題は基本的なものを確実におさえるようにしよう。

MEMO

大切なことはメモしておこうネ！

2023年度

★★★★★★★★★★★★★★★★★★★★★★★

入　試　問　題

2023年度

千葉明徳高等学校入試問題

【数　学】（50分）〈満点：100点〉

1　次の［　　］に入る数値を答えなさい。

（1）　$(-2^2)+(-2)^2$ を計算すると，［ア］である。

（2）　$24\left(\dfrac{3x-2y}{8}\right)-18\left(\dfrac{4x+y}{9}\right)$ を計算すると，$x-$［イ］y である。

（3）　$9a^2b^3\times 4a^4b^2\div 6a^2b^4$ を計算すると，［ウ］$a^{［エ］}b$ である。

（4）　連立方程式 $\begin{cases} 3x+2y=21 \\ 5x-3y=-3 \end{cases}$ を解くと，$x=$［オ］，$y=$［カ］である。

（5）　$(x-1)(x+2)(x+4)$ を展開したとき，x の係数は［キ］である。

（6）　$0.75^2-0.25^2$ を計算すると，$\dfrac{［ク］}{［ケ］}$ である。

（7）　2次方程式 $4(x-2)^2+20(x-2)+25=0$ を解くと，$x=-\dfrac{［コ］}{［サ］}$ である。

2　次の［　　］に入る数値を答えなさい。

（1）　2023は17の倍数である。このことを利用すると，2023の正の約数の個数は［ア］個である。

（2）　12人の漢字テストの点数が以下のようになっている。

7，9，8，5，7，9，7，4，5，7，10，8　（単位：点）

このとき，この12人のデータの第1四分位数は［イ］点である。

（3）　P町から13km離れたQ町まで自転車で行くのに，はじめは時速12kmで進み，途中から時速15kmで進んだところ，所要時間は1時間であった。時速12kmで進んだのは［ウ］［エ］分間である。

（4）　1つのさいころを3回振って，2回目に出る数が1回目に出る数より大きく，さらに3回目に出る数が2回目に出る数よりも大きくなる確率は，$\dfrac{［オ］}{［カ］［キ］}$ である。

（5） 右図のように正十二角形の中心をOとし，OA＝2とする。
このとき，この正十二角形の面積は[ク][ケ]である。

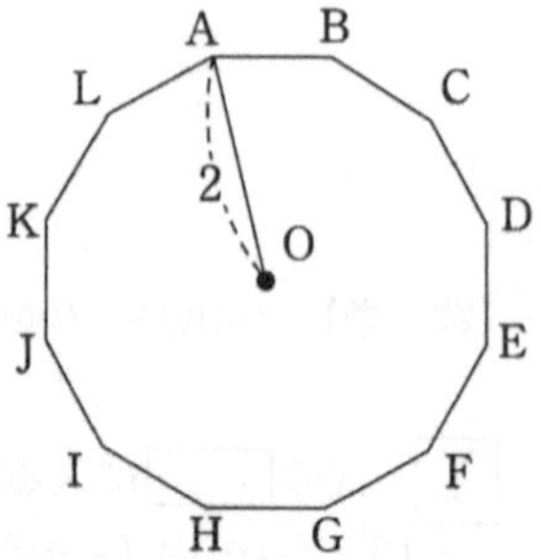

3 平面上に，どの直線とも平行にならないように直線を引いていく。同じ点で3本以上の直線が交わらないようにするとき，直線の交点の数を数えていく。例えば，直線を3本引くと下図のようになり，交点の数は3個になる。このとき，次の[　]に入る数値を答えなさい。

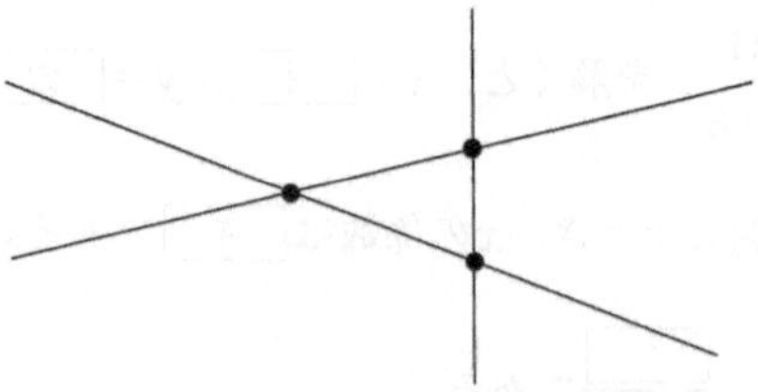

（1） 直線を4本引いたとき，交点の数は[ア]個である。

（2） 直線を8本引いたとき，交点の数は[イ][ウ]個である。また，直線を[エ][オ]本引いたとき，交点の数は120個である。

（3） 直線を8本引いたところ，誤ってそのうちの3本を平行に引いてしまった。このときにできる交点の数は[カ][キ]個である。
このことから，直線を[ク][ケ]本引いて，誤ってそのうちの4本を平行に引いてしまった場合にできる交点の数は204個であると分かる。

4 下図のように，放物線$y=x^2$上に2点A，Bがあり，点Bのx座標を2とする。点Cは放物線$y=ax^2$上にあり，線分BCはy軸に平行で，BC＝6である。次の[　]に入る数値を答えなさい。

（1） 点Bのy座標は[ア]であり，$a=-\dfrac{\text{イ}}{\text{ウ}}$である。

（2） △ABCの面積が15となるとき，点Aの座標は（－[エ]，[オ]）である。

（3） 点Aは（2）で定めた座標とする。放物線$y=ax^2$上に，AD∥BCとなるように点Dをとり，直線ACと直線BDの交点をEとする。このとき，△BCEの面積は$\dfrac{\boxed{カ}\boxed{キ}}{\boxed{ク}\boxed{ケ}}$である。

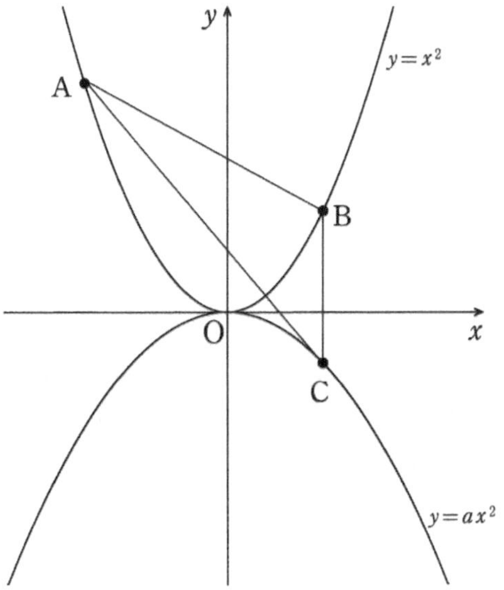

$\boxed{5}$ 右図のような1辺の長さが4の正四面体ABCDにおいて，3辺AD，BC，CDの中点をそれぞれE，F，Gとする。
次の$\boxed{\quad}$に入る数値を答えなさい。

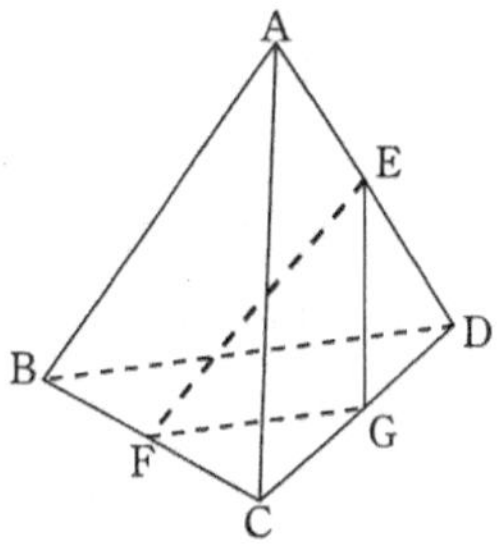

（1） FGの長さは$\boxed{ア}$である。

（2） EFの長さは$\boxed{イ}\sqrt{\boxed{ウ}}$である。

（3） 正四面体ABCDの各辺の中点を結ぶと，正八面体ができる。

この正八面体の体積は＝$\dfrac{\boxed{エ}\sqrt{\boxed{オ}}}{\boxed{カ}}$であるので，正四面体ABCDの体積を$V_1$，正八面体の体積を$V_2$とすると，$\dfrac{V_2}{V_1}=\dfrac{\boxed{キ}}{\boxed{ク}}$である。

【英　語】（50分）〈満点：100点〉

リスニングの問題は[1]から[3]です。

1　この問題は、英語の対話を聞いて、最後の発言に対する受け答えを選ぶ問題です。受け答えとして最も適当なものを4つの選択肢(1 ～ 4)のうちから1つ選び、その数字をマークしなさい。問題は(1)から(4)の4問で、対話と選択肢はそれぞれ2回放送します。

（1）（内容は記載されません。）

（2）（内容は記載されません。）

（3）（内容は記載されません。）

（4）（内容は記載されません。）

2　この問題は、英語の対話または発言を聞いて、それぞれの内容についての質問に答える問題です。問題用紙に印刷された質問の答えとして適当なものを、4つの選択肢(1 ～ 4)のうちから1つ選び、その数字をマークしなさい。問題は(5)から(7)の3問で、対話または発言は、それぞれ2回放送します。

（5）What is the situation?

1 Becky showed her test result to her father.
2 Becky made a fried egg but it broke.
3 Becky's father was so glad because he bought a new car.
4 Becky and her father are now in a high building.

（6）What did Chris do last week?

1 He bought a watch at a sale.
2 He bought a new bag at a department store.
3 He watched a race at a stadium.
4 He visited a discount shop but couldn't find anything he wanted.

（7）What is the man talking about?

1 A sport which is popular in America.
2 A sport which is played by people around the world.
3 A ball game which is very similar to baseball.
4 The people who love travelling to a lot of countries.

3　この問題は、長めの英文を聞き、その内容についての質問に答える問題です。質問の答えとして適当なものを、4つの選択肢(1 ～ 4)のうちから1つ選び、その数字をマークしなさい。問題は(8)と(9)の2問で、英文と質問は、それぞれ通して2回放送します。

（8）1 One person.
2 Two people.
3 Three people.
4 Four people.

（9）1 He stopped his car in front of the young man.

2 He ran away from the young man.

3 He barked like a dog.

4 He had a police dog chase him.

リスニングテストはここまでです。

これから、英語のリスニングテストを行います。
リスニングテストの問題は大問１から大問３の三つです。
では，大問１から始めます。
この問題は、英語の対話を聞いて、最後の発言に対する受け答えを選ぶ問題です。受け答えとして最も適当なものを１～４のうちから一つ選び、その数字をマークしなさい。問題は(１)から(４)の4問で、対話と選択肢はそれぞれ2回放送します。では、始めます。

1

(１)

Man: Do you like Japanese food, Yumi?

Woman: Of course, yes. I love sushi, tempura, soba... and curry!

Man:

1. I love that restaurant, too.
2. I have been to Korea twice.
3. You can have a break if you want to.
4. Wait. Curry is Indian food, isn't it?

(２)

Woman: Wow, there're a lot of people in front of the gate...

Man: Oh, no. We have to wait in line to enter the museum.

Woman:

1. Is there another gate to enter?
2. Press the button to go upstairs.
3. How can I get to the station?
4. Does it take a long time to build the building?

(３)

Man: Excuse me, I'd like to know the way to the post office.

Woman: All right. If you walk this way, and turn left at the corner of Chiba City Bank.

Man: How far is it?

Woman:

1. It's ten o'clock now.
2. Just around 2 minutes' walk.
3. It's about 500 kilometers from here to Kyoto.
4. Have you ever been to this museum?

(４)

Woman:　Is that your brother?

Man:　That's right. He's my brother, James.

Woman:　Is he a college student?

Man:

1. Actually, yes. He's going to high school this summer.
2. No, he isn't. He works as a staff member at a university.
3. She likes reading comic books.
4. No, she doesn't. She is a nurse.

2

この問題は、英語の対話または発言を聞いて、それぞれの内容についての質問に答える問題です。問題用紙に印刷された質問の答えとして適当なものを、１～４のうちから一つ選び、その数字をマークしなさい。問題は(５)から(７)の３問で、対話または発言は、それぞれ２回放送します。では、始めます。

(５)

Man:　Wow, well done, Becky! Your score is so high!

Woman:　Thanks, Dad.

Man:　You made a great effort. I'm so proud of you.

＜Written on the question paper＞

What is the situation?

1. Becky showed her test result to her father.
2. Becky made a fried egg but it broke.
3. Becky's father was so glad because he bought a new car.
4. Becky and her father are now in a high building.

(６)

Woman:　Chris, your watch is so good.

Man:　Thanks, Jessy. I got it at the Sakura Department Store. It had a big discount sale last week!

Woman:　Wow, I didn't know that! I need a new bag.

＜Written on the question paper＞

What did Chris do last week?

1. He bought a watch at a sale.
2. He bought a new bag at a department store.
3. He watched a race at a stadium.
4. He visited a discount shop but couldn't find anything we wanted.

（7）

Cricket is one of the most popular sports in England. It is played between two teams of eleven players in each team, and they use a ball and a bat. It is said to be the origin of baseball, but the rules are quite different. It is played in many countries such as India, Sri Lanka and Australia.

＜Written on the question paper＞ What is the man talking about? 1. A sport which is popular in America. 2. A sport which is played by people around the world. 3. A ball game which is very similar to baseball. 4. The people who love travelling to a lot of countries.

3

この問題は、長めの英文を聞き、その内容についての質問に答える問題です。質問の答えとして適当なものを、問題用紙に印刷されている1～4のうちから一つ選び、その数字をマークしなさい。問題は（8）と（9）の2問で、英文と質問は、それぞれ通して2回放送します。では、始めます。

A police officer in England caught a man by pretending to be a dog. The policeman was chasing a man and barked at him so realistically that everyone around thought that he had a trained dog with him.

It all started on the streets of southwest England on Thursday. The policeman and his team were involved in a high speed chase. They stopped the car with four young people inside but they tried to run away. When the people were running away, the policeman started to bark like a dog, and one young man stopped.

Since this happened, some people have made some jokes about the policeman, but he does not care. His tactic worked and it is all that matters.

Questions

No. 8　How many people were in the car which the police chased?

No. 9　How did the policeman stop a young man?

4

［　　　］内を日本文と合うように、正しく並べ替える際に選択肢の中で3番目に来るものを番号で答えなさい。なお、［　　　］内の英語は全て用いるとは限らず、文頭に来るものも小文字になっています。

（10）　あなたは木登り平気だよね。

You [possible / can / it's / can't / climb / trees,] you?

1　trees,

2　can't

3　possible

4　climb

(11) そこには誰もいなくなったらしい。

I [nobody / there / were / heard / likely / was] there.

1 heard
2 likely
3 was
4 nobody

(12) このような美しいお皿はみたことがありません。

I [this / never / have / seen / is / such a] beautiful dish.

1 never
2 such a
3 this
4 seen

(13) 来週の天気はどうなのでしょう。

[what / will / the weather / like / be] next week?

1 the weather
2 be
3 like
4 what

(14) 「何か書くものを貸してくれませんか。」

――「この鉛筆を使っていいですよ。」

Would you [something to / with / lend / me / write / on]?

―You can use this pencil.

1 write
2 something to
3 me
4 lend

(15) あなたが何を言っているのかわからない。

I [what / don't / know / talking / are / you] about.

1 talking
2 are
3 don't
4 what

5 以下の英文を読み、問いに答えなさい。

Do you remember the dodo? This big, quiet bird lived only in Mauritius, in the Indian Ocean. It did not fly, but was not in danger there. Then humans came to Mauritius. They brought new animals like dogs, and they killed dodos. Then the humans cut down trees and ***destroyed** the birds' homes. And some of them hunted dodos - not for food, but because they liked hunting. By about 1680, the last dodo was dead. This happened a long time ago, but we cannot forget the dodo

- and we are (16) going to see a dodo alive again.

After the first people arrived in America from Asia, a lot of the large animals in America ***disappeared**. In Australia, 90 percent of large animals disappeared after people moved there from Asia. Did people kill them all? Perhaps not - we don't know. But they died.

Later - about five hundred years ago - Europeans visited many other places for the first time. The European visitors have changed these places and killed a lot of the animals. Usually, they did this 【 ア 】 because they wanted to eat the animals or sell their meat, 【 イ 】 because they liked hunting. But these days, people kill animals because they can make a lot of money this way. ***Rhinoceroses** die because people want to buy their ***horns**. Some people want to buy the beautiful coats of bigger animals, like tigers. They put them in their houses or make (17) [bags] or clothes from them. So hunters kill animals, and get rich.

Humans destroy the natural ***habitats** of animals, too. Black rats went from Asia to the Galapagos Islands. The birds there were not afraid of rats, so the rats easily killed many different ***species** of bird. (18) <u>Some of those birds only lived in the Galapagos.</u> After the rats came, they disappeared.

You can see the effect of humans at Lake Victoria, too. The lake was home to about three hundred species of little ***cichlid** fish and sometimes new species of cichlid appeared. But in the 1950s, the countries near the lake needed more food. So from the River Nile in Egypt they took two kinds of bigger fish - Nile perch and Nile tilapia - and put them into the lake. The perch ate the little cichlids and soon many species were gone. Tilapia don't eat other fish, but (19) <u>**they**</u> ate the food of some cichlid species.

After this, there was a new problem. There is a lot of ***algae**. ***Pollution** from towns and factories also helps the algae grow, and today - after fifty years - there is five to ten times more algae. When the algae dies, the water cannot move freely. It becomes very dirty. Soon there are not going to be any animals in Lake Victoria. Humans are making the world a dirtier place, and pollution is another danger to animals.

And 75 million people are born in the world each year. They need homes, water, and food - just like animals. Can animals and humans live in the world together?

"*Animals in Danger*" by ANDY HOPKINS AND JOC POTTER
(partly modified)

【注】 destroy(ed)～　～を破壊する　disappear(ed)　消える　rhinoceros(es)　サイ
horn(s)　角　habitat(s)　住みか　species　種族　cichlid(s)　カワスズメ
algae　藻　pollution　汚染

(16)　(16)内に入る最も適切なものを番号で答えなさい。

1　often　　2　sometimes
3　tomorrow　　4　never

(17)　(17)[bags]の下線部と異なる発音をもつ単語を番号で答えなさい。

1 humans　　　2 hunters

3 rats　　　4 times

(18)　下線部(18)を本文に合う別の表現にする際、適切なものを番号で答えなさい。

1 We could see some species of bird only in the Galapagos.

2 All species of bird lived in the Galapagos.

3 The black rats lived only in the Galapagos and ate some of the birds for daily meals.

4 The black rats disappeared because some of the many different species of birds killed them.

(19)　(19)のtheyが示すものを次の中から選び、番号で答えなさい。

1 tilapia　　　2 the little cichlids

3 many species　　　4 the countries

(20)　【　ア　】と【　イ　】に入る適切な組み合わせを番号で答えなさい。

1 ア．not　イ．not　　　2 ア．not　イ．but

3 ア．but　イ．not　　　4 ア．but　イ．but

(21)　次の文のうち、本文の内容と合っている文が二つあります。その組み合わせとして正しいものを選び、番号で答えなさい。

ア Dodos were animals like dogs and they hunted and killed themselves.

イ People kill a lot of the animals to get a lot of money.

ウ Animals in the Galapagos Islands were strong enough to kill black rats.

エ Many cichlids in Lake Victoria disappeared because the perch and the tilapia ate them.

オ The algae has now become a big problem because when it dies, it makes the water dirty.

1 ア・イ　　2 ウ・エ　　3 ウ・オ　　4 イ・オ

6 以下の英文を読み、問いに答えなさい。

Looking for Gold

【1】All over the world, sailors are famous for telling stories. One of the most famous storytellers, Sinbad the Sailor, tells the stories of his adventures at sea in the book *Arabian Nights*. At the beginning of each adventure, Sinbad is bored with life at home and decides to go on a sea *journey. In each story, he loses his ship - usually in a storm - and the sea takes him to a strange and wonderful land. There are many dangers for him: perhaps he has to fight strange animals or terrible monsters from the sea. But he is never afraid. He kills the monsters, finds bags of gold, and goes back home as a rich man.

【2】Stories about sea adventures are the same all over the world. People have always thought that a rich future was waiting for them across the ocean. Some hoped to be lucky, like Sinbad, and find bags of gold waiting for them on a far-away island. Others used their ships to take villages by surprise. They arrived early in the morning or late at night, and then killed, burned, and stole. This is what the ***Vikings** did a thousand years ago. Their long, ***narrow** boats were better and faster than any other boat. Nobody could stop them. You could not ask them to go away; you had to pay them to go away - with lots of gold. This is because the Vikings were business people, too.

【3】They had other ships which were bigger and wider, and they used them to travel to far away places. They went there to ***trade**, to buy and sell. They sold wood and fish, and bought other things. But they taught the world an important lesson: ships were the future. To be rich and important, countries needed good, strong, fast ships.

【4】International trade was much easier with ships. For hundreds of years, a lot of the trade between Asia and Europe had to go over land. But in 1498, Vasco da Gama sailed around the south of Africa for the first time, arrived in the Indian Ocean and opened the eastern sea road to Asia. Six years before this, in 1492, Christopher Columbus tried to find the western sea road to Asia. He did not get to the Pacific Ocean, because there was land in the way, but he was one of the first Europeans to visit the Americas. The first person to find the western sea road into the Pacific was another sailor, Ferdinand Magellan. In 1522, his ship the Victoria was the first ship to sail all the way around the world. International trade was ready to begin. The world was open for business.

【5】Today, people make international business journeys by plane, but ships are more important for moving things around the world. ***Modern** ships carry things in large metal boxes called ***containers**. Each container is about six meters long and one container can hold 48,000 bananas! The largest container ship in the world is about 400 meters long and can carry 11,000 containers - that is 528 million bananas!

【6】Because of modern ships, international trade is faster and better. Is it the same for the fishing business? Modern fishing ships are very good at finding and catching fish, but perhaps they are too good. In 1497, John Cabot sailed west across the Atlantic. He was hoping to find new lands, like Christopher Columbus. He found new land - the place now called Newfoundland - but he also found fish. At a place near the coast of Newfoundland, the sea is not very deep. When Cabot arrived there, the water was full of fish. These fish were called cod, and everyone in the world wanted cod. It was like finding gold. For hundreds of years after this, fishermen went there to catch cod. But in 1992, the cod fishing stopped. There were not enough fish.

Barnaby Newbolt(2009)"*Oceans*" OXFORD UNIVERSITY PRESS P7-11

(partly modified)

【注】 journey　旅　　Viking(s)　海賊(バイキング)　　narrow　幅の狭い
trade　貿易(をする)　　modern　現代の　　container(s)　コンテナ

(22)　From the paragraph【1】,

1　in the book *Arabian Nights*, Sinbad doesn't like any adventures at sea.

2　in the book *Arabian Nights*, Sinbad is asked to leave home with his pet.

3 Sinbad really enjoys his daily life before starting his journeys.

4 after dangerous adventures, Sinbad came home with bags of gold.

(23) From the paragraph【 2 】,

1 it will be very hard for you to find many adventures like the ones in *Arabian Nights*.

2 there are some people in other stories who want to become rich like Sinbad.

3 some of the Vikings did many bad things, but others were very kind to villagers.

4 if people wanted the Vikings to go away, they had to give them a lot of food.

(24) From the paragraph【 3 】,

1 the Vikings bought wood and fish on their travels because people needed them.

2 ships were necessary for the Vikings to travel from country to country.

3 ships were not so important for Vikings to do their jobs.

4 the Vikings made their ships very small to sail faster than any other ship.

(25) From the paragraph【 4 】,

1 there was no trade between Asia and Europe before 1498.

2 in the fourteenth century, a few famous sailors did their best business with ships.

3 both Vasco da Gama and Christopher Columbus did something very important to make international trade easier than before.

4 most people know that Christopher Columbus was the first person to get to the Pacific Ocean.

(26) From the paragraph【 5 】,

1 bananas are one of the examples of things that people can carry in large containers.

2 today, planes are more useful to carry things than ships.

3 one of the today's largest container ships can hold 48,000 bananas at a time.

4 modern containers are not heavy because they are made of wood.

(27) From the paragraph【 6 】,

1 some people caught too many fish without thinking about the future.

2 because of modern ships, people can send a lot of gold to buy a lot of cod.

3 Newfoundland is one of the cities that Christopher Columbus found.

4 we don't have enough fish because the sea is getting dirtier day by day.

7 以下の対話文を読み、問いに答えなさい。

Jane: Hi Mary! Your hair looks nice. Did you get a haircut?

Mary: Thanks Jane. Yes, I did. The day before yesterday.

Jane: It is much shorter, but it really suits you.

Mike: Good morning!

Jane: Hi Mike. Do you notice anything different?

Mike: About what?

Jane: About Mary.

Mike: Err... Did you get new shoes?

Mary: Shoes? No! Try again.
Mike: It's Monday and early. Can you give me a hint?
Jane: It's something on top of her head.
Mike: But, she's not wearing a hat!
Jane: No! It is under a hat.
Mike: But she's not wearing a hat.
Jane: Her hair!
Mike: Did you change the colour?
Mary: Never mind! How are you?
Mike: I'm good. I'm looking forward to David's party.
Jane: Yeah. That should be really fun. But it's not at his home, right?
Mary: That's right. It was going to be at his house, but he had to change it.
Jane: Where will it be?
Mary: They changed the party to the family restaurant DOCOS, but then decided to have the party at his cousin's house.
Mike: They changed it again.
Jane: Really? Where will it be?
Mike: His house, again.
Mary: How do you know that?
Mike: Well, David told Ron, he told Clare, she told Frank, and he told me.
Jane: Did you both buy him a present?
Mary: Of course.
Mike: Yes. How about you? What did you get him?
Jane: It's a secret. But you can tell me what you got him.
Mary: Let's try and guess what each of us bought for him.
Mike: Alright. What colour is your gift?
Jane: It's red.
Mary: Red.
Mike: Mine, too. Is it long or short?
Jane: Long.
Mary: Mine, too.
Mike: Mine is long... too.
Jane: Is it something people wear around their neck?
Mike: Yes.
Mary: Yes.
Jane: Mine, too.
Mary: Mine is for winter. How about yours?
Mike: Yes.
Jane: Yes. Oh no, this is a problem.

(28) Mary is wearing a hat.

1 True 2 False

(29) What did Mary change?

1 Her hat. 2 Her hair colour.

3 Her party. 4 Her hairstyle.

(30) When did Mary change it?

1 Friday. 2 Saturday.

3 Sunday. 4 Monday.

(31) Where is David's Party at?

1 DOCOS. 2 David's house.

3 David's cousin's house. 4 Mike's house.

(32) Who told Mike where the party will be?

1 David. 2 Ron.

3 Clare. 4 Frank.

(33) What present did Mike buy for David?

1 A necktie. 2 A hat.

3 A scarf. 4 A necklace.

(34) What is the problem?

1 They don't know where the party is.

2 They don't know when the party is.

3 They all bought the same present.

4 David doesn't like red.

でそっとなでられた気がしたから。

③　浦嶋の子の弟が、御所で寝ていた夜番の男を細い手でそっとなでても、気づかれなかったから。

④　翁が御所で寝ていたところ、昔住んでいた主を名乗る者に、細い手でそっとなでられたから。

⑤　夜番の者が寝ていたところ、細々とした手で顔をなでられたので、気味が悪いと感じたから。

問四　傍線部Ｂ「この由」とあるが、どのようなことか。最も適切なものを次の中から一つ選び、番号をマークしなさい。

①　「浦嶋が子」の弟を名のる若者が、御所の敷地に「浦嶋が子」を祭る社を作れば、御所を守ると訴えている。

②　千二百年余り前からこの御所に住んでいたと言う翁が、陽成院と交わした社を作る約束を、守るよう訴えている。

③　細々とした手の物の怪が、自分を神として讃える社を作れば、先程太刀を抜いた無礼を許すと訴えている。

④　御所に住んでいたと自称する者が、ここに社を作って自分を神として祭れば、陽成院を守ると訴えている。

⑤　御所の社で祭られている神が、今後千二百年余り後も、ここに住めるという約束を守るよう訴えている。

問五　この文章について述べた文として適切なものを次の中から一つ選び、番号をマークしなさい。

①　陽成院が天皇の座を退いてから移り住んだ御所には、大きな池があり、釣り人を襲う物の怪が住んでいる。

②　陽成院は、ことのほかにまずしい姿の翁の頼みごとを、自分一人では判断ができないと返事をした。

③　物の怪は巨大な姿を現し、自分の訴えについての対応をすぐにしなかった夜番の男を、ひと口で食べてしまった。

④　「浦嶋が子」の弟を名乗る翁は、御所に祭られている神の怒りにふれ、蹴り上げられて弱ってしまった。

⑤　薄い藍色の衣服を着た翁は、寝ていた夜番の者を片手でつかみ上げた後、巨大な姿になって食べてしまった。

さらばいかにもまぼり奉《たてまつ》らん」といひけるを、「我が心一つにてはかなはじ。Bこの由《よし》を注9院へ申してこそは」といひければ、「憎きY男の言事《いひごと》かな」とて、三度《みたび》上《かみ》ざまへ蹴上《けあ》げ蹴上げして、なへなへくたくたとなして、落つる所を口をあきて食ひたりけり。注10なべての人ほどなる男と見る程に、おびたたしく大きになりて、この男をただ一口に食ひてけり。

（「宇治拾遺物語」による）

語注

1 陽成院…第五十七代天皇。天皇の位を退いた後、文中の「御所」に住む。
2 物…「物の怪」の意味で、妖怪、鬼、霊の類。
3 釣殿…寝殿造りの庭の泉にせり出た位置にある建物。
4 番の者…「夜番の者」の意味。
5 けむつかし…「薄気味悪い」の意味。
6 浅黄の上下…「浅黄」は浅葱色のことで、水色。「上下」は上衣と袴。
7 浦嶋が子…浦島子のことで、後には「浦島太郎」と呼ばれた伝説上の人物。
8 社…神を祭る建物。
9 院へ申してこそは…「陽成院へ申し上げてからなんとかしよう」の意味。
10 なべての…「普通の」の意味。

問一　傍線部a・bの読み方（発音の仕方）として最も適切なものをそれぞれ後の選択肢の中から一つ選び、番号をマークしなさい。

a
① おりひさせたまいて
② おりいさせたまいて
③ おりいさせたまひて
④ おりえさせたまいて
⑤ おりえさせたまひて

b　ねがはくはゆるしたまへ
① ねがわくはゆるしたまへ
② ねがはくわゆるしたまへ
③ ねがわくわゆるしたまえ
④ ねがはくわゆるしたまえ
⑤ ねがわくはゆるしたまえ

問二　傍線部X「翁」・Y「男」と同じ人物を示す文中の語として最も適切なものを、それぞれ後の選択肢の中から一つ選び、番号をマークしなさい。

X　翁
① 陽成院　② 浦嶋が子　③ 浦嶋が子の弟
④ 番の者　⑤ なべての人

Y　男
① 陽成院　② 浦嶋が子　③ 浦嶋が子の弟
④ 番の者　⑤ なべての人

問三　傍線部A「太刀を抜きて、片手にてつかみたりければ」とあるが、誰がなぜこのようにしたのか。最も適切なものを次の中から一つ選び、番号をマークしなさい。

① 御所に昔住んでいた主が、夜番の男の細い手でそっと触られたので、無礼なことだ思ったから。
② 夜中に御所で寝ていた陽成院が、夜番の者に、細々とした手

③ 美貴が公立の学校に入学してきた理由が経済的な事情であることに同情の念を持ったから。

④ 公立中学校に来た理由をクラスメイトに暴露されても動じない美貴を見て、何を言っても無駄だと思ったから。

⑤ 美貴が私立の学校に通っていたことを、クラスメイトに知られてしまったことに申し訳なさを感じたから。

問六　傍線部Ｄ「ひそかにずっと憐れみを受けていた」とあるがどういう意味か。それを説明したものとして、最も適切なものを次の中から一つ選び、番号をマークしなさい。

① 自分が私立の小学校から来た経緯をクラスの全員が知っており、そのことを隠れて見下されていたということ。

② 私立の小学校から入学して来たものめずらしさから、クラスメイトは自分のことをやさしく扱っていたということ。

③ クラスのほとんどの者が同じ小学校出身であることから、そうではない自分は邪魔者扱いされていたということ。

④ 私立の学校に通えなくなった事情が梢に一方的に知られており、それによる気遣いをうけていたということ。

⑤ 受験に失敗したことで公立の学校にしか行けなくなったことを、クラスメイトから気の毒に思われていたということ。

問七　この文章の表現に関する説明として適当なものを次の中から一つ選び、番号をマークしなさい。

① 二重傍線部ａ「あっ、わたしは、思いつかないからまたあとで……」は、次々に短冊に願い事を書く梢たちに圧倒されて、自分の願い事を考えようと慌てる美貴の心境が表れている。

② 二重傍線部ｂ「……そんな意地を張ったって、なんの意味もないってわかってるけど」の「……」は、時間の経過を表しており、この前後で美貴が前にいた学校に対する思いが変化している。

③ 二重傍線部ｃ「冷ややかにそう告げると」は、梢との会話で動揺する自分を押さえつつ、落ち着いてそのきっかけとなった足立くんに話を戻そうとする美貴の態度が表れている。

④ 二重傍線部ｄ「信じられない」は、祖母を使ってまで、自分が私立の小学校から公立の中学に来た理由を調べ上げた梢に対する驚きと軽蔑の思いが表れている。

⑤ 二重傍線部ｅ「すると梢は責めるような瞳でわたしを見つめてこたえた」には、隠喩法が使われており、美貴の態度を悲しむ一方で、怒りも感じていることを読者に暗示している。

四

次の文章を読んで、後の問いに答えなさい。

今は昔、注1陽成院《やうぜいゐん》ａおりゐさせたまひての御所《ごしょ》は、大宮よりは北、西洞院《にしのとうゐん》よりは西、油の小路《こうぢ》よりは東にてなんありける。

そこは注2物すむところにてなんありける。大きなる池のありける注3釣殿《つりどの》に注4番の者寝たりければ、夜中ばかりに、細々とある手にて、この男が顔をそとそとなでけり。注5けむつかしと思ひて、Ａ太刀《たち》を抜きて、片手にてつかみたりければ、注6浅黄《あさぎ》の上下《かみしも》着たるＸ翁《おきな》の、殊《こと》の外《ほか》に物わびしげなるがいふやう、「我はこれ、昔住みし主なり。注7浦嶋《うらしま》が子の弟なり。古《いにしへ》よりこの所に住みて千二百余年になるなり。ｂねがはくはゆるしたまへ。ここに注8社《やしろ》を作りて斎《いは》ひたまへ。

（ウ）高をくくっていた

① 油断していた
② 過大評価していた
③ 馬鹿にしていた
④ 意気込んでいた
⑤ 決めつけていた

問二　空欄X・Y・Zにあてはまる語の組み合わせとして最も適切なものを次の中から一つ選び、番号をマークしなさい。

① X 耳　Y 膝　Z 背
② X 目　Y 肩　Z 背
③ X 耳　Y 肩　Z 背
④ X 耳　Y 膝　Z 目
⑤ X 目　Y 肩　Z 目

問三　傍線部A「写真をじっと見つめていた」とあるが、このときの美貴の心情として最も適切なものを次の中から一つ選び、番号をマークしなさい。

① 梢がすすめてくれた本の中に以前食べたことのあるババロアを見つけ、それがもう味わえないことへの喪失感を覚えた。
② 裕福だったころの自分の生活を思い出させる写真を見て、そのころとかけ離れた現在の自分の状況に切なさを感じた。
③ 梢がすすめたスイーツ本を見て以前の生活を思い出してしまい、さらに勉強への集中力が減ったことに焦りを感じた。
④ 高級レストランにあこがれてテストが近いという自分の現実から目を背ける梢の態度に対して、冷めた気持ちを持った。
⑤ スイーツ本をきっかけに、東京にいたときの自分の日常を知られてしまうかもしれないことへ悲しみを覚えた。

問四　傍線部B「不愉快な気分」とあるが、ここでは美貴はどのようなことに対して、「不愉快な気分」を感じているのか。その対象として最も適切なものを次の中から一つ選び、番号をマークしなさい。

① 今朝のよそよそしかった梢の様子と、給食の時間の不機嫌な梢の態度と、給食の外観。
② 前日に受けたテストの手応えと、給食の時間の梢の態度と、食べる気がしない給食の外観。
③ 給食の時間の梢の不機嫌な態度と、フライドチキンを欲しがる足立くんの様子。
④ 清凜のものと比べて見劣りするこの日の給食の外観と、機嫌が悪そうな梢の態度。
⑤ 見るからにパサパサしていそうなフライドチキンと、それを欲しがる足立くんの態度。

問五　傍線部C「すると梢はわたしをにらみかえそうとしかけてから、気まずそうに給食に視線を落とした」とあるが、梢がこのようにした理由を説明したものとして、最も適切なものを次の中から一つ選び、番号をマークしなさい。

① 自分だけではなく、他のクラスメイトまで美貴を嫌って避けていることにいたたまれなくなったから。
② 美貴に対して厳しく非難をしたが、それを冷静に受け止める美貴の老成した様子に圧倒されたから。

ら、わたしがどんなにみじめな気分になるか、祖母は考えもしなかったのだろうか。

声が震えてしまわないように、わたしは「そう」と無感情に言った。

「つまり、最初からわたしのことを憐《あわ》れんで、親切にしてくれてたわけね」

「そんなつもりじゃ……」

言いかえそうとした梢の顔を、わたしはきつくにらんだ。そうしていないと、くやしくて涙がこぼれそうだった。対等と思っていた相手から、Dひそかにずっと憐れみを受けていた。そのことはわたしにとって、耐えられないほどの屈辱だった。

「それで、どうしていまさらわたしの事情をばらしたりしたの。朝からわたしに怒ってたみたいだけど、わたし、なにか気にさわることでもした？」

「それは、美貴があんなこと書くから……」

わたしは「あんなこと？」とまゆをひそめた。eすると梢は責めるような瞳でわたしを見つめてこたえた。

「……公民館の、七夕飾りの短冊。清凜に帰りたいって、あれ美貴が書いたんでしょ」

ああ、とため息まじりの声がもれた。勉強会が解散したあと、わたしはこっそり公民館にもどって、短冊に願いを書いていた。意味がないことはわかっていても、書かずにはいられなかったのだ。誰にもわかりはしないだろう、と(ウ)高をくくっていたのが間違いだった。

「まあ、もうどうだっていいけど。」そんなふうに投げやりな気分で考えていたら、梢がうつむいて続けた。

「あの短冊を見つけたとき、すごく悲しかった。あたしはもうすっかり美貴と友達のつもりだったのに、美貴はずっともとの学校に帰りたかったんだって。あたしたちのことなんて、なんとも思ってなかったんだって。それでいらいらして、あんな……」

そう話す梢は本気で傷ついているようで、わたしは動揺してしまった。顔を上げた梢の目には涙のつぶが浮かんでいて、それを見たわたしはとっさに、梢に［Z］を向けていた。「もういいわ、じゃあ」

わたしは足早に教室を出た。

問一　傍線部（ア）～（ウ）の本文中における意味として最も適当なものを、次の各群の①～⑤のうちから、それぞれ一つずつ選び、番号をマークしなさい。

（ア）とげとげしく

① 意地悪く
② 恨みを込めて
③ 厳しく
④ 突き放すように
⑤ 不愛想に

（イ）面食らったように

① 自分の負けを認めたように
② 相手の勢いに押されたように
③ 不意のことにあわてるように
④ やりすぎたことを反省したように
⑤ 急なことで我を忘れたように

B不愉快な気分で食べていると、向かいの席の足立くんがもみ手をしながら尋ねてきた。

「あのぅ、もし食わないんだったらいただけませんかねえ、そのフライドチキン」

フライドチキンはここでは人気メニューのようだけど、わたしはべつに惜しくもない。だから「どうぞ」と軽くこたえると、足立くんが「マジでぇーっ」と大声で叫んだ。

「いいのかよ、フライドチキンだぞフライドチキン！　食ったあとで返せなんて言われても返せねえぞ？！」

そんなにうろたえるくらいなら、最初からねだらなければいいのに。足立くんの声がうるさくて、わたしが顔をしかめていると、梢が突然（ア）とげとげしく言った。

「そんなにこの学校の給食が気に入らないわけ？」

はっとしてとなりを見ると、梢が横目でわたしをにらんでいた。なぜにらまれているのかわからず、わたしは戸惑って言った。

「そういうわけじゃないわ。ただ、なんだか食欲がなくて……」

「無理しなくたっていいよ。お嬢様学校の豪華な給食を食べ慣れてるから、こんな貧乏くさい給食は食べたくないんでしょう？」

わたしは［X］を疑った。どうして梢が、わたしの小学校のことを知ってるの？　混乱して言葉をなくしていると、朋華が騒ぎだした。

「なになに、美貴ってそんなすごい小学校に通ってたの？！　なんで教えてくれないのよ！」

「あっ、もしかしてあれじゃね？　実は夜逃げしてこっちに引っ越してきたから、言いたくなかったとか？」

冗談めかした足立くんの言葉に、びくりと［Y］が震えた。けれど動揺はそれだけでなんとかおさえこんで、わたしは平然とした態度で言った。

「……引っ越しは、単に親の都合。けど、貧乏くさい給食を食べたくないっていうのはそのとおりだから、食べたければ遠慮しないでどうぞ」

c冷ややかにそう告げると、足立くんは「いや、ああ、悪ィ」と（イ）面食らったように、わたしが差しだしたフライドチキンの皿を受け取った。

そのあとで、わたしは梢の顔をにらみつけた。Cすると梢はわたしをにらみかえそうとしかけてから、気まずそうに給食に視線を落とした。

「誰に聞いたの」

給食が終わったあと、わたしは空き教室で梢に問いただした。

梢の態度からは、給食のときのふてぶてしさが消えていた。大きな体を縮こまらせて、梢はぼそぼそとこたえた。

「……美貴のおばあちゃんに。美貴のおばあちゃん、うちのおばあちゃんと友達で、たまに話しにくるのよ。春休みに会ったときに、美貴のことを聞いて、いっしょのクラスになったら仲よくしてあげてくれって……」

d信じられない。わたしは思わずそうつぶやいていた。親の会社がつぶれて私立の学校に通えなくなったなんてこと、同級生に知られたが飾られ、鮮やかな紅色のソースが、皿にお洒落《しゃれ》な模様を描いている。

「いいよねえ、いっぺん食べてみたいわそういうの」

梢のうっとりした声に、わたしは相槌《あいづち》を打つことができなかった。写真に載ったそのスイーツを、わたしは実際に食べたことがあったからだ。都心にある高級レストランで。まだ半年とちょっとしか経っていない、去年の秋のことだ。

ああ、そうだ。都会の高層マンションに住んで、素敵な私立の学校に通い、たまに高級なレストランに食事に連れていってもらったりもする。ほんの数ヶ月前まで、それがわたしの日常だった。その数ヶ月前が、いまではもう遠い昔のように感じられて、わたしの胸の中は悲しみでいっぱいになった。

わたしはすっかり冷めた気持ちで、A写真をじっと見つめていた。すると朋華が突然、「わっ、なにあれ、笹?!」と声をあげた。

朋華が指差すほうを見ると、公民館の玄関に七夕の笹飾りが設置されているところだった。梢が公民館の職員の人に話を聞くと、来館者に願い事を書いた短冊《たんざく》を自由に吊《つ》るしてもらう企画らしい。

「どうだい、一番乗りで吊るしてくかい？」

「吊るします吊るします！　わあ、短冊とか吊るすのひさしぶり！」

梢たちがわいわい騒ぎながら短冊を書きだした。

「はい次、美貴の番」

「aあっ、わたしは、思いつかないからまたあとで……」

「えーっ、なんかずるいなあ。美貴の願いごとも教えなよぉ」

梢がふざけて問いつめてくる。だけどみんなに教えられるわけがない。だって、わたしの願いはひとつだけだ。

清凛女子学院に帰りたい。春まで住んでいたマンションで、もとの暮らしにもどって、仲よしだった友達といっしょに、またあの素敵な学校に通いたい。それがわたしの、唯一の願い。親しくしてくれる梢たちには申し訳ないけど、わたしはこの環境に、いまの状況に慣れてしまいたくなかった。

b……そんな意地を張ったって、なんの意味もないってわかってるけど。

梢の様子がおかしいことに気づいたのは、期末テストの翌日だった。その日の梢は、朝の挨拶の返事から、妙に無愛想《ぶあいそう》でよそよそしかった。いつものようにたびたび話しかけてくることもないし、それどころか逆に、わたしのことを避けているように感じた。

テストの手応えがよくなくて機嫌が悪いのだろうか、とも考えたけど、朋華や高梨さんたちには普通に接している。明らかにわたしひとりに対して怒っている。だけど、梢の機嫌を損ねるようなことをした記憶はまったくなかった。

その後の原因はわからないまま、給食の時間になった。給食の時間はいつも憂鬱だ。ほかのどの時間よりも、清凛にいたころとの違いがありすぎて、どうしても清凛の給食と比較してしまう。おまけにきょうは、となりに座る梢から不機嫌な空気が伝わってきて、いつもより余計に気分が悪かった。

見るからにパサパサしていそうなフライドチキンも、薄く油の浮いた野菜スープも食べる気が起きなくて、わたしがミルクパンだけをなほどの優しさを示す上に、そのための関係維持に費やすエネルギーの消費も避けようとするということ。

② この事件に見られるように、自分の周囲の人間に気を配ることはあまりしない上に、見知らぬ他人が困っていても、積極的に助けようともしないということ。

③ 昨今の日本の若者たちは、親しい間柄の人間に対しては気遣いができる一方で、それ以外の見知らぬ他人に対してはまったく関心を向けることがないということ。

④ この事件に見られるように、親密圏の人間関係のマネージメントには莫大なエネルギーを注ぎ込む上に、世間の目を気にして、外部に配慮することにも疲れ切っている。

⑤ この事件に見られるように、親密圏の人間関係を重いものとしてとらえる一方で、それ以外の関係の中身を整理したり確認しあうことにも余念がないということ。

問六 傍線部D「優しさの技法」とあるが、これが使われている例として最も適切なものを次の中から一つ選び、番号をマークしなさい。

①「お母さんの態度、ほんとうに感じ悪かったなあ」
②「ちょっとうるさいかなあって感じ」
③「早く先輩みたいな三年生になりたいなあ」
④「私はハンバーガーなんか食べたくないなあ」
⑤「マンガとかアニメとかが好きだよ」

問七 この文章を意味のある段落のまとまりに分けたものとして、最も適切なものを次の中から一つ選び、番号をマークしなさい。

① 1 2 3 4 5 ― 6 7 8 9 ― 10 11 12 13
② 1 2 3 ― 4 5 6 7 8 ― 9 10 11 12 13
③ 1 2 3 4 ― 5 6 7 8 9 10 ― 11 12 13
④ 1 2 3 4 ― 5 6 7 8 ― 9 10 11 12 13
⑤ 1 2 3 4 5 ― 6 7 8 9 10 11 ― 12 13

三

次の文章は、如月かずさ「給食アンサンブル」の一節である。「わたし」（＝美貴《みき》）は、東京都内にある私立小学校である清凜《せいりん》女子学院に通っていたが、父親の仕事の都合で中学校は東京から遠く離れた公立中学校に進学した。「わたし」は、クラスメイトの梢《こずえ》に誘われてクラスメイトの朋華や高梨さんたちと期末テストに向けた、公民館での勉強会に参加する。勉強に飽きた一同は、公民館の図書室で「わたし」に「おすすめの本」の紹介を始める。以下はそれに続く場面である。これを読んで、後の問いに答えなさい。ただし、設問の都合上、本文の一部を改めてある。

テスト勉強はちっともはかどらないけど、まあ、たまにはこういうのも悪くはないかな。ほかのみんなの笑顔をながめているうちに、わたしはそんなふうに思いはじめていた。

けれどその気持ちは、それからすぐにふっと消えてしまった。梢のすすめてくれたスイーツ本の中に、見おぼえのある写真を見つけたせいだ。

写真に載っていたのは、高級そうな皿に載ったババロアだった。雪のように白いババロアのまわりには、色とりどりの星型のトッピング

2　マネージメント…うまく取りあつかうこと。

問一　空欄Ⅰ～Ⅳにあてはまる語として最も適切なものをそれぞれ次の中から一つ選び、番号をマークしなさい。ただし、同じ選択肢は一度しか使うことができません。

①　また　②　しかし　③　たとえば
④　したがって　⑤　むしろ

問二　空欄ア～エにあてはまる語として最も適切なものをそれぞれ次の中から一つ選び、番号をマークしなさい。ただし、同じ選択肢は一度しか使うことができません。

①　成長　②　秩序　③　傾向　④　基盤
⑤　関心

問三　傍線部A「自らの欲望の趣くままにふるまう人びと」とあるが、なぜそのようにふるまうのか。それを説明したものとして最も適切なものを次の中から一つ選び、番号をマークしなさい。

①　公共の場でのマナーに関する知識が欠けており、他者の存在を無視しようとするから。
②　他者を意味のある人間としてとらえるための教養や態度を持たず、風景の一部のように扱うから。
③　同じ場所に居合わせている他者を世界の外部へと追いやろうとし、悪意を向けるから。
④　意味のある人間として他者を認識する範囲が狭く、注意をされてもすぐに理解ができないから。
⑤　自分以外の存在に対する認識が欠如しており、他者からの視線にも関心が無いから。

問四　傍線部B「演技としての無関心」とあるが、どういうことか。最も適切なものを次の中から一つ選び、番号をマークしなさい。

①　公共空間で同じ場所に居合わせている者同士が、互いの存在を外部へと押しやることで、互いに不関与でいられるように振る舞うこと。
②　その場に居合わせた者同士が、匿名的な関係を取り結ぶことで、目線があったとしてもそれを認知していないことを表現しようとすること。
③　互いに無関心な者同士が公共空間で居合わせたとき、視線がかち合わないようにすることで、他者を意味のない人間として認識すること。
④　他人同士でも安定した関係を保つために、公共空間では互いを意味のある人間として認めることで、意図的に干渉しないよう振る舞うこと。
⑤　見知らぬ者同士が意識的に視線をずらすことで、互いの存在に不関与であるということを、その様を見ている別の他者にも示そうとすること。

問五　傍線部C「近年、千葉県で、二人乗りのバイクでひったくりをして、逃げる途中で少年の一人がケガをした事件がありました」とあるが、この「事件」の内容はどのようなことを読者に示すために用いられているのか。最も適切なものを次の中から一つ選び、番号をマークしなさい。

①　昨今の日本の若者たちは、親しい間柄の人間に対しては過剰

互いに配慮しあわないと、関係の維持が困難だと感じているようです。そのため、親密圏の人間関係のマネージメントに際しても、きわめて莫大なエネルギーを注ぎ込んでいるようです。だとすれば、公共圏の第三者に対しては逆にまったくの無関心であり、意味ある他者として感受されていないというもう片方の事実は、親密圏において、彼らがもてるエネルギーのすべてを使い果たしていることの表れだといえないでしょうか。親密圏の人間関係の維持運営だけで完全に疲弊して、その外部にいる人間に対しては、もはや気を回すだけの余裕がないのです。

10　C近年、千葉県で、二人乗りのバイクでひったくりをして、逃げる途中で少年の一人がケガをした事件がありました。彼らが補導されたとき、もう一人の少年は、「友だちに悪いことをした」と友人のケガをさかんに気にかけていたそうです。しかし、被害者のケガを心配する言葉は、ついに最後まで聞かれなかったということです。少年たちにとって、友人の目は強烈に気になっても、世間の目はさほど気になりません。仲間内へのまなざしの強烈さと、それゆえにその外部にまで配慮する余裕のなさを、ここにも見ることができます。

11　現在の子どもたちにとって、親密圏の人間関係はあまりにも重すぎるようです。そのため、関係の中身を吟味したり確認しあったりする余裕もなく、お互いにつながっている時間をひたすら消費していくだけで精一杯のようです。しかし、そのためには何かに一緒に注1コミットしていなければなりません。そうしなければ、つながっている時間を保っていくことなどできないでしょう。彼らのあいだには、個々の体験を通して築き上げていく何か共通のものがあるわけでもなければ、語り合って深めていく思想があるわけでもないのですから。想像力にもとづいたつながりであれば、時間的・空間的に多少は離れていても平気でしょう。しかし、その共通の［エ］がないので、たとえ関係の重さが負担であったとしても、物理的につながっているしか術《すべ》がないのです。

12　あたかもガラス細工を扱うかのように、恐る恐る人間関係を注2マネージメントしている人びとにとって、お互いの対立点が顕在化してしまうことは耐えがたい脅威と感じられるでしょう。［Ⅳ］、そのような異常事態は、なんとしても避けなければならない事柄となります。ここに、対立点を顕在化させないような「優しい関係」のテクニックが、きわめて洗練された形で広がっていくことになります。

13　若者のあいだでは、お互いの対立点や相違点に眼をこらして解決をめざすというよりも、対立そのものをなかったことにしてしまう「D優しさの技法」がいろいろと編み出されています。「とりあえず食事とかする?」「ワタシ的にはこれに決めた、みたいな」などといった断定を避ける「ぼかし表現」も、そのテクニックの一つです。彼らは、日常生活のなかで他人との対立を避けるためにこれらの表現を多用します。自らの発言をぼかすことで対立点を見えなくし、相手との微妙な距離を保とうとするのです。相手の立場や意見をおもんぱかってゆずっているわけではありません。だから、敬語はほとんど使用されないのに、「ぼかし表現」は駆使されるのです。

（土井隆義『「個性」を煽られる子どもたち』による）

語注

1　コミット…かかわり合うこと。

いるのかすぐに理解できないようである。自分たちの世界に入り込み、周囲のことが全く目に入らないようである。順を追って、諭すように話すこと約五分。ようやく少年達は、『他人に迷惑をかけていた』ことに気付き、納得したように立ち上がった」。

4 考えてみれば、公共の空間に居合わせた見知らぬ他人どうしは、まったく無関係に孤立しているわけではありません。たとえば、満員電車のなかでも視線が相互にかち合ったりしないのは、お互いに、いわば協力しあって意識的に視線をずらしているからです。私たちは、公共の場では不関与でいるべきだという規範に、じつは協力して関与しあっているのです。これは、意味ある人間として他者を認めたうえで初めて成立しうる、いわばB演技としての無関心です。前節の用語法に従えば、「表現」の一形態だといえるでしょう。従来、見知らぬ他人どうしの間柄であっても、公共の場の［ア］が維持されてきたのは、このような儀礼としての無関心をお互いが演じあってきたからです。私たちは、見知らぬ人間と居合わせたとき、そこに匿名的な関係を取り結んできたのです。

5 ところが、いま見てきたような公共空間における若者たちの態度、他者に対する完璧なまでの［イ］の欠落は、もはや「表現」とはいえません。それは、［Ⅱ］「表出」というべきものです。彼らは、見知らぬ他人に対して儀礼的に無関心を装っているわけではありません。前節で述べたように、親密圏における子どもたちのふるまいが「素の自分の表出」から「装った自分の表現」へとシフトしているのに対して、公共圏のそれは「装った自分の表現」から「素の自分の表出」へと逆にシフトしているのです。そして、このことは、両者の［ウ］がじつは表裏一体であることを物語っています。

6 一九九九年の東京都青少年基本調査のデータによると、現在の若者たちは、親しい間柄の人間に対しては過剰なほどの優しさを示し、相手が傷つかないように細かい気配りをするけれども、その反面、第三者に対してはまったくの無関心で、コミュニケーションを避ける傾向が強まっていることが分かります。［Ⅲ］、親しい間柄でも、自分が傷つくことに強い恐怖心をもっていて、とことん議論することを避ける傾向が見えます。

7 中学生・高校生の年齢に該当する世界七か国の若者の意識比較をおこなった調査でも、友人とうまくやれない悩みを最も強く抱えているのは、抜きん出て日本の若者だそうです。この調査によれば、たとえばアメリカ合衆国の若者は、自分の周囲の人間に気を配ることはあまりしないけれども、困った人がいれば、見知らぬ他人であっても積極的に助ける傾向にあるといいます。対して、日本の若者は、自分の周囲の人間には異常に気を配るけれども、見知らぬ他人が困っていても、なかなか助けることができない傾向にあるといいます。

8 これらの調査から浮かび上がってくる若者たちのすがたは、これまで本書が追ってきた光景とみごとに一致します。すなわち、親密圏にいる人間に対しては、関係の重さに疲弊するほど高度に気を遣って、お互いに「装った自分の表現」をしあっているけれども、公共圏にいる人間に対しては、匿名的な関係さえ成立しないほどにまったくの無関心で、一方的に「素の自分の表出」をしているだけの若者たちのすがたです。

9 昨今の日本の若者たちは、私たち大人から見れば異常なほどお

③ 七月―葉月―夏　④ 十月―神無月―冬
⑤ 十二月―師走―春

問四　次の短歌で用いられている表現技法として適切なものを後の選択肢から選び、番号をマークしなさい。

向日葵は　金の油を　身に浴びて
ゆらりと高し　日のちひささよ

① 押韻　② 隠喩　③ 体言止め　④ 倒置法
⑤ 対句法

問五　次の意味を持つ故事成語として適切なものを後の選択肢から選び、番号をマークしなさい。

利益を得るには危険を冒さなければならない、ということの例え。

① 柔よく剛を制す　② 言うは易し行うは難し
③ 百聞は一見に如かず　④ 虎穴に入らずんば虎子を得ず
⑤ 備えあれば患いなし

問六　太宰治の作品として適切なものを次の中から選び、番号をマークしなさい。

① 伊豆の踊子　② 走れメロス　③ 金閣寺
④ トロッコ　⑤ 楽隊のうさぎ

問七　次の和歌の空欄に当てはまる語句として適切なものを後の選択肢から選び、番号をマークしなさい。

［　　］光のどけき　春の日に　しづ心なく　花の散るらむ

① このたびは　② ちはやぶる　③ 小倉山
④ ひさかたの　⑤ あしびきの

二

次の文章は二〇〇四年に発表された社会論の一節である。これを読んで、後の問いに答えなさい。ただし、設問の都合上本文の一部を改め、段落には1～13の番号を付してある。

1　大人たちは、最近の若者は公共の場でのマナーが悪いと嘆きますが、そもそもマナーが成立するためには、意味ある人間として他者が認識されていなければなりません。［ I ］、最近の若者にとって、そのように感受される他者の範囲はきわめて狭くなっています。この意味で、彼らの傍若無人なふるまいは、他者の存在を無視した悪意の結果などではなく、むしろ他者の存在に無関心なる結果なのです。彼らに欠けているのは、マナーについての教養や態度ではなく、意味ある人間としての他者の認識なのです。

2　電車内などの公共空間で、A自らの欲望の趣くままにふるまう人びと、たとえば、携帯電話での会話に喚声をあげて熱中する高校生、学校の制服から私服に着がえたり化粧をしたりする少女、人目もはばからず抱擁しあうカップルの若者たちにとって、その同じ場所に居合わせているはずの他者は、彼らの世界の外部へと追いやられています。認知はされているにしても、せいぜい風景の一部にしかすぎず、意味のある他者とは映っていないのでしょう。彼らには、自分たちが他者から見られているという意識がなく、その意味で、周囲に他者は存在していないのです。

3　ある少年警察補導員は、次のような興味ぶかい体験を述べています。「街頭補導での一例であるが、駅の改札口付近に円陣を組んで座り込み、雑談に盛り上がっている男子高校生グループに声をかけた。すると全員、首をかしげるだけで動かない。自分が何を言われて

【国　語】（五〇分）〈満点：一〇〇点〉

一

次の問いに答えなさい。

問一　次のA～Eの傍線部の漢字と同じものを次の中からそれぞれ一つずつ選び、番号をマークしなさい。

A　洋画とホウ画では好みが分かれる。
① 神社で舞楽をホウ納する。
② ホウ製工場に勤めている。
③ 長くホウ建制度が維持された。
④ 在留ホウ人に帰国を促す。
⑤ バラがホウ香を放っている。

B　受講者の関心をカン起する。
① 動作のカン慢な動物だ。
② 辛苦の末に栄カンを勝ち取った。
③ 一カンして無罪を主張する。
④ 強豪チームに果カンに立ち向かった。
⑤ 証人を法廷に召カンする。

C　帝都として隆セイを極めた。
① 多くの犠セイを強いられた。
② 品物の代金をセイ求する。
③ 一セイに人々が駆け込んだ。
④ セイ大な宴会が開かれた。
⑤ 軍事力で他国をセイ圧する。

D　遺セキの発掘を進める。
① 書セキの売れ行きを調べる。
② セキ別の情を禁じ得ない。
③ 一セキの舟が到着した。
④ 他氏を排セキする豪族。
⑤ 奇セキ的に助かった。

E　予算がボウ張を続けている。
① ボウ大な量の資料を比べる。
② 陰ボウがうず巻く時代だった。
③ 暖ボウの必要な季節になった。
④ 相手チームにボウ害される。
⑤ 装置が熱でボウ走する。

問二　次のA～Eの傍線部の品詞として、適切なものを①～⑤のうちからそれぞれ一つずつ選び、番号をマークしなさい。ただし、同じものを何度選んでもよい。

A　この輝きは宝石のようだ。
B　紅葉がとてもきれいだ。
C　ぜひ私の家に来てください。
D　危険な場所に近づくべきではない。
E　この道をずっと進むと家につく。

① 形容動詞　② 連体詞　③ 助動詞　④ 副詞
⑤ 助詞

問三　旧暦における月の異名と漢数字の月と季節の組み合わせとして適切なものを次の中から選び、番号をマークしなさい。

① 二月―如月―冬　② 三月―卯月―夏

MEMO

大切なことはメモしておこうネ！

2023年度

解　答　と　解　説

《2023年度の配点は解答欄に掲載してあります。》

＜数学解答＞

1　(1)　ア　0　(2)　イ　8　(3)　ウ　6　エ　4　(4)　オ　3　カ　6
(5)　キ　2　(6)　ク　1　ケ　2　(7)　コ　1　サ　2

2　(1)　ア　6　(2)　イ　6　(3)　ウ　4　エ　0　(4)　オ　5　カ　5　キ　4
(5)　ク　1　ケ　2

3　(1)　ア　6　(2)　イ　2　ウ　8　エ　1　オ　6　(3)　カ　2　キ　5
ク　2　ケ　1

4　(1)　ア　4　イ　1　ウ　2　(2)　エ　3　オ　9　(3)　カ　6　キ　0
ク　1　ケ　3

5　(1)　ア　2　(2)　イ　2　ウ　2　(3)　エ　8　オ　2　カ　3　キ　1
ク　2

○配点○

1　各4点×7　2　各5点×5　3　(1)　5点　(2)　イ・ウ　2点　エ・オ　3点
(3)　各3点×2　4　(1)　ア　2点　イ・ウ　3点　(2)　5点　(3)　6点
5　(1)・(2)　各5点×2　(3)　エ・オ・カ　2点　キ・ク　3点　計100点

＜数学解説＞

1　(数・式の計算，連立方程式，展開，因数分解，2次方程式)

基本　(1)　$(-2^2)+(-2)^2=-2\times2+(-2)\times(-2)=-4+4=0$

(2)　$24\left(\frac{3x-2y}{8}\right)-18\left(\frac{4x+y}{9}\right)=3(3x-2y)-2(4x+y)=9x-6y-8x-2y=x-8y$

(3)　$9a^2b^3\times4a^4b^2\div6a^2b^4=\frac{9\times4\times a^6b^5}{6a^2b^4}=6a^4b$

(4)　$3x+2y=21$…①　$9x+6y=63$…①×3　$5x-3y=-3$…②　$10x-6y=-6$…②×2
①×3＋②×2より，$19x=57$　$x=3$　①に代入すると$9+2y=21$　$2y=12$　$y=6$

(5)　$(x-1)(x+2)(x+4)=(x^2+x-2)(x+4)=x^3+4x^2+x^2+4x-2x-8=x^3+5x^2+2x-8$
xの係数は2

(6)　$0.75^2-0.25^2=(0.75+0.25)\times(0.75-0.25)=1\times0.5=0.5=\frac{1}{2}$

(7)　$4(x-2)^2+20(x-2)+25=0$　$x-2=A$とおくと，$4A^2+20A+25=0$なので$(2A+5)^2=0$
$(2x-4+5)^2=0$　$(2x+1)^2=0$　$x=-\frac{1}{2}$

2　(約数，四分位数，方程式の応用，確率，面積)

(1)　2023を素因数分解すると，7×17^2　2023の約数は1，17，17^2，7，7×17，7×17^2の6個

(2)　12人のテストの点数を小さい順に並べ替えると，4，5，5，7，7，7，7，8，8，9，9，10
12人の中での第1四分位数は小さい方から3番目と4番目のデータの平均なので，$(5+7)\div2=6$(点)

(3)　P町から速度を変えたところまでx時間，そこからQ町までy時間かかったとすると，$12x+$

$15y=13\cdots$①　$x+y=1\cdots$②　$12x+12y=12\cdots$②×12　①−②×12より$3y=1$
$y=\frac{1}{3}$　②に代入すると$x+\frac{1}{3}=1$　$x=\frac{2}{3}$　$\frac{2}{3}\times60=40$(分)

(4)　3回さいころを振ったときの目の出方は全部で$6\times6\times6=216$(通り)　条件にあてはまるのは(1回目，2回目，3回目)＝(1，2，3)，(1，2，4)，(1，2，5)，(1，2，6)，(1，3，4)，(1，3，5)，(1，3，6)，(1，4，5)，(1，4，6)，(1，5，6)，(2，3，4)，(2，3，5)，(2，3，6)，(2，4，5)，(2，4，6)，(2，5，6)，(3，4，5)，(3，4，6)，(3，5，6)，(4，5，6)の20通り。したがってその確率は，$\frac{20}{216}=\frac{5}{54}$

(5)　中心Oと各頂点を結ぶと，正十二角形は合同な12個の三角形に分けられるので，正十二角形の面積は，△OABの面積を12倍すればよい。頂点AからOBに垂線をおろし，OBとの交点をPとおくと，△OAPは，$\angle\mathrm{OPA}=90^\circ$，$\angle\mathrm{AOP}=360\div12=30^\circ$，$\angle\mathrm{OAP}=60^\circ$の直角三角形となり，$\mathrm{AP}=\mathrm{OA}\div2=2\div2=1$　$\triangle\mathrm{OAB}=\frac{1}{2}\times\mathrm{OB}\times\mathrm{AP}=\frac{1}{2}\times2\times1=1$　$1\times12=12$

3　(平面図形，規則性)

(1)　平行でない2直線は，必ず交点を1つもつ。1本目の直線に対し，2本目の直線を引くと交点が1つできる。3本目の直線をひくと，それまで存在する2本の直線と1回ずつ交わり，2つの交点が増えて交点は$1+2=3$(個)となる。4本目の直線を引くと，それまで存在する3本の直線と1回ずつ交わり3つの交点が増える。交点の数は$1+2+3=6$(個)

重要　(2)　8本の直線を引いたとき，交点の数は$1+2+3+4+5+6+7=(1+7)\times7\div2=28$(個)　n本の直線を引いたとき，交点の数は$1+2+3+\cdots+(n-1)=\{1+(n-1)\}\times(n-1)\div2=\frac{n(n-1)}{2}$(個)　これが120個になるのは，$\frac{n(n-1)}{2}=120$　$n(n-1)=240=15\times16$　$n=16$(本)

やや難　(3)　8本の直線を引いたとき交点の数は(2)の通り28個になるはず。しかし，3本の直線が平行な場合，その3本によってできるはずの交点3個がなくなるので，$28-3=25$(個)　また，4本の直線が平行だった場合，その4本でできるはずの6個の交点が減ってしまう。204個の交点は，4本の直線が平行でない場合は$204+6=210$(個)だったはず。$\frac{n(n-1)}{2}=210$　$n(n-1)=420=20\times21$　$n=21$(本)

4　(図形と関数・グラフの融合問題，点の座標，面積，相似)

基本　(1)　点Bは$y=x^2$上にあって$x=2$なので，$y=2^2=4$　B(2，4)　BC＝6よりCのy座標＝$4-6=-2$　BCとy軸が平行なのでCのx座標はBのx座標と等しく$x=2$　C(2，−2)　これが$y=ax^2$上の点であることから，$a\times2^2=-2$　$a=-\frac{1}{2}$

重要　(2)　△ABCの底辺をBC＝6とすると，高さは点AとBのx座標の差となる。$\frac{1}{2}\times6\times$(点Aと点Bのx座標の差)＝15より，点Aと点Bのx座標の差＝$15\times2\div6=5$　Aのx座標は$2-5=-3$　$y=(-3)^2=9$　A(−3，9)

(3)　AD//BCよりDのx座標＝−3　$y=-\frac{1}{2}\times(-3)^2=-\frac{9}{2}$　$\mathrm{D}\left(-3,\ -\frac{9}{2}\right)$　$\mathrm{AD}=9-\left(-\frac{9}{2}\right)=\frac{18}{2}+\frac{9}{2}=\frac{27}{2}$　AD//BCより錯角は等しいので，∠EAD＝∠ECB，∠EDA＝∠EBC　2組の角がそれぞれ等しいので△EAD∽△ECB　対応する辺の比は等しいのでAE：CE＝AD：CB＝$\frac{27}{2}$：6＝9：4　△BCAと△BCEは高さが等しい三角形なので面積の比は底辺の比に等しく，△BCE：△BCA＝CE：AC　△BCE：15＝4：(9＋4)　$\triangle\mathrm{BCE}=15\times\frac{4}{13}=\frac{60}{13}$

5　(空間図形，中点連結定理，三平方の定理，相似，体積)

(1)　△CBDについてBCの中点がF，CDの中点がGなので，中点連結定理より$\mathrm{FG}=\frac{1}{2}\times\mathrm{BD}=\frac{1}{2}\times$

$4=2$

(2)　△AFDについて考える。△AFCがAC＝4，CF＝2，∠ACF＝60°の直角三角形なのでFA＝$2\sqrt{3}$，△DFCがDC＝4，CF＝2，∠DCF＝60°の直角三角形なのでFD＝$2\sqrt{3}$　△AFDはFA＝FD＝$2\sqrt{3}$の二等辺三角形で，EはADの中点なので，∠AEF＝90°となる。△AEFについて三平方の定理より，$EF^2=AF^2-AE^2=(2\sqrt{3})^2-2^2=8$　$EF=2\sqrt{2}$

やや難 (3)　AからFDに垂線をおろし，FDとの交点をHとおくと，AHは△BCDを底面とみたときの，正四面体ABCDの高さにあたる。△AFDの面積について$\frac{1}{2}\times FD\times AH=\frac{1}{2}\times AD\times EF$　$2\sqrt{3}\times AH=4\times 2\sqrt{2}$　$AH=\frac{4\times 2\sqrt{2}}{2\sqrt{3}}=\frac{4\sqrt{6}}{3}$　正四面体ABCDの体積$V_1=\frac{1}{3}\times$△BCD$\times AH=\frac{1}{2}\times$$\times BC\times FD\times AH\times\frac{1}{3}=\frac{1}{2}\times 4\times 2\sqrt{3}\times\frac{4\sqrt{6}}{3}\times\frac{1}{3}=\frac{16\sqrt{2}}{3}$　ACの中点をIとする。正四面体ABCDと正四面体IFCGは相似であり，辺の比が2：1なので，体積の比は8：1　正四面体IFCG$=\frac{1}{8}V_1$となる。ABの中点をJ，BDの中点をKとおくと，正四面体AJIE＝正四面体JBFK＝正四面体EKGD＝正四面体IFCG$=\frac{1}{8}V_1$であり，正四面体ABCDからこの4つの正四面体をとりのぞいたものがこの問題で考える正八面体である。従って，正八面体の体積$V_2=V_1-4\times\frac{1}{8}V_1=\frac{1}{2}V_1=\frac{1}{2}\times\frac{16\sqrt{2}}{3}=\frac{8\sqrt{2}}{3}$　$\frac{V_2}{V_1}=\frac{1}{2}$

★ワンポイントアドバイス★

3，5のような，時間をかけてじっくり取り組む必要のある問題が出題される。前半の基本的な問題をすばやく，正確に処理していくことが大切。

＜英語解答＞

1　(1)　4　(2)　1　(3)　2　(4)　2
2　(5)　1　(6)　1　(7)　2
3　(8)　4　(9)　3
4　(10)　1　(11)　3　(12)　4　(13)　1　(14)　2　(15)　4
5　(16)　4　(17)　3　(18)　1　(19)　1　(20)　2　(21)　4
6　(22)　4　(23)　2　(24)　2　(25)　3　(26)　1　(27)　1
7　(28)　2　(29)　4　(30)　2　(31)　2　(32)　4　(33)　3　(34)　3

○配点○

1，2，4　各2点×13　3，5(17)，7　各3点×10
5(16)・(18)～(21)，6　各4点×11　計100点

＜英語解説＞

1～3　リスニング問題解説省略。

4　(語順整序問題：助動詞，付加疑問文，there，現在完了，間接疑問文)

(10)　(You) can climb trees, can't (you?)　付加疑問の部分に用いる助動詞は，主文が肯

定であれば否定に，主文が否定であれば肯定にして用いる。

(11)　(I) heard there was nobody (there.)　<hear that ～>で「～のことを聞いた」という意味になり，「～らしい，～といううわさだ」と訳せる。

(12)　(I) have never seen such a (beautiful dish.)　現在完了の経験用法は「～したことがある」という意味を表す。< such a ～ >で「こんな(そんな)～」という意味を表す。

基本　(13)　What will the weather be (next week?)　未来のことを表すときは<will +動詞の原形>を用いる。

(14)　(Would you) lend me something to write with (?)　不定詞の形容詞的用法は「～するための」という意味を表す。もともとは write with something という形なので，something が抜けると write with が残る。<write on ～>にすると「～の上に書く」という意味になるので，書く道具ではなく，紙などのような書くところを表すことになる。

(15)　(I) don't know what you are talking (about.)　間接疑問文なので，<疑問詞＋主語＋動詞>の語順になる。

5　**(長文読解問題・説明文：語句補充，発音，内容吟味，指示語)**

(大意)　ドードーを覚えていますか？　この大きくて静かな鳥は，インド洋のモーリシャスにのみ生息していました。それは飛びませんでしたが，そこに危険はありませんでした。その後，人類はモーリシャスにやって来ました。彼らは犬のような新しい動物を持ち込み，ドードーを殺しました。その後，人間は木を伐採し，鳥の住処を破壊しました。そして，彼らの中には，食べ物のためではなく，狩りが好きだったためにドードーを狩った人もいました。1680年頃までに，最後のドードーは死んでしまいました。これは遠い昔に起こりましたが，私たちはドードーを忘れることはできません―そして，ドードーが生きているのを二度と(16)見ることはできません。

最初の人類がアジアからアメリカに到着した後，アメリカの多くの大型動物が姿を消しました。オーストラリアでは，人々がアジアから移住してきたことにより，大型動物の90パーセントが姿を消しました。人間がすべて殺したのでしょうか？　おそらくそうではありません―わからないのです。しかし，それらは死んでしまいました。

その後，約500年前，ヨーロッパ人が他の多くの場所を初めて訪れました。ヨーロッパからの訪問者はこれらの場所を変え，多くの動物を殺しました。通常，彼らは動物を食べたり肉を売りたいから【ア】ではなく，狩猟が好きだった【イ】のでそうしたのです。しかし最近では，動物を殺すことで多額のお金が稼げるという理由で動物を殺す人がいます。サイが死ぬのは，人々が角を買いたがるためです。トラのような大きな動物の美しい毛皮を買いたい人もいます。彼らはそれらを家に置いたり，(17)バッグや衣服を作ったりします。したがって，ハンターは動物を殺して金持ちになります。

人間は動物の自然の生息地も破壊します。クロネズミはアジアからガラパゴス諸島に移動しました。そこの鳥はネズミを怖がらなかったので，ネズミはさまざまな種類の鳥を簡単に殺しました。(18)それらの鳥の中にはガラパゴスにしか生息していないものもいました。それらはネズミが来た後，消えてしまいました。

ビクトリア湖でも人間の影響が見られます。この湖には約300種の小さなカワスズメの魚が生息しており，時には新種のカワスズメが現れることもありました。しかし1950年代，湖の近くの国々はより多くの食糧を必要としていました。そこで彼らはエジプトのナイル川から2種類の大きな魚，ナイルパーチとナイルティラピアを湖に放り込みました。パーチは小さなカワスズメを食べてしまい，すぐに多くの種が絶滅してしまいました。ティラピアは他の魚を食べませんが，(19)それらは一部のカワスズメ種の餌を食べました。

この後，新たな問題が発生しました。藻がたくさんあります。町や工場からの汚染も藻類の成長を促進し，50年を経た現在では藻類の数が5～10倍になっています。藻類が死ぬと水は自由に動けなくなります。それはとても汚れてしまいます。もうすぐビクトリア湖には動物がいなくなるでしょう。人間は世界をさらに汚い場所にしており，汚染は動物にとってもう一つの危険です。

そして，世界では毎年7,500万人が生まれています。彼らには動物と同じように，家，水，食べ物が必要です。動物と人間はこの世界で共存できるのでしょうか？

(16)　「最後のドードーは死んでしまいました」とあるので，打ち消す語が入る。

(17)　複数形を表すsの[z]と異なる発音のものを選ぶ。3は[s]と発音する。

(18)　ネズミが殺した鳥の中にはガラパゴスにしか生息していないものもいたことを表しているので，1が答え。　1「私たちはいくつかの鳥の種をガラパゴスでのみ見ることができた。」　2「鳥のすべての種がガラパゴスに住んでいた。」　3「クロネズミはガラパゴスにだけ生息しており，毎日の食事として鳥を食べた。」　4「多くの異なった鳥の種のいくつかが殺したので，クロネズミは消えた。」

(19)　直前の部分にあるtilapiaを指す。tilapiaの後にある語がdon't であることからもわかるように複数形の扱いをする語であることがわかる。

(20)　<not A but B>で「AでなくB」という意味になる。

重要　(21)　ア「ドードーは犬のような動物で，狩りをして自ら命を絶った。」「大きくて静かな鳥」だとあるので，誤り。　イ「人々はたくさんのお金を得るためにたくさんの動物を殺す。」第3段落の内容に合うので，答え。　ウ「ガラパゴス諸島の動物はクロネズミを殺すほど強かった。」「ネズミはさまざまな種類の鳥を簡単に殺しました」とあるので，誤り。　エ「ビクトリア湖の多くのカワスズメは，パーチやティラピアに食べられたために姿を消した。」「ティラピアは他の魚を食べません」とあるので，誤り。　オ「藻類は，死ぬと水を汚すので，今大きな問題になっている。」第6段落の内容に合うので，答え。

6　（長文読解問題・説明文：内容吟味）

（大意）　金を探して

【1】　世界中で，船員は物語を語ることで有名です。最も有名な語り手の1人である船乗りシンドバッドは，アラビアンナイトという本の中で海での冒険の物語を語ります。それぞれの冒険の始まりで，シンドバッドは家での生活に退屈し，海への旅に出ることを決意します。各物語で，彼は船を失います―通常は嵐で―そして海は彼を奇妙で素晴らしい土地に連れて行きます。彼には多くの危険が起こります：おそらく彼は奇妙な動物や海からの恐ろしい怪物と戦わなければなりません。しかし，彼は決して恐れません。彼は怪物を倒し，金の入った袋を見つけ，金持ちとして家に帰ります。

【2】　海の冒険の物語は世界中で同じです。人々は海の向こうには豊かな未来が待っていると信じてきました。シンドバッドのように，遠く離れた島で金の入った袋が自分たちを待っているのを見つけて，幸運に恵まれることを期待する人もいました。船を使って村を奇襲する者もいました。彼らは早朝か深夜に到着し，殺し，焼き，盗みました。これはヴァイキングが千年前にやったことです。彼らの長くて狭い船は他のどのボートよりも優れていて速かったです。誰も彼らを止めることはできませんでした。彼らに立ち去るよう言うことはできません：彼らが立ち去るためには，たくさんの金を支払わなければなりませんでした。ヴァイキングたちは実業家でもあったからです。

【3】　彼らは他にももっと大きくて幅の広い船を持っていて，それを使って遠くの場所へ旅行していました。彼らは貿易や売り買いのためにそこに行きました。彼らは木材や魚を売り，他のもの

を買いました。しかし，彼らは世界に重要な教訓を与えました：船は未来だったということです。国々が豊かで重要であるためには，優れた，強力で，速い船が必要でした。

【4】 船があれば国際貿易はずっと楽でした。何百年もの間，アジアとヨーロッパの間の貿易の多くは陸路で行われていました。しかし，1498年，バスコ・ダ・ガマは初めてアフリカ南部を航海し，インド洋に到着し，アジアへの東の海の道を開きました。これより6年前の1492年に，クリストファー・コロンブスはアジアへの西海路を見つけようとしました。彼は陸地が邪魔だったので太平洋には行けませんでしたが，アメリカ大陸を訪れた最初のヨーロッパ人の一人でした。太平洋につながる西側の海路を最初に発見したのは，もう一人の船員，フェルディナンド・マゼランでした。1522年，彼の船ビクトリア号は世界一周を航行した最初の船となりました。国際貿易を始める準備が整いました。世界はビジネスに開かれていました。

【5】 今日，人々は国際的なビジネス旅行に飛行機を利用しますが，世界中で物を運ぶには船の方が重要です。現代の船は，コンテナと呼ばれる大きな金属製の箱に物を入れて運びます。各コンテナの長さは約6メートルで，1つのコンテナには48,000本のバナナを入れることができます。世界最大のコンテナ船は長さ約400メートルで，11,000個のコンテナ，つまり5億2,800万本のバナナを運ぶことができます。

【6】 近代的な船のおかげで，国際貿易はより速く，より良くなりました。漁業も同じでしょうか？ 現代の漁船は魚を見つけて捕まえるのが非常に上手ですが，もしかしたら上手すぎるのかもしれません。1497年，ジョン・カボットは大西洋を西へ航海しました。彼はクリストファー・コロンブスのように，新しい土地を見つけることを望んでいました。彼は新しい土地，現在ニューファンドランドと呼ばれている場所を見つけましたが，魚も見つけました。ニューファンドランド島の海岸に近い場所では，海はそれほど深くありません。カボットがそこに到着すると，水は魚でいっぱいでした。これらの魚はタラと呼ばれ，世界中の誰もがタラを欲しがりました。まるで金を見つけたようでした。その後何百年もの間，漁師たちはタラを捕まえるためにそこへ行きました。しかし，1992年にタラ漁は中止されました。魚が足りなくなったのです。

(22) 「【1】段落より，」 1「アラビアンナイトの本では，シンドバッドは海での冒険が好きではない。」「好きではない」とは書かれていないので，誤り。 2「アラビアンナイトの本では，シンドバッドはペットを連れて家を出るように頼まれる。」「ペットを連れて」とは書かれていないので，誤り。 3「シンドバッドは旅に出る前に本当に日常を楽しんでいる。」「生活に退屈し」とあるので，誤り。 4「危険な冒険の後，シンドバッドは金の入った袋を持って家に帰った。」「金の入った袋を見つけ，金持ちとして家に帰ります」とあるので，答え。

(23) 「【2】段落より，」 1「アラビアンナイトにあるような冒険をたくさん見つけるのはとても難しいだろう。」「海の冒険の物語は世界中で同じです」とあるので，誤り。 2「他の物語にもシンドバッドのように金持ちになりたい人がいる。」「遠く離れた島で金の入った袋が自分たちを待っているのを見つけて，幸運に恵まれることを期待する人もいました」とあるので，答え。 3「ヴァイキングの中には多くの悪事を働いた者もいたが，村人たちにとても親切だった者もいた。」 親切だった者もいたとは書かれていないので，誤り。 4「もし人々がヴァイキングたちを追い払ってほしければ，彼らにたくさんの食べ物を与えなければならなかった」「たくさんの金を支払わなければなりませんでした」とあるので，誤り。

(24) 「【3】段落より，」 1「ヴァイキングたちは人々が必要としていたため，旅の途中で木材や魚を購入した。」「木材や魚を売り，他のものを買いました」とあるので，誤り。 2「ヴァイキングが国から国へと移動するには船が必要だった。」 ヴァイキングの様子に合うので，答え。 3「ヴァイキングにとって船は仕事をする上でそれほど重要ではなかった。」 ヴァイキングの様子に合わないので，誤り。　4「ヴァイキングは他のどの船よりも速く航行できるように船を非常に小さくした。」「大きくて幅の広い船」とあるので，誤り。

(25)「【4】段落より，」1「1498年以前にはアジアとヨーロッパの間に貿易は存在しなかった。」「何百年もの間，アジアとヨーロッパの間の貿易の多くは陸路で行われていました」とあるので，誤り。　2「14世紀，数人の有名な船員が船で最高のビジネスを行った。」文中に書かれていない内容なので，誤り。　3「バスコ・ダ・ガマもクリストファー・コロンブスも，国際貿易を以前よりも容易にするために非常に重要なことを行った。」2人は重要な海路を発見したので，答え。　4「ほとんどの人は，クリストファー・コロンブスが初めて太平洋に到達した人であることを知っている。」文中に書かれていない内容なので，誤り。

(26)「【5】段落より，」1「バナナは，人々が大きな容器に入れて持ち運べる物の例の一つだ。」コンテナの大きさを表すための例なので，答え。　2「今日，物を運ぶには船よりも飛行機の方が便利だ。」「物を運ぶには船の方が重要です」とあるので，誤り。　3「今日最大のコンテナ船の一つは，一度に48,000本のバナナを積載できる。」「5億2,800万本」とあるので，誤り。　4「現代のコンテナは木製なので重くない。」「金属製」とあるので，誤り。

(27)「【6】段落より，」1「将来のことを考えずに魚を釣りすぎた人々がいる。」タラが足りなくなったという内容に合うので，答え。　2「現代の船のおかげで，人々はたくさんの金を送ってたくさんのタラを買うことができる。」文中に書かれていない内容なので，誤り。　3「ニューファンドランドはクリストファー・コロンブスが発見した都市の一つだ。」「ジョン・カボット」が見つけたので，誤り。　4「海は日に日に汚くなっているので，十分な魚がいない。」文中に書かれていない内容なので，誤り。

7 (会話文問題：内容吟味)

ジェーン：こんにちは，メアリー！　髪が素敵。髪を切ったの？
メアリー：ありがとう，ジェーン。切ったのよ。一昨日にね。
ジェーン：かなり短いけど，とても似合ってるね。
マイク　：おはよう！
ジェーン：こんにちは，マイク。何か違うことに気づくかな？
マイク　：何について？
ジェーン：メアリーのこと。
マイク　：えーっと…新しい靴を買ったの？
メアリー：靴？　いいえ！　もう一度ね。
マイク　：月曜日だし早いよ。ヒントをくれない？
ジェーン：彼女の頭の上の何かよ。
マイク　：でも，彼女は帽子をかぶってないよ！
ジェーン：いいえ！　帽子の下よ。
マイク　：でも彼女は帽子をかぶっていないよ。
ジェーン：髪よ！
マイク　：色を変えたの？
メアリー：気にしないで！　調子はどう？
マイク　：いいよ。デビッドのパーティーを楽しみにしてるんだ。
ジェーン：そうね，本当に楽しいでしょうね。でも彼の家じゃないよね？
メアリー：その通り。初めは彼の家の予定だったけど，彼は変えなければいけなかったんだ。
ジェーン：どこになるの？

メアリー：パーティーをファミリーレストランのDOCOSに変えようとしたけど，彼のいとこの家でパーティーをすることになったの。

マイク　：彼らはまた変えたんだよ。

ジェーン：本当？　どこになるの？

マイク　：また彼の家なんだよ。

メアリー：どうしてそれが分かるの？

マイク　：えっと，デビッドがロンに言い，彼がクレアに，彼女がフランクに，それから彼がぼくに言ったんだ。

ジェーン：二人とも彼にプレゼントを買ったの？

メアリー：もちろんよ。

マイク　：うん。君はどうなの？　彼のために何を用意した？

ジェーン：それは秘密よ。でも，あなたが彼のために何を用意したのか言ってよ。

メアリー：私たち一人一人が彼に何を買ったか当ててみようよ。

マイク　：分かった。君のプレゼントは何色？

ジェーン：赤よ。

メアリー：赤よ。

マイク　：僕もだよ。長い，それとも短い？

ジェーン：長いよ。

メアリー：私のもよ。

マイク　：ぼくのも…長いんだ。

ジェーン：それは人が首にかけるもの？

マイク　：そう。

メアリー：そう。

ジェーン：私もよ。

メアリー：私のは冬用なの。あなたたちのは？

マイク　：そうだよ

ジェーン：そうよ。あら，これは問題ね。

(28)　「メアリーは帽子をかぶっている。」 マイクがかぶっていないと言っているので，2が答え。

基本 (29)　「メアリーは何を変えたか。」 髪を短くしたと言っているので，4が答え。　1「彼女の帽子」，2「彼女の髪の色」，3「彼女のパーティー」，4「彼女の髪型」

(30)　「メアリーはそれをいつ変えたか。」 メアリーは「一昨日」に切ったと言っている。マイクは今日は月曜日だと言っているので，2が答え。

(31)　「デビッドのパーティーはどこで行われるか。」 2度変えたあと，彼の家になったとあるので，2が答え。

(32)　「パーティーがどこであるかについて誰がマイクに話したか。」 フランクが言ったとあるので，4が答え。

(33)　「マイクはデビッドのためにどんなプレゼントを買ったか。」首にかけるもので冬用だと言っているので，3が答え。

(34)　「問題とは何か。」 3人は同じ物をプレゼントとして用意したと言っているので，3が答え。1「彼らはパーティーがどこであるのか知らない。」，2「彼らはパーティーがいつあるのか知らない。」，3「彼らはみな同じプレゼントを買った。」，4「デビッドは赤が好きでない。」

★ワンポイントアドバイス★

4(12)では現在完了の文が使われている。同じ内容は＜最上級＋現在完了の経験用法＞(「～した中で一番…」)で書き換えられる。 (例) This is the most beautiful dish that I have ever seen. (これは見た中で一番美しいお皿だ。)

＜国語解答＞

一 問一 A ④ B ⑤ C ④ D ⑤ E ① 問二 A ③ B ⑤ C ④ D ① E ② 問三 ④ 問四 ② 問五 ④ 問六 ② 問七 ④

二 問一 Ⅰ ② Ⅱ ⑤ Ⅲ ① Ⅳ ④ 問二 ア ② イ ⑤ ウ ③ エ ④ 問三 ④ 問四 ④ 問五 ③ 問六 ② 問七 ③

三 問一 ア ① イ ③ ウ ⑤ 問二 ③ 問三 ② 問四 ④ 問五 ⑤ 問六 ④ 問七 ③

四 問一 a ② b ③ 問二 X ③ Y ④ 問三 ⑤ 問四 ④ 問五 ③

○配点○

一 問一・問二 各1点×10 他 各2点×5

二 問一・問二・問六 各2点×9 他 各3点×4

三 問一～問四 各3点×6 他 各4点×3

四 問一・問二 各2点×4 他 各4点×3 計100点

＜国語解説＞

一 (知識問題－漢字の読み書き，品詞の識別，月の異名，表現技法，故事成語，文学史，枕詞)

問一 A 邦画 ① 奉納 ② 縫製 ③ 封建 ④ 邦人 ⑤ 芳香

B 喚起 ① 緩慢 ② 栄冠 ③ 一貫 ④ 果敢 ⑤ 召喚

C 隆盛 ① 犠牲 ② 請求 ③ 一斉 ④ 盛大 ⑤ 制圧

D 遺跡 ① 書籍 ② 惜別 ③ 一隻 ④ 排斥 ⑤ 奇跡

E 膨張 ① 膨大 ② 陰謀 ③ 暖房 ④ 妨害 ⑤ 暴走

問二 A 「ようだ」は，たとえを意味する「助動詞」。 B 「が」は，主語であることを示す「(格)助詞」。 C 「ぜひ」は，後の「～ください」にかかる「副詞」。 D 「危険な」は，終止形が「危険だ」となる「形容動詞」の連体形。 E 「この」は，直後の名詞「道」を修飾する活用のない自立語なので「連体詞」。

問三 旧暦における月の異名は，一月は「睦月(むつき)」，二月は「如月(きさらぎ)」，三月は「弥生(やよい)」，四月は「卯月(うづき)」，五月は「皐月(さつき)」，六月は「水無月(みなづき)」，七月は「文月(ふづき・ふみづき)」，八月は「葉月(はづき)」，九月は「長月(ながつき)」，十月は「神無月(かんなづき)」，十一月は「霜月(しもつき)」，十二月は「師走(しわす)」。四季の分類は，春は一～三月，夏は四～六月，秋は七～九月，冬は十～十二月なので，月の異名と季節の組み合わせが合致しているのは④。

問四 ぎらぎらと照りつける夏の強い日差しを「金の油」と表現しているので，「隠喩」が適切。

「隠喩」は，比喩であることを示す語を用いずに，何かに喩えて表現する修辞法。

問五　「虎穴に入らずんば虎子を得ず」は，危険だが，虎の棲む穴に入らなければ虎の子を得ることはできない意から，危険を冒さなければ成功を収めることはできないというたとえ。

問六　太宰治の作品は『走れメロス』のほかに『人間失格』『斜陽』『津軽』など。『伊豆の踊子』は川端康成，「金閣寺」は三島由紀夫，『トロッコ』は芥川龍之介，『楽隊のうさぎ』は中沢けいの作品。

問七　直後に「光のどけき」とあるので，「光」を導き出す「枕詞」の「ひさかたの」が入る。

二　（論説文－脱語補充，接続語，文脈把握，内容吟味，要旨，段落構成）

問一　Ⅰ　直前に「他者が認識されていなければなりません」とあるのに対し，直後には「他社の範囲はきわめて狭くなっています」とあるので，逆接を表す「しかし」が入る。　Ⅱ　直前の「表現」を，直後で「表出」と言い換えているので，どちらかといえば，という意味の「むしろ」が入る。　Ⅲ　直前の「コミュニケーションを避ける傾向が強まっていることが分かります」と，「親しい間柄でも……とことん議論することを避ける傾向が見えます」と並べているので，並立を表す「また」が入る。　Ⅳ　直前の「耐えがたい脅威と感じられるでしょう」と，直後の「なんとしても避けなければならない」は，順当につながる内容といえるので，順接を表す「したがって」が入る。

問二　ア　前後に「公共の場」が「維持されてきた」とあるので，社会生活が整然と行われるための規律，という意味の「秩序」が入る。　イ　直前に「公共空間における若者たちの態度」とあり，直後で「無関心を装っているわけではありません」としているので，「関心(の欠落)」とするのが適切。　ウ　直前の「『装った自分の表現』」と「『素の自分の表出』」を指すので，「(両者の)傾向」とするのが適切。　エ　直前の「何か共通のものがあるわけでも，語り合って深めていく思想があるわけでもない」という状況を言い換えているので，「(共通の)基盤(がない)」とするのが適切。

やや難　問三　そのようにふるまう理由については，直前の段落に「そもそもマナーが成立するためは，意味ある人間として他者が認識されていなければなりません」「最近の若者にとって，そのように感受される他者の範囲はきわめて狭くなっています。……他者の存在を無視した悪意の結果などではなく，むしろ他者の存在に無関心なる結果なのです。彼らに欠けているのは，……意味のある人間としての他者の認識なのです」と説明されているので，④が適切。

問四　直前に「私たちは，公共の場では不関与でいるべきだという規範に，じつは協力しあっているのです。これは，……認めたうえで初めて成立しうる」とあるので，④が適切。

問五　直後に「彼らが補導されたとき，もう一人の少年は，『友だちに悪いことをした』と友人のケガをさかんに気にかけていた」「被害者のケガを心配する言葉は，ついに最後まで聞かれなかった」とあり，「友人の目は強烈に気になっても，世間の目はさほど気になりません」「仲間内へのまなざしの強烈さと，それゆえにその外部にまで配慮する余裕のなさを，ここにも見ることができます」と述べられているので，③が適切。

問六　直後に「断定を避ける『ぼかし表現』」と説明されている。「ぼかし表現」にあてはまるものとしては，断定せずに「ちょっと～かなあって感じ」とする②が適切。

やや難　問七　本文は，[1]～[4]段落で若者のマナーについて，筆者の考えが述べられており，[5]～[10]段落では，東京都青少年基本調査データ，世界七か国の若者の意識比較の調査，二人乗りバイクのひったくり事件といった具体例を示しながら論を進め，[11]～[13]段落では，現在の子どもたちの人間関係についてまとめているので，③が適切。

三　**(小説－語句の意味，慣用句，脱語補充，情景・心情，文脈把握，内容吟味，大意，表現)**

問一　(ア)　直後の「『そんなにこの学校の給食が気に入らないわけ？』」と言う様子なので①が適切。　(イ)「面食らう」は，突然の出来事にあわてる様子。　(ウ)　直前の「誰にもわかりはしないだろう」という気持ちを指すので，⑤が適切。「高をくくる」は，たいしたことはないと思って軽く見る，という意味。

問二　X　直後に「どうして梢が，わたしの小学校のことを知っているの」と驚きが示されているので，「耳を疑った」とするのが適切。　Y　直後に「動揺」とあるので，動揺した様子の表現として，「肩が震えた」とするのが適切。　Z　直後に「わたしは足早に教室を出た」とあるので，「背を向けて」とするのが適切。「背を向ける」は，後ろ向きになること。

問三　この時の美貴の心情は，前に「わたしは相槌を打つことができなかった。写真に載ったスイーツを，わたしは実際に食べたことがあったからだ」とあり，さらに「ああそうだ，都会の高層マンションに住んで，素敵な私立の学校に通い，……。ほんの数か月前まで，それがわたしの日常だった。……悲しみでいっぱいになった」とあるので②が適切。

問四　直前に「見るからにパサパサしていそうなフライドチキンも，薄く油の浮いた野菜スープも食べる気が起きなくて」とあり，その前には「清凛にいたころとの違いがありすぎて，どうしても，清凛の給食と比較してしまう。おまけにきょうは，となりに座る梢から不機嫌な空気が伝わってきて，いつもより余計に気分が悪かった」とあるので，④が適切。

やや難　問五　この後に「梢の態度からは，給食のときのふてぶてしさが消えていた」「『……美貴のおばあちゃん，うちのおばあちゃんと友達で，……美貴のこと聞いて，いっしょのクラスになったら仲よくしてあげてくれって……』」とあり，「親の会社が潰れて私立の学校に通えなくなった」と，美貴の事情が説明されている。実は美貴の事情を知っていた梢は，知っていたことを今まで隠していて，クラスメイトにも知られてしまったことに気まずさを感じていると考えられるので，「申し訳なさを感じた」とする⑤が適切。

問六　前に「親の会社が潰れて私立の学校に通えなくなったなんてこと，同級生に知られたら……」とあり，「『つまり，最初からわたしのことを憐れんで，親切にしてくれてたわけね』」と言っているので，④が適切。

問七　③は，直前に「けれど動揺はそれだけでなんとかおさえ込んで，わたしは平然とした態度で言った」とあることと合致する。

四　**(古文―仮名遣い，文脈把握，内容吟味，大意，口語訳)**

〈口語訳〉　今は昔，陽成院が譲位されて住まわれた御所は，大宮よりは北，西洞院よりは西，油の小路よりは東にあった。

そこは物の怪のすむところである。大きな池がある釣殿で，夜，番の者が寝ていると，夜中ごろに，細々とした手で，この男の顔をそっとそっとなでた。薄気味悪いと思って，太刀を抜いて，片手でつかむと，浅黄色の上下を着た翁で殊更にわびし気な男が「私はここに，昔住んでいた家主です。浦島子の弟です。昔からここに住んで千二百余年になります。どうかできることなら，ここに社を作って，(私を)祭ってください。そうすれば，どのようにもお守りしましょう」と言ったので，(番の者が)「私の一存では決められない。このことを陽成院へ申し上げてなんとかしよう」と言うと，「不快な男の言い分である」と言って，三度，上の方へ蹴り上げて，(番の者が)なえてぐったりして落ちるところを，口をあけて食った。普通の人の大きさの男に見えていたが，非常に大きくなって，この男を一口で食ったのであった。

問一　a「ゐ」は，「い」と発音する。語頭以外の「はひふへほ」は「わいうえお」となるので，「ひ」は「い」に直して，「おりゐさせたまひて」は「おりいさせたまいて」となる。　b　語頭以外の「は」は「わ」,「へ」は「え」と発音するので,「ねがはくはゆるしたまへ」は「ねがわくわゆるしたまえ」となる。

問二　X　この後,「翁」の言葉に「『我はこれ,……浦嶋が子の弟なり。』とある。　Y　直前の「『我が心一つにてはかなはじ。この由を院へ申してこそは』」の話者なので，御所の釣殿で「翁」と遭遇してしまった「番の者」を指す。

問三　直前に「釣殿に番の者寝たりければ，夜中ばかりに，細々とある手にて，この男が顔をそとそととなでけり。けむつかしと思ひて」と理由が示されているので⑤が適切。

問四　「この由」は，直前の「『我はこれ，昔住みし主なり。……。ねがはくはゆるしたまへ。ここに社を作り斎ひたまへ。さらばいかにもまぼり奉らん』」という「翁」の言葉を指すので，これらの内容と合致する④が適切。

問五　③は，本文最後に「おびたたしく大きになりて，この男をただ一口に食ひてけり」とあることと合致する。

★ワンポイントアドバイス★

問題数がやや多めなので，時間配分を考えて解答することを心がけよう！　古文は，注釈を参照して口語訳できるようにし，長めの文章を読みこなす力をつけよう！

2022年度

★★★★★★★★★★★★★★★★★★★★★★★★

入 試 問 題

2022年度

2022年度

千葉明徳高等学校入試問題

【数　学】（50分）〈満点：100点〉

1　次の $\boxed{}$ に入る数値を答えなさい。

(1)　$2\times5+12\div(-4)$ を計算すると，$\boxed{\text{ア}}$ である。

(2)　$\dfrac{2x+3}{4}-\dfrac{2}{3}x-\dfrac{1}{2}$ を計算すると，$\dfrac{-\boxed{\text{イ}}x+\boxed{\text{ウ}}}{12}$ である。

(3)　$(8x^2y^3)^2\div(2xy)^3$ を計算すると，$\boxed{\text{エ}}xy^{\boxed{\text{オ}}}$ である。

(4)　$(\sqrt{5}-\sqrt{7})(\sqrt{5}+\sqrt{7})+3$ を計算すると，$\boxed{\text{カ}}$ である。

(5)　連立方程式 $\begin{cases}3x-2y=4\\4x+3y=11\end{cases}$ を解くと，$x=\boxed{\text{キ}}$，$y=\boxed{\text{ク}}$ である。

(6)　x^2-x-72 を因数分解すると，$(x-\boxed{\text{ケ}})(x+\boxed{\text{コ}})$ である。

(7)　2次方程式 $4x^2=(3x+2)(x+1)-4x$ を解くと，$x=-\boxed{\text{サ}}$，$\boxed{\text{シ}}$ である。

2　次の $\boxed{}$ に入る数値を答えなさい。

(1)　y は x に反比例し，$x=5$ のとき $y=4$ である。$x=8$ のとき，$y=\dfrac{\boxed{\text{ア}}}{\boxed{\text{イ}}}$ である。

(2)　さいころAの出る目を a，さいころBの出る目を b とする。

さいころA，Bを同時に投げるとき，$a+b$ が4の倍数となる確率は $\dfrac{\boxed{\text{ウ}}}{\boxed{\text{エ}}}$ である。

(3)　CM中学校には生徒が180人おり，男子生徒の20%と女子生徒の16%が自転車で通学している。男子生徒の自転車通学者の数と女子生徒の自転車通学者の数が等しいとき，CM中学校の男子生徒は全部で $\boxed{\text{オ}}\boxed{\text{カ}}$ 人いる。

(4)　右図のような点Oを中心とする半円について，$\angle BAC=15^\circ$ のとき，$\angle OCB=\boxed{\text{キ}}\boxed{\text{ク}}^\circ$ である。

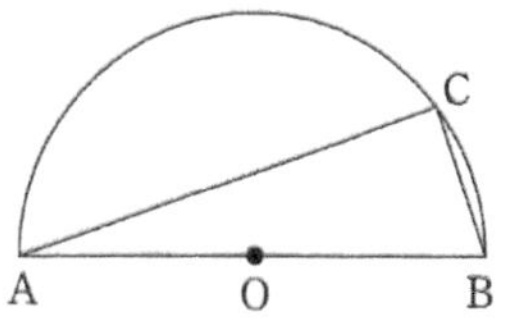

(5)　右図において，$AD=4$，$BC=6$，$DE=3$，$\angle ADE=\angle ABC=90^\circ$ である。このとき，BEの長さは $\boxed{\text{ケ}}$ である。

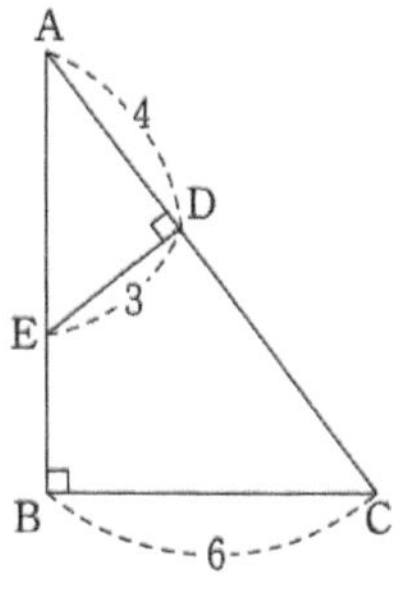

$\boxed{3}$ aとbは自然数とする。以下の例のようにaをbで割ったときに割り切れれば，その商をbで割る作業を割り切れなくなるまで続ける。このとき，bで割り切れた回数を$a☆b$と表すことにする。次の$\boxed{}$に入る数値を答えなさい。

［例］

・$8÷2=4$，$4÷2=2$，$2÷2=1$ となるので，$8☆2=3$

・$105÷5=21$，$21÷5=4$あまり1 となるので，$105☆5=1$

・$36÷3=12$，$12÷3=4$，$4÷3=1$あまり1 となるので，$36☆3=2$

(1) $120☆2=\boxed{\text{ア}}$ である。

(2) $m☆10=2$となる3桁の自然数mは全部で$\boxed{\text{イ}}$個ある。

(3) $n☆3=3$となる500以下の自然数nは全部で$\boxed{\text{ウ}}\boxed{\text{エ}}$個ある。

(4) $(1☆4)+(2☆4)+(3☆4)+\cdots+(99☆4)=\boxed{\text{オ}}\boxed{\text{カ}}$ である。

$\boxed{4}$ 下図のように，放物線$y=ax^2$と直線$y=x+b$との交点をA，Bとすると，x座標はそれぞれ-2，4となる。次の$\boxed{}$に入る数値を答えなさい。

(1) aの値は$\dfrac{\boxed{\text{ア}}}{\boxed{\text{イ}}}$である。

(2) 線分ABの長さは$\boxed{\text{ウ}}\sqrt{\boxed{\text{エ}}}$となる。また，線分ABの中点の座標は($\boxed{\text{オ}}$，$\boxed{\text{カ}}$)である。

(3) 線分ABを直径とする円とy軸との交点のうち，y座標の値が大きい方の点をPとする。
このとき，点Pのy座標は$\boxed{\text{キ}}+\sqrt{\boxed{\text{ク}}\boxed{\text{ケ}}}$である。
また，△ABPの面積は$\boxed{\text{コ}}+\boxed{\text{サ}}\sqrt{\boxed{\text{ク}}\boxed{\text{ケ}}}$である。

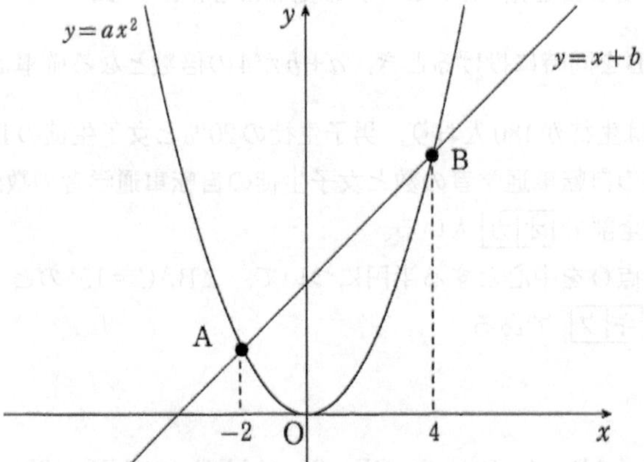

$\boxed{5}$ 右図のようなすべての辺の長さが6である三角柱ABC－DEFについて，次の$\boxed{}$に入る数値を答えなさい。

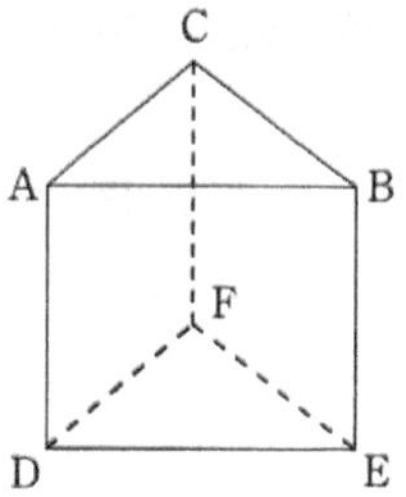

(1) 三角形ABCの面積は，$\boxed{ア}\sqrt{\boxed{イ}}$ である。

(2) 三角柱を面ACEで切断して2つの立体に分ける。
このうち，頂点Bを含む立体について考える。
この立体の体積は$\boxed{ウ}\boxed{エ}\sqrt{\boxed{オ}}$ であり，表面積は$\boxed{カ}(\sqrt{3}+\sqrt{\boxed{キ}}+\boxed{ク})$ である。

(3) 頂点Bから面ACEへ垂線をおろすとき，垂線と面ACEが交わる点をHとする。線分BHの長さは $\dfrac{\boxed{ケ}\sqrt{\boxed{コ}\boxed{サ}}}{7}$ である。

【英　語】（50分）〈満点：100点〉

リスニングの問題は1から3です。

1 この問題は，英語の対話を聞いて，最後の発言に対する受け答えを選ぶ問題です。受け答えとして最も適当なものを問題用紙の１～４のうちから一つ選び，その数字をマークしなさい。問題は（１）から（４）の４問で，対話と選択肢はそれぞれ２回放送します。

（１）（内容は記載されません。）

（２）（内容は記載されません。）

（３）（内容は記載されません。）

（４）（内容は記載されません。）

2 この問題は，英語の対話または発言を聞いて，それぞれの内容についての質問に答える問題です。問題用紙に印刷された質問の答えとして適当なものを，１～４のうちから一つ選び，その数字をマークしなさい。問題は（５）から（７）の３問で，対話または発言は，それぞれ２回放送します。

（５）What is the problem?

１．The woman got lost.　　２．The woman is locked in.

３．The woman can't find a key.　　４．The woman can't get out of her office.

（６）Why does the man sound surprised?

１．He didn't know about the report.

２．The woman finished the report very quickly.

３．He will have to be absent from school.

４．The woman spoke to him so loudly.

（７）What is the man talking about?

１．The name of a bridge.　　２．The name of a palace.

３．The nickname of a king.　　４．The nickname of a clock bell.

3 この問題は，長めの英文を聞き，その内容についての質問に答える問題です。質問の答えとして適当なものを，問題用紙に印刷されている１～４のうちから一つ選び，その数字をマークしなさい。問題は（８）と（９）の２問で，英文と質問は，それぞれ通して２回放送します。

（８）１．A flying car.

２．An airport.

３．A science fiction.

４．A company.

（９）１．It takes less than three minutes.

２．It is necessary to fly at 2,500 meters high.

３．Just push a button.

４．We have to drive it into the city.

リスニングテストはここまでです。

これから，英語のリスニングテストを行います。リスニングテストの問題は大問1から大問3の三つです。
では，大問1から始めます。
この問題は，英語の対話を聞いて，最後の発言に対する受け答えを選ぶ問題です。受け答えとして最も適当なものを問題用紙の1～4のうちから一つ選び，その数字をマークしなさい。問題は(1)から(4)の4問で，対話と選択肢はそれぞれ2回放送します。では，始めます。

(1)

Man　：Kaori, what kind of music do you Like?

Woman：Ah, I really like rock music.

Man：

1．Do you play any musical instruments?

2．It was very hard.

3．I'll show you some pictures.

4．There is a city hall over there.

(2)

Woman：Excuse me. Do you speak English?

Man　：Ah... yes. How can I help you?

Woman：

1．I like English very much.

2．I hear that Mr. Jones can speak Chinese.

3．My brother helped me with my homework last night.

4．Could you tell me the way to the station?

(3)

Man　：Good evening.

Woman：Hi. We don't have a reservation. Do you have a table for five?

Man　：I'm sorry, but there are no tables available right now. We'll have to ask you to wait.

Woman：

1．Could you give me some water please?

2．How long will we have to wait?

3．Did you eat something before coming here?

4．Have you ever been to this restaurant?

(4)

Woman：Hey, Bob. You got a new car! Looks great!

Man　：Thanks, Jane!

Woman：How much did it cost? It must be so expensive!

Man：

1．Yes, it was very high. I guess it's higher than that mountain.

2．Quite reasonable. Just three thousand yen for one night.

3．To be honest, this is a used car. So I paid just one million yen.

4．I'd really love to get this car, but I don't have enough money.

2

この問題は，英語の対話または発言を聞いて，それぞれの内容についての質問に答える問題です。問題用紙に印刷された質問の答えとして適当なものを，1～4のうちから一つ選び，その数字をマークしなさい。問題は(5)から(7)の3問で，対話または発言は，それぞれ2回放送します。では，始めます。

(5)

Man　　：What are you looking for, Meg?

Woman：I can't find my apartment key.

Man　　：Oh, that's too bad. Did you leave it at your office?

> ＜ Written on the question paper ＞
> What is the problem?
> 1．The woman got lost.
> 2．The woman is locked in.
> 3．The woman can't find a key.
> 4．The woman can't get out of her office.

(6)

Woman：Have you finished your report yet?

Man　　：What report? I don't know anything about that!

Woman：Really? Oh, I think we got the assignment when you were absent.

> ＜ Written on the question paper ＞
> Why does the man sound surprised?
> 1．He didn't know about the report.
> 2．The woman finished the report very quickly.
> 3．He will have to be absent from school.
> 4．The woman spoke to him so loudly.

(7)

Have you ever been to London? You can see a big clock near Westminster Bridge. The clock is on the tall tower of the Palace of Westminster. The clock has a great bell inside and its nickname is "Big Ben." Now people call the clock itself Big Ben, too.

> ＜ Written on the question paper ＞
> What is the man talking about?
> 1．The name of a bridge.
> 2．The name of a palace.
> 3．The nickname of a king.
> 4．The nickname of a clock bell.

3
この問題は，長めの英文を聞き，その内容についての質問に答える問題です。質問の答えとして適当なものを，問題用紙に印刷されている1～4のうちから一つ選び，その数字をマークしなさい。問題は(8)と(9)の2問で，英文と質問は，それぞれ通して2回放送します。では，始めます。

Recently the science fiction we see in the movies is becoming fact. A company has made a flying car. It is called the “AirCar.” It can fly 2,500 metres high and at a speed of 185 km per hour. In a test flight, a 90 km journey took 35 minutes. The AirCar company said “Flying cars will soon be everywhere”. It takes less than three minutes to change from a car to an airplane. The CEO of the company landed it at an airport. He changed it to a sports car by pressing a button, and drove it into the city. In the future a new AirCar will be able to fly one thousand kilometres non-stop.

Questions
No. 8 What is the “AirCar”?
No. 9 What do you have to do to turn the AirCar from an airplane to a sports car?

＜問題用紙に記載＞

No. 8

1．A flying car.
2．An airport.
3．A science fiction.
4．A company.

No. 9

1．It takes less than three minutes.
2．It is necessary to fly at 2,500 meters high.
3．Just push a button.
4．We have to drive it into the city.

以上でリスニングテストを終わります。引き続き，このあとの問題に取り組んで下さい。

4 [　　]内を日本文と合うように，正しく並べ替えているものを番号で答えなさい。なお，[　　]内の英語は全て用いるわけではなく，文頭に来るものも小文字になっています。

(10)　先日私たちが見た映画は面白くなかった。
[あ．we saw　い．the movie　う．which　え．the day before　お．wasn't good　か．last night movie].

1．い―う―お―え
2．い―あ―え―お
3．か―お―あ―う
4．か―う―お―あ

(11)　アルは昨日パーティーに行かなかった。
[あ．Al　い．hasn't gone　う．didn't go　え．hasn't been　お．yesterday　か．to the party].

1．あ―い―お―か
2．あ―い―か―お

3．あ―え―か―お
4．あ―う―か―お

(12)　昨夜はどこで食事をしたの？
[あ．did you　い．have dinner　う．ate dinner　え．where　お．last night　か．what]?
1．か―う―あ―お
2．あ―い―え―お
3．え―あ―い―お
4．お―あ―え―う

(13)　机の上の本は，私のものではない。
[あ．on the desk　い．the book　う．my　え．mine　お．isn't　か．me].
1．い―あ―お―え
2．う―い―お―あ
3．あ―お―う―い
4．い―お―か―あ

(14)　眠っている猫たちを起こさないで。
Don't [あ．wake up　い．sleeping　う．which　え．slept　お．cats　か．the].
1．え―お―う―あ
2．お―う―い―あ
3．あ―か―い―お
4．あ―か―お―え

(15)　次の日曜日に，彼女を訪問しないつもりです。
[あ．I'm　い．going　う．I'll　え．to visit her　お．not　か．visiting her] next Sunday.
1．あ―お―い―え
2．あ―い―お―か
3．う―お―い―え
4．う―お―か―い

5　以下の英文を読み，問いに答えなさい。

Many people in America may think that the "miracle worker" usually means Helen Keller's teacher, Anne Sullivan.

Anne's life was not easy at all. Her mother died when she was only eight years old. Her father put Anne and her little brother in a poorhouse and then, disappeared. Soon after that her brother died.

Anne could not see very well, so she didn't get the chance to learn much. When she was 14 years old, people from the local government visited her, Anne told them (16) she wanted to learn more. After a while, she went to study at the Perkins School for the Blind.

By 1882, Anne had several *surgeries on her eyes. Her eyes were now good enough for reading. From then on, Anne studied hard. When she was 20 years old, she graduated from Perkins as the top student. She said in her speech, "When you learn something, you help both yourself and society. If you are not learning, you are hurting society."

After graduating from Perkins, Anne met Helen and became her teacher. Everyone knows Helen worked hard to *overcome her *handicaps. But, Anne worked just as hard to help Helen.

When Helen was studying at Radcliffe College, Anne became Helen's eyes and ears. She (17)[read] all of Helen's textbooks and wrote down everything that the teacher said. Then, she told this information to Helen using sign language. The work was difficult, (18) because they worked together, Helen was able to graduate. Helen's wish to help society was Anne's wish *as well.

Anne continued to support Helen after college but Anne became sick. In 1936, Helen was asked to come to Japan to talk about helping people who were *blind. Helen did not leave Anne but Anne said, "Promise me that you will help the blind people in Japan."

In October 1936, Anne died at the age of 70. Helen was really sad (19) of the death of the teacher that she loved. But six months later, Helen went to Japan. She wanted to keep her promise to Anne. Helen's visit made the Japanese understand the (20) of helping people with difficulties.

Anne did not live to see all the changes Helen made in society. But she will always be remembered as the "miracle worker" who helped Helen to be so successful.

Taken from "*Enjoy Simple English June / 2021*" (NHKラジオ)
(partly modified)

【注】 *surgeries 外科手術(surgery)の複数形 *overcome 克服する *handicap (s) 障がい
*as well 同様に *blind 目の見えない

(16) (16)に入る最も適切なものを番号で答えなさい。

1. that　　2. what　　3. about　　4. of

(17) (17)[read]に関して，下線部と同じ発音をもつ単語を番号で答えなさい。

1. beat　　2. head　　3. seat　　4. meat

(18) (18)に入る最も適切なものを番号で答えなさい。

1. and　　2. but　　3. so　　4. as

(19) (19)に入る最も適切なものを番号で答えなさい。

1. hear　　2. heard　　3. hearing　　4. to hear

(20) (20)に入る最も適切なものを番号で答えなさい。

1. importance　　2. important　　3. difference　　4. different

ANNE SULLIVAN

➢ The Life of Anne Sullivan

Periods	Events
1880's ~	(a) ↓ (b) ↓ Anne could see better thanks to surgeries.
After Graduation from Perkins	Anne met Helen. ↓ Anne took notes during the College for Helen.
1930's	(c) ↓ (d)

(21)　上記の表は，Anne Sullivanの人生で大事な出来事を時系列順にまとめたものです。 (a) ～ (d) に入る組み合わせを表す番号を選びなさい。ただし，使わない文が一つ混じっています。

ア．The Japanese people asked Helen to come to Japan to help blind people.

イ．The local government let her study at school even though she was blind.

ウ．Anne died at the age of 70.

エ．Anne worked hard for Helen because Helen became a blind teacher.

オ．Anne's family were broken up.

1．(a)イ　(b)ア　(c)エ　(d)ウ　　2．(a)イ　(b)エ　(c)オ　(d)ア

3．(a)オ　(b)イ　(c)ア　(d)ウ　　4．(a)オ　(b)エ　(c)ウ　(d)ア

6　以下の英文を読み，問いに答えなさい。

YZ7 is an alien from the Planet Astra, the most advanced civilization in the Universe. He is a good mechanic and can make any difficult machine, if he can get *materials for it. Once he repaired his spaceship by himself. He often remembers the day he got the computer parts for his one-man spaceship on the planet called "Earth." It was one of his best memories.

"What's this?" his girlfriend QT3 asked YZ7 pointing at a big black machine. For the people on the Planet Earth, it would look like a very big car. "That is," said YZ7, "a Time Machine."

"A Time what?"

"A Time Machine. You can travel back and forth between the past and the future!"

"What!? Are you OK, YZ7?" QT3 laughed.

"It is possible. But... some materials are still *unavailable on our planet," said YZ7. "In fact, they can be found on that planet, the Planet Earth."

The people on the Planet Astra don't look like the people on the Earth at all. They are about five meters tall, bright yellow and purple, have six arms and four legs. To visit the Earth, therefore, YZ7 and QT3 had to *take the identity of someone from the Earth. Then, the people on the Earth would not be surprised. YZ7 decided to take the identity of *a retired football player, Jimmy White. The real Jimmy White was at home. He was lying alone in a long box in the quiet room. YZ7 flashed his special light at Jimmy White to make him sleep deeply. He should wake up just after YZ7 and QT3 left the Earth.

QT3 took the identity of Jane White, the wife of Jimmy White. YZ7 helped her to make the real Jane White sleep and then they left the house. Now she looked like an old lady in a black dress. QT3 was excited because everything she saw was fresh and fantastic. She liked to be in the world of these small animals.

"Jane! Oh, my dear! Are you OK?" A woman approached QT3 and said, "Jimmy was a good man and..." Then, the woman opened her eyes widely and *began screaming. So, YZ7 flashed his special light at the woman so that she would not remember anything about them. They didn't understand what had happened to her.

YZ7 and QT3 took a train to Romford to find the parts for his machine. The shop that YZ7 bought his computer parts before was near the station. This shop was also Jimmy White's favorite shop. The shopkeeper said smiling, "Hi, Jimmy, I haven't seen you for ages! I heard you were suffering from a serious *disease. I'm glad to see you are alright." YZ7 bought the parts for his machine.

YZ7 and QT3 went back to the Planet Astra. They didn't know what happened after Jimmy White woke up. His wife, Jane cried hard when she saw Jimmy getting up from the long box. But she was crying with joy.

【注】 *unavailable　手に入らない　*take the identity of ～　～になりすます　*material (s)　材料
*a retired football player　引退したサッカー選手　*began screaming　叫び始めた　*disease　病気

(22) In this story, ...
1．YZ7 visited the Earth to play football.
2．YZ7 came to the Earth by Time Machine.
3．YZ7 couldn't find the parts to make his Time Machine on his planet.
4．Jimmy White visited the Planet Astra to see YZ7.

(23) YZ7 took the identity of Jimmy White ...
1．in order to play football.
2．so that he would not make the people of Earth surprised.
3．because QT3 chose the wife of Jimmy White first.
4．as soon as his Time Machine landed on the Earth.

(24) When YZ7 and QT3 arrived on the Earth, ...
1．the real Jimmy White was sleeping.

2. the people on the Earth welcomed them.

3. the real Jimmy White was dead.

4. the real Jane White was sick in bed.

(25) Did QT3 seem to like the Earth?

1. Yes. She enjoyed the stay on this planet.

2. Yes. She found some pretty animals.

3. No. Everything she saw was quite boring.

4. No. She couldn't communicate with others.

(26) The woman began screaming because ...

1. she saw a man who should not be there.

2. she saw a monster with six arms and four legs.

3. YZ7 flashed a special light at her.

4. she found that Jane White was an alien.

(27) The shopkeeper ...

1. knew Jimmy White was an alien.

2. felt happy to see QT3.

3. thought Jimmy White was no longer sick.

4. made a Time Machine with YZ7.

(28) What happened when YZ7 and QT3 left the Earth?

1. Jimmy White died.

2. Jimmy White came back to life.

3. Jane White died.

4. Jane White came back to life.

7 以下の対話文を読み，問いに答えなさい。

Yuki：It is July already and in two months it is the School Festival, but we still don't have a plan. What are we going to do?

Kaz：How about a photo gallery? We could call it "The Gallery".

Mike：Really? I know you like photographs, but we want other people to come, too.

Kaz：Everyone likes photographs!

Yuki：Hmmm.... Any other ideas?

Maki：How about a music café? We could play music and sell some drinks and snacks. We could call it "Bites and Beats".

Mike：I like that idea better than "The Gallery".

Kaz：Hey! Everyone likes photographs.

Yuki：Hmmm.... Okay, let's do a music café. But what kind of music shall we play?

Maki：How about English music?

Mike：You mean like Justin Bieber?

Maki：No. Music from England.

Mike：You mean like Justin Bieber?

Maki：He's not from England, he's from America.

Kaz ：No. He's Canadian.

Yuki：Anyway. If we play English music, who should we play?

Maki：The Who.

Yuki：Yes, who should we play?

Maki：The Who.

Yuki：That's my question.

Maki：No! We should play The Who.

Yuki：The what?

Maki：No. The Who!

Mike：Why am I so *confused right now?

Yuki：What is the name of the artist or group you want to play in the café?

Maki：The Who!!!

Yuki：Oh my goodness! Who is the artist you want to play in the café?!?

Maki：Yes.

Yuki：WHAT?!?!

Maki：But not "Who", it's "The Who".

Yuki：Somebody, help me.

Kaz ：The name of the group is "The Who". They are an English rock band from London. They *were formed in 1964.

Maki：Yes! The Who.

Kaz ：I like them, too. Especially their guitarist, Pete, and the drummer, Keith.

Yuki：Well, we can't just play one band. There won't be enough music.

Maki：There will *definitely be enough music. They have 12 studio albums, 16 live albums, 27 compilation albums and 4 soundtrack albums.

Mike：Wow!! You really like them.

Kaz ：But the live albums and compilation albums are just the same songs as the other albums, so we can't use them.

Maki：But we still have so many we can use.

Yuki：Then, it would be "The Who Café" and not just a music café.

Maki：That sounds great!

Mike：You love The Who as much as Kaz loves photos.

Kaz ：Everyone likes photographs.

Yuki：Hmmm.... Then, it should be "The Who Café". But, it might be confusing for people.

Maki：Why? It is a café that plays The Who's music. It's simple.

Mike：Do you remember the conversation we had just now? Nobody could understand anything. Let's play music from a few more bands from England and call it "The English Music Café".

Kaz ：Does that mean, music from England or music in English?

Yuki：This is *getting complicated. Let's call it "Music and Tea from England". Then it is really easy to understand.

Maki：Do we have tea?

Yuki：We can get some.

Mike：You know, in England, "Tea" can mean dinner.

Yuki：OH MY GOD!!!! OK, Kaz, you win. How many photographs do you have?

Kaz：A lot! Because everyone loves photographs.

【注】 *(be) confused　混乱する　*were formed　結成された　*definitely　絶対に
*get (ting) complicated　ややこしくなる

(29)　When is the School Festival?

1．July　2．August　3．November　4．September

(30)　Who likes photographs the most?

1．Yuki　2．Kaz　3．Maki　4．Mike

(31)　How many of "The Who" albums would they be able to use?

1．twelve　2．sixteen　3．twenty-seven　4．fifty-nine

(32)　Where does Justin Bieber come from?

1．England　2．America　3．Canada　4．Australia

(33)　What will the name of their School Festival Event be?

1．The Gallery　2．Beats and Bites
3．The Who Café　4．The English Music Café

3　白河院を称える人々が長い列をなした

4　白河院のもとへ和歌は届かなかった

③　憂き世に飽きて

1　生きづらい世の中が嫌になって

2　優しい人達ばかりの世の中に飽きて

3　憂鬱《ゆううつ》で暗い時代が過ぎ去って

4　優れた世直しに満足して

問三　文章Ⅰの傍線部A「御遺恨深き」とあるが、誰《だれ》のどのような心情を表しているのか。その説明として適切なものを次の中から一つ選び、番号をマークしなさい。

1　宇治での行楽が盛り上がるなか、都へ帰るよう勧める師実に対して、許しがたく思う白河院の心情。

2　宇治の土地を詠み込んだ喜撰の和歌にある遺言に、なんとしても従いたいと思う行家の心情。

3　宇治は都から北の方角にあると思っていたのに、実際には南の方角にあることを悔しく思う喜撰の心情。

4　宇治での行楽がまだ飽き足りないのに、都へ帰らなければならないことを、残念に思う師実の心情。

問四　文章Ⅱの傍線部B「古今集」の冒頭の文章として適切なものを次の中から一つ選び、番号をマークしなさい。

1　祇園《ぎをん》精舎の鐘の声。諸行無常の響きあり。沙羅《しやら》双樹の花の色…。

2　いづれの御ときにか女御更衣あまたさぶらひ給ひける中に、…。

3　やまとうたは人の心を種として、よろづの言の葉とぞなれりける…。

4　今は昔、竹取の翁といふ者ありけり。野山にまじりて竹を取りつつ…。

問五　文章Ⅰ・Ⅱについて述べた文として適切なものを次の中から一つ選び、番号をマークしなさい。

1　白河院たちは宇治の行楽から帰らなければならなくなったが、師実は機転を利かせて「わが庵は…」の歌を引き合いに出し、次の行楽地を示したことで人々から称賛された。

2　「わが庵は…」の歌では、宇治は都から東南の方角にあるとされているため、宇治から北の方角が「日塞がり」に当たったとしても、白河院たちにとっては何の問題もない。

3　「わが庵は…」の歌には、宇治山はもともと「うき山」という名だったが、人々がしきりに「うぢ山」と呼ぶようになり、現在の呼称になったことが詠み込まれている。

4　宇治から北の方角は、「日塞がり」にあたっているので、「わが庵は…」の歌にならって一度東南の方角に向かってから都に戻ったことが、美談として語り継がれた。

の旨を※10奏聞《そうもん》ありければ、その日、②還御延びにけり。殿下、御感歎《かんたん》あり。人また美談とす。

（『十訓抄』より）

Ⅱ

我が庵は都のたつみ鹿ぞ住む世をうぢ山と人はいふなり

B古今集雑下に題知らずとあり。歌の心は庵は都よりは※11辰巳の方に当たりたる所に、ただこの通りに住んで居る事なり。これといふも③憂き世に飽きて引き籠りて居る事なるに、この山の名も世を憂きものなりとbいふやうに、うぢ山うぢ山と人がいふ事ぞと詠めるなり。

（『百人一首一夕話』より）

語注

1 京極の大殿 …… 藤原師実。平安時代後期の公卿。

2 白河院 …… 実子（堀川天皇）に位を譲り、このときは上皇。

3 宇治に御幸ありけり …… 上皇が宇治にお出かけになった、という意味。「宇治」は現在の京都府南東に位置する宇治市周辺。

4 逗留 …… 旅先などに一定期間留まること。

5 花洛 …… 京。現在の京都市中心の地域。

6 日塞がりのはばかり …… 災いがあるとしてその方角への外出を避けること。

7 殿下 …… 摂政・関白の敬称。ここでは「京極の大殿」（藤原師実）のこと。後の「殿下」も同じ。

8 行家 …… 藤原行家。平安時代後期の歌人。

9 喜撰 …… 平安時代初期の歌人。六歌仙に数えられる。

10 奏聞 …… 白河院に申し上げる、の意味。

11 辰巳 …… 時刻では午前9時前後を表し、方角では南東を表す。

問一 傍線部a・bを現代仮名遣いにしたものとして適切なものを次の中から一つずつ選び、番号をマークしなさい。

a なにのはばかりかあらむ

1 なんのはばかりかあらむ
2 なにのはばかりかあらん
3 なんのわばかりかあらむ
4 なにのわばかりかあらむ

b いふやうに

1 いうように　2 ゆうやうに
3 いうやうに　4 いふように

問二 傍線部①～③の現代語訳として適切なものをそれぞれ後の選択肢の中から一つずつ選び、番号をマークしなさい。

① これがため、いかが

1 これくらいの理由で、師実は白河院に対して恨みを持っているのか
2 わたしのために、はるばる都から宇治まで来たというのは本当か
3 こういうことがあるので、もう一日留まるのはいかがなものか
4 都の南の方角にある宇治に行くことを、白河院はどう思うだろうか

② 還御延びにけり

1 白河院は還暦を迎えられなかった
2 白河院が都へ帰る日程が延びた

5　人の知恵では予想もできない、見えない要素（光、水、気温など）の「つながり」がまだ隠れているかもしれず、環境に良かれと思って行なった行為が逆の結果を招くことさえあるから。

問七　本文には左の一文が脱落している。本文中の【 1 】～【 5 】から、正しい箇所の番号を一つ選び、番号をマークしなさい。

脱文：どちらが優位に立っているとも言えない。

問八　傍線部Ⅰ「人間がどのように自然と向き合うべきか」とあるが、筆者の意見として適切なものを次の中から一つ選び、番号をマークしなさい。

1　自然は人間がいなくなっても何も困らない強さや回復力を持っているので、「キーストーン」種である人間が地球上に君臨して居心地の良い環境にしていくべきである。

2　人は食べるものも住むところも、呼吸する空気さえも地球環境に依存しているのだから、自然の環境に身を委《ゆだ》ね、自然災害にも耐え忍ぶべきである。

3　人と自然は「持ちつ持たれつ」であり、どちらが優位に立っているとも言えない。人間の手による環境破壊も、やがては人間に跳ね返ってくるのだから、それを覚悟して開発に当たるべきである。

4　人間の営みによって成り立っている自然もあり、自然の成立する一要素として、人間の活動も含まれる。それだけに人間の活動には慎重さが要求されている。

5　自然を定まった存在としてではなく常にいくつもの条件がからみ合い変化するシステムとして見れば、人間の活動など自然界のほんの一部に過ぎず、自然の営みには全く影響しない。

問九　筆者の意見や本文の内容として適切でないものを次の中から一つ選び、番号をマークしなさい。

1　人間が自然に依存して生きているように、自然も人間なくしては存続し得ない面がある。

2　雑木林と天然林なら、天然林の方が自然環境としては優秀であり、保存するにふさわしい。

3　「自然は人間がいなくても何も困らないが、人間は自然なしには生きていけない」とは言い切れない。

4　人為を受けながら存在している動植物は、生態系の変化に適応できない。

5　現在の生態系の構成要素には光、水、気温などに加え、人の暮らしそのものも加えることができる。

四　次の文章Ⅰ・Ⅱを読んで、後の問いに答えなさい。

Ⅰ

※1京極大殿《きゃうごくおほとの》の御時、※2白河院、※3宇治に御幸《ごかう》ありけり。余興尽きざるによりて、今日一日、御※4逗留《とうりう》あるべき由を申さるるを、「明日、還御《くわんぎよ》あらば、※5花洛《くわらく》、宇治より北にあたりて、※6日塞《ふさ》がりのはばかりあり。①これがため、いかが」。※7殿下《てんが》、A御遺恨《ゐこん》深きところに、※8行家朝臣《ゆきいへのあそん》申していはく、「宇治は都の南にはあらず。※9喜撰《きせん》が歌にいはく、

わが庵《いほ》は都のたつみしかぞ住む世をうぢ山と人はいふなり

とよめり。しかれば、aなにのはばかりかあらむ」と申されけり。こ

2　人間が環境を破壊してもその都度「自然」が自らの力で回復してきたように、人間と自然は同じ地球上で共存していく「持ちつ持たれつ」の関係の中で共に進化してきたから。

3　人間が自分を取り巻く自然の環境に合わせて自らの生活を変えてきたように、一方の「自然」の方もキーストーン種となった人間のさまざまな活動に影響を受けて変化しているから。

4　ランとハチドリの関係に見られるように、自然と人間も互いの利害関係が一致する場面でしか進化が進まず、他の動植物の進化や繁栄といった「系全体」への影響に対しては共に無関心であったから。

5　現在の地球上における人類の大繁栄は、自然界に寄り添い共存してきた先人たちの努力によるものであり、環境問題が顕在化してきた現代こそ、その姿勢に学ぶ必要があるから。

問五　傍線部③「『自然とはシステム』だと考えること」の説明として、適切なものを次の中から一つ選び、番号をマークしなさい。

1　人間の度重なる環境破壊にも耐えてきた自然を、地球の持つ驚異的な回復システムとして認知・尊重し、今後もその力に依存してよりよい生活環境を創造していこうと考えること。

2　人間社会とは相容《あいい》れないガッチリと固定化された巨大かつ偉大な存在としてではなく、むしろ人間のさまざまな活動が要因となって新たな変化を起こしうる「システム」として、自然をとらえること。

3　人間と自然は「持ちつ持たれつ」の関係で互いに足りない部分を補完し合って共存している存在であり、共に不可欠な存在としての歴史があるため、人間も自然の一部として地球環境を支えていると考えること。

4　進化により人は文化・文明を持ち、他の動植物と一線を画す地球上の「キーストーン」となった。その存在の前では、自然は人間に管理されたシステムに過ぎないと考えること。

5　人間にとって自然は制御できない存在ではなく、「持ちつ持たれつ」で予想や計算の立つ存在であり、「キーストーン」的存在の人間が都合良く運用しているシステムに過ぎないと考えること。

問六　傍線部④「思い上がった意識を持つのは危険だろう」とあるがなぜか。その理由として適切なものを次の中から一つ選び、番号をマークしなさい。

1　害虫を駆除したと思い上がっていると、やがて耐性を持った新たな害虫が出現し、さらに毒性の高い駆除剤を作るという連鎖で、人間にも危害が及ぶほど毒性が高まるから。

2　害虫を駆除したと思い上がっていると、その害虫を天敵にしていた別の害虫が爆発的に増え、対象が変わるだけの終わりのない生存競争が始まってしまうから。

3　人間が地球の支配者のつもりで思い上がっていると、存在を疎《うと》ましく思う人間によって争いや戦争が起こることを人間の長い歴史が証明しているから。

4　害虫（または益虫）という区別は人間の立場からだけの判断であり、多様性や共存というグローバルな視点からかけ離れたきわめて狭量なものだから。

の生物を圧迫してしまう事例もある。それがきっかけで、地域の自然がガラリと変わってしまうことも起こり得るのである。

[A]。だが、変わり方にもルールがある。自然界のおきてに沿って時間をかけて変わるのではなく、短絡的な人間の思いで手を加えると、取り返しのつかない事態もあり得るだろう。

（田中　淳夫『森林からのニッポン再生』より）

問一　傍線部①「人がいなくなると困るのではないか」とあるがなぜか。その理由を説明したものとして適切なものを次の中から一つ選び、番号をマークしなさい。

1　今そこにある自然は、人間の手によって変容させられた人為による自然であり、そこでの生態系に適応した動植物は人間のいる環境下でしか生きられなくなっているから。

2　自然界の生態系は人間の都合によってその都度形を変え、動植物の生息に刺激を与えている。その刺激がなくなれば生態系が一本化し、多様性が失われるから。

3　随時移り変わっていく生態系にあって、キーストーン種である人間が絶滅してしまえば、全ての生態系が滅びてしまい、地球上の動植物が絶滅してしまうから。

4　人間の文明によってこれまで進化してきた生態系が、人間がいなくなることで自然の力のみに頼った進化や変容となって変化の速度が鈍り、衰退していくから。

5　不変不動の生態系にあって人間の存在など取るに足らないものだが、筆者は人間の尊厳と矜持《きょうじ》を守る立場を堅持しなければならないから。

問二　空欄[A]に入る語として適切なものを次の中から一つ選び、番号をマークしなさい。

1　自然は、何も困らない　　2　自然と「共進化」
3　自然は、常に変わる　　4　自然は、何も語らない
5　自然と人のかかわり

問三　空欄[B]～[F]に入る語の組み合わせとして適切なものを次の中から一つ選び、番号をマークしなさい。

1　B　依存　C　普通　D　進化
　　E　退化　F　歴史
2　B　従属　C　不変　D　変容
　　E　進化　F　変容
3　B　依存　C　普遍　D　変容
　　E　変質　F　進化
4　B　従属　C　普遍　D　共存
　　E　排除　F　淘汰《とうた》
5　B　依存　C　不変　D　進化
　　E　変容　F　意志

問四　傍線部②「自然界と人間は、まさに共進化を遂げてきたのではなかろうか」とあるがなぜか。その理由を説明したものとして適切なものを次の中から一つ選び、番号をマークしなさい。

1　動植物が環境に適応すべく進化を遂げてきたのと同様に、人間も争いや戦争を経験し、反省して今日の自然と共存した平和な社会を築き、進化してきたといえるから。

すだろう。

少し脱線するが、「進化」という言葉がある。生物も［ C ］ではなく、長い年月をかけて変化していることが認められている。その過程を進化と呼び、その進化を引き起こす要因を考える進化論は、今も魅力的なテーマだ。その中で最近よく耳にする言葉が、「共進化」である。異なる生物が、ともに関係ある形で［ D ］し、お互いが切っても切れない関係になることである。【 1 】

たとえばランの一種は、あるハチドリだけに花の蜜《みつ》を吸わせる。ハチドリはこの花の蜜を吸えるようにくちばしの形を変えた。ランは、この鳥のくちばしでないと蜜のあるところまで届かないように花弁を［ E ］させた。言い換えるとハチドリは蜜を独占できる。ハチドリは同じ種類のランだけ訪問するから、ランの受粉の確率は、格段に高まった。これは、どちらかが先に進化して片方がそれに合わせたわけではない。示し合わせたように同時期にくちばしと花弁の形を変え、双方が利益を得るようにしたのだ。別の種、それも植物と鳥が、まるで相談し合ったようにお互いの姿を変えるとは、どんな自然界の［ F ］があったのだろうか。この共進化の事実こそ、私は自然界の偉大なる妙味だと思っている。【 2 】

②自然界と人間は、まさに共進化を遂げてきたのではなかろうか。自然は人に与えるばかりではなく、人間の活動の影響を受けて変わってきた。人も自然の変化に合わせて自らの生活を変えてきた。だから人は自然に合わせて生活を変える一方で、自然も人に合わせる面があってもよいと思えるのだ。花咲く春と、紅葉の秋を守るために人が自然に手を加えることを非難する気になれない。【 3 】

自然と人のかかわりを考察しているうちに、③「自然とはシステム」だと考えることはできないか、と思いついた。自然を定まった存在としてではなく、常にいくつもの条件がからみ合い変化するシステムとして見るのだ。そこでは自然と人間社会を厳密に線引きするのではなく、自然が成立する一要素として人間の活動も含まれる。たとえば降水の量や年間を通した気温の変化は、自然界を作り上げるのに重要な役割を果たしている。同じく人間の活動も、自然の成立に大きな影響を与えていることを認めてしまおう。人と自然を対立させることなく、人間の活動も自然の一部として見れば、人の暮らしそのものが生態系を作り出す要素だと見ることもできる。人と自然は持ちつ持たれつである。【 4 】

ただ気をつけないといけないのは、現在の生態系は、光、水、気温など実に様々な要素が極めて複雑に作用することで、形作られている。そこには人の知恵では予想もしないつながりが、まだ隠れているかもしれない。それだけに人間の行動には慎重さが要求される。人の活動も自然の一部なら、自然をコントロールすることもできるといった④思い上がった意識を持つのは危険だろう。人の都合のいいようにとか、環境によかれと思って行なった行為にもかかわらず、逆の結果を引き起こすことも少なくない。【 5 】

たとえば害虫を殺そうと殺虫剤をまくと、害虫の天敵も殺してしまう。その反面、害虫は薬剤への耐性を身につけて薬が効かなくなることもある。すると、殺虫剤をまけばまくほど害虫が大発生するという本末転倒の事態が起きるのだ。乾燥地や荒れ地を緑化するために、生長の早い草や乾燥に強い木などを地域外から持ち込んだところ、在来理描写が丁寧に描かれている。

3　アカサカさんの発言で涙を流す場面では、本人たちの心情と相反する「光りの華」という表現を使うことでより一層両者の対比が明確になっている。

4　冒頭の食料を買い込む描写では具体的な商品名や食べ物の名前を出すことによって、作品にリアリティを追加させ読者を物語の世界の中へ引きこむ役割を果たしている。

5　本文中では少年たちが「人の死」に遠くから触れることで心境が変化していく姿を中心に描いているが、アカサカさんも少年たちにより変化をもたらされた一人として描かれている。

三　次の文章を読んで、後の問いに答えなさい。なお、問題作成上、一部表記を改めたところがある。

「自然は、常に変わる」ということを前提に、Ⅰ人間がどのように自然と向き合うべきかという命題も考えてみるべきだろう。そこで重要なのが、「人はどんな自然を求めるのか」ということだ。なかには移り変わる自然でもよいという考え方もあるだろう。それも一理ある。しかし、それで人間は、心地よく生きていけるだろうか。春になると花が咲き乱れる自然、秋には全山が紅葉する自然。それらを愛《め》でていたのに、自然の移り変わりで美しい景観が失われることもある。あるいは、身近な自然だった雑木林が天然林に変わることで、子供のころから親しんでいた野の花が消え、採集して遊んだ昆虫の姿が見られなくなることも起こる。それでもよい、と断言できるだろうか？　砂漠化の進行も、自然の成り行きだと座して見守るのか？　そこまで自然に隷属《れいぞく》することはないというのが、私の立場である。

人間が自然を破壊することに対して「自然は人間がいなくても何も困らないが、人間は自然なしには生きていけない」と語られることがある。後半は、たしかにそのとおりだと思う。人は自然界に食べ物も住むところも、呼吸する空気も依存しているのだ。さらに自然物をすべて排除した環境で送る生活が精神に及ぼす影響を考えても、ぞっとするとしか言いようがない。人は自然なしに生きられない。が、前半はどうだろう。人間がいなくなっても自然は何も困らないのだろうか。

人間の営みがなくなると、里山の生物のように生存が難しくなる動植物も少なくないはずだ。雑木林には雑木林の生態系に適応した動植物が生きている。それが天然林に変われば生息できなくなり、別の動植物が繁栄するかもしれない。傍目《はため》から見れば、同じ緑であり似たような昆虫と思うかもしれないが、個別の種にとっては絶滅と繁栄の分かれ目である。少なくとも現在そこにある自然は、人がいることで成り立っているものが少なくない。人為を受けながら存在している動植物は、人為が消えて生態系が変化を始めた際に生き残れない。

ここで「　A　」という命題にもどるのである。人間と自然を対立物として見るから、人がいなくなっても自然は困らないと思いがちだが、実は自然も人間に　B　している面があり、①人がいなくなると困るのではないか。人間は、いやおうなくキーストーン種になった。キーストーンとは、生態系全体に影響を及ぼす核となる生物種のことだ。その種の動向が、自然界全体を揺るがす可能性がある。今のところ、人間の役割を代替えするような種の存在は見つかっていないから、もし人間がいなくなれば、自然界も大変動を引き起ここの発言の意味を説明したものとして、適切なものを次の中から一つ選び、番号をマークしなさい。

1　「みんな」とは華火祭に参加した見物客を指しており、自分も同じように美しい景色を多くの人と共有できたことで孤独な気持ちが薄らいだことに安心している。

2　「みんな」とは医者として最期に立ち会った患者を指しており、自分も同じように患者として少年たちにみとってもらいながら最期を迎えられることに喜びを感じている。

3　「みんな」とは自分がお世話になったすべての人びとのことを指しており、自分も同じように周囲の人へ恩返しをするために生きねばならないと感じている。

4　「みんな」とは「ぼく」を含む少年たちのことを指しており、自分も同じように少年のような無邪気さを持ちながら誰かのために生きようと決心している。

5　「みんな」とは自分がこれまで見てきた患者たちのことを指しており、自らの死を受け入れて周りに感謝を伝えながら最期を迎えることができると安心している。

問七　傍線部⑦「普段はおしゃべりなぼくたちを黙らせる力が、一瞬咲いて消えるものにはあるようだった」とあるが、この場面について説明したものとして適切なものを次の中から一つ選び、番号をマークしなさい。

1　「普段はおしゃべりなぼくたち」という点は、彼らが他者とのコミュニケーションを重視して生活していることを示しており、それが大きな音によって黙らせられることで、ＳＮＳなどに対する批判を表現している。

2　「黙らせる力」という点は、心理的に働いている力のことを示しており、彼らが強い衝撃に対して恐怖心を抱いている様子を描写することで、「目に見えるもの」よりも「目に見えないもの」のほうが強大だと提言している。

3　「一瞬咲いて消えるもの」というのは「華火」のことを表しており、彼らがみた華火の美しさをその目に焼き付け、「咲く」という表現から大きく開く様子もあいまって、読者にも登場人物の見た景色を追体験させる。

4　「一瞬咲いて消えるもの」は人の命を暗示するものであり、アカサカさんとの出会いで命の儚《はかな》さや美しさを知った少年たちの心情を表すと共に、誰でもその日が訪れるという衝撃になすすべもなく黙りこんでしまっている。

5　「ぼくたち」という複数形を使うことで、その場にいる全員が同じ心境であることを示すと共に、「命」というものに触れる経験を通して大人に成長した彼らが抱く期待や希望が「黙らせる」という表現に込められている。

問八　本文中の表現についての説明として適切でないものを次の中から一つ選び、番号をマークしなさい。

1　登場人物たちの行動や外面から見た様子に焦点があたる表現が多く、読み手も登場人物たちと共に出来事を追体験しているようなつくりになっている。

2　十四歳という思春期を描く作品だけあり、登場人物たちの内面の葛藤《かっとう》や複雑な心境を出来る限り鮮明に読者へ伝えようと心

3　不思議な縁で結ばれたアカサカさんに共感して嬉しくなって飛び上がってしまうような喜び。

4　アカサカさんには死んでしまう前に好きなものを少しでも多く食べてほしいという気づかい。

5　カルメ焼きを食べさせることでアカサカさんの容体を回復させたいという子どもらしい思い付き。

問四　傍線部④「全身の力を振り絞っているようだった」とあるが、「アカサカさん」がそうまでして立ち上がった理由として適切なものを次の中から一つ選び、番号をマークしなさい。

1　自らの命の終わりが近いことを悟り、せめて最後に自分の力だけで立ち上がる姿を子どもたちに見せ、自分自身の未来は自分の力でつかみとるべきだと伝えようとしたため。

2　自らの命の終わりが近いことを悟り、せめて最後に直接自分の口で思いを伝えようとする姿を見せ、死の直前まで周囲を想い立派に生きていくようにと伝えようとしたため。

3　自らの命の終わりが近いことを悟り、せめて最後に少しでも弱っている姿を子どもたちに見せ、日々健康を意識して生活することの尊さを忘れないようにと伝えようとしたため。

4　自らの命の終わりが近いことを悟り、せめて最後に大人としてのプライドを子どもたちに見せ、親や周りの大人の言うことをよく聞いて生活するようにと伝えようとしたため。

5　自らの命の終わりが近いことを悟り、せめて最後に自分の勇ましい雄姿を子どもたちに見せ、未来ある若者達に希望をもって進んでいってもらいたいと伝えようとしたため。

問五　傍線部⑤「華火に背を向けて、アカサカさんを見ていた」とあるが、この時の「ぼく」の心情として適切なものを次の中から一つ選び、番号をマークしなさい。

1　夜空を彩る華火はたしかにきれいで美しいものであるが、「ぼく」には目の前にいるアカサカさんの想いや姿のほうがより美しく感じられ、彼の懸命な姿を心の中に焼き付けようと見つめている。

2　大輪の華火は悩みや不安を消すほどの大きな音をだすが、「ぼく」にとってはアカサカさんの静かで落ち着いた語り口調のほうが快く感じられ、アカサカさんの言葉を心の中で繰り返している。

3　明るく花開く華火は自分たちの未来も照らしているようであるが、「ぼく」はそんな未来にはまったく興味を示さず、アカサカさんと出会えた今こそを大切にしたいと思い、彼との別れを悲しんでいる。

4　華火が照らす光が悲しい気持ちを取り去ってくれているが、「ぼく」にこれから立ちはだかるであろう困難は自分の力で乗り越えなければならないと決めたため、あえて華火を見ないようにしている。

5　暗やみの中で地鳴りのような音が腹に響くが、「ぼく」にはこれが自分自身を鼓舞しているように感じられ、華火に背中を押してもらいながらアカサカさんとの別れの悲しみを抑え込んでいる。

問六　傍線部⑥「わたしもなんとかみんなに続けそうだ」とあるが、

語注

1　清澄通り　……「ぼく」たちが廃工場へ向かうために利用する道路の呼称。

2　初代セガ・サターン　……ゲーム機の名称。

3　クソゲー　……面白くないゲームを指す俗称。

4　晴海埠頭公園　……東京湾岸大華火祭が開催される本会場。

問一　傍線部①「アカサカさんはうれしげな表情だったが、はっきりとした笑顔をつくるのはつらいようだ」とあるが、その理由として適切なものを次の中から一つ選び、番号をマークしなさい。

1　「ぼく」たちが自分の大好物ばかりを買ってきてくれたことに喜びを感じながらも、なぜ自分の好物を知っていたのかが分からず不思議な思いを抱いているから。

2　「ぼく」たちが自分のために精一杯の準備をしてくれたことに感謝をしながらも、買ってきてくれたものが自分の苦手なものばかりだったため、作り笑いを浮かべるしかないから。

3　「ぼく」たちが自分のためにたくさんのものを買ってきてくれた優しさを嬉《うれ》しく思ってはいるが、病気による痛みが襲い苦しみを隠しきれないから。

4　「ぼく」たちが自分のために好物を必死に探してきてくれたことに嬉しさを感じながらも、自分のために子供たちを働かせてしまったことを申し訳なく感じているから。

5　「ぼく」たちが自分のことを何も考えず、各自が好きなものを買ってきたことに憤りを感じながらも、その無邪気さに心の安らぎを感じているから。

問二　傍線部②「首を横に振り」とあるが、この動作をしたときの「アカサカさん」の心情として適切なものを次の中から一つ選び、番号をマークしなさい。

1　ナオトの質問に対して正直に答えてしまったが、子供たちに余計な心配を与えないよう気持ちを切り替えようとしている。

2　ナオトの心配に対して弱気な態度を見せてしまい、自分の大人げなさを恥ずかしく思い、記憶の中から忘れ去ろうとしている。

3　ナオトの質問に対して正直に答えてしまったことを後悔したが、その質問も今は聞くべきではないとナオトに暗に伝えようとしている。

4　ナオトの質問に対して返答した自分の予想が、よく考えてみると見当違いだったことに気付き、慌ててそれを否定しようとしている。

5　ナオトの質問が、自分の気もちを思いやっていない失礼なものだったため、返答はしたものの呆《あき》れた気持ちを伝えようとしている。

問三　傍線部③「ナオトはカルメ焼きに飛びつくと」とあるが、このときのナオトの様子として適切なものを次の中から一つ選び、番号をマークしなさい。

1　自分も食べたいと思っていたカルメ焼きが選ばれ体が必要以上に大きく動いてしまった驚き。

2　もうすぐ命が尽きてしまうアカサカさんをなんとかして長生きさせねばならないという焦り。

ダイはマットの手まえにたくさんの駄菓子《だがし》をならべた。①アカサカさんはうれしげな表情だったが、はっきりとした笑顔をつくるのはつらいようだ。ナオトが心配そうにいった。

「大丈夫ですか」

アカサカさんは踊り場のコンクリートの天井を見たまま、ぽつりといった。

「いよいよだな。あと数日という気がする」

②首を横に振り、夏祭りの菓子を見た。

「ほう、懐かしいな。そのカルメ焼きをくれないか。細かく割って」

③ナオトはカルメ焼きに飛びつくと、端を砕いてアカサカさんの口に運んだ。アカサカさんは目を閉じて、口のなかで焦げた砂糖のかけらを転がしている。

「甘いものだなあ。こんなに甘いとは、子どものころは気づかなかった。きみはよく入院するというから知っているだろうが……」

そういってアカサカさんは震えながら上半身を起こした。④全身の力を振り絞っているようだった。すぐにナオトが背中を支える。

「最後にひとつ話しておきたい。よくドラマなんかで、最期のときを迎えてじたばたと見苦しいことをするが、あれは間違いだ。わたしはたくさんの病人を見てきたから、よく知っている」

ジュンがアカサカさんをじっと見つめていった。

「もしかして医者だったんですか」

アカサカさんは、今度ははっきりと笑った。

「そうだ。医者の不養生《ふようじょう》というやつだな。わたしがみとった患者の多くは、自分の死期を悟り、家族友人に感謝の気もちと別れを告げて、立派に旅立っていった。ほとんどは有名でも金もちでもない普通の人だった。わたしは自分にそんなことができるか、よく不安に思ったものだ。それがこんな形で自分の番がまわってきてしまった」

夜空に大輪《たいりん》の花が咲いて、あとから腹に響く音がくる。踊り場の隅《すみ》まで一瞬明るく浮きあがり、暗やみがもどると地鳴《じな》りのような歓声が続いた。ぼくは⑤華火に背をむけて、アカサカさんを見ていた。つぎつぎとあがる尺玉《しゃくだま》で、やせ細った顔が色とりどりに照らしだされる。

「きみたちに強がりをいってもしかたないが、⑥わたしもなんとかみんなに続けそうだ。なるべく迷惑をかけずに、静かにひとりで終わりにしたい。最後にきみたちに会えて、こんな豪勢な華火も見物できた。感謝している。どうもありがとう」

お礼をいわれることなど、ぼくたちはなにもしていなかった。誰かにありがとうといわれて泣いたのは、ぼくは初めてだった。きっとジュンやダイやナオトも初めてだったに違いない。ぼくたちは涙をぬぐうあいだにも、夜空には光りの華が開いていた。パッと咲いたはなびらが、海風に流され淡い煙になって消えるとき、鮮やかな残像を残していく。その光りが目の裏に咲いているうちに、また新しい華火があがる。東京湾の夜空は、ずっと昼間のような明るさだった。

きっとこの世界も同じことなのだろう。どこかで誰かが消えて、その名残《なごり》が響いているうちに、新しい人が生まれる。それでにぎやかで、ちょっとばかばかしいこの世界が続いていくのだ。ぼくたち五人は、それから黙って華火を見あげていた。⑦普段はおしゃべりなぼくたちを黙らせる力が、一瞬咲いて消えるものにはあるようだった。

（石田　衣良『４ＴＥＥＮ』より）

子曰《しいわ》く、故《ふる》きを温《たず》ねて新しきを知る、以って師と為《な》るべし。（『論語』）

1　人の「師」となるためには、古い物にこだわらず、新しい物を身に付けなさい。

2　人の「師」となるためには、故郷をたびたび訪れて、新しい人と交わりなさい。

3　人の「師」となるためには、事故を起こさずに、最新の情報を手に入れなさい。

4　人の「師」となるためには、昔のことをよく研究し、新しい視点を学びなさい。

問六　次のどの空欄にもあてはまらない動物の名前を、次の中から一つ選び、番号をマークしなさい。

・群盲《ぐんもう》、（　）を評す……皆が自分の考えばかりを主張してまとまりがないこと。

・君子は（　）変《へん》す……徳のある人物は過ちがあればすぐにそれを反省し改善するということ。

・（　）の尾《お》を踏む……非常に危険なことを冒《おか》すこと。

1　虎《とら》　2　豹《ひょう》　3　象　4　馬

問七　次の四字熟語の中で、空欄に打ち消し（否定）の語が入らないものを一つ選び、その番号をマークしなさい。

1　古今□双　2　□即□離

3　一知□解　4　□味乾燥

二　次の文章を読んで、後の問いに答えなさい。なお、問題作成上、一部表記を改めたところがある。

十四歳の「ぼく」と、友人のダイ、ジュン、ナオトは、好奇心から廃工場に足を踏み入れ「アカサカ」という一人の老人と出会う。彼が重い病気を患い、病院内にも心安らぐ場所がないと知った「ぼく」たちは、毎日手土産をもって遊びに行く。本文は、東京湾岸大華火祭を一緒に見ようと「ぼく」たちがアカサカさんに提案し、小遣いをもらって買い出しをしている場面から始まる。

ぼくたちは途中で寄り道をした。みんなアカサカさんにもらった金をつかい果たしてしまいたい気もちがどこかにあるようだった。早くも営業を始めた※1清澄《きよすみ》通り沿いの露店で、もちきれないほどのものを買う。焼きそば、じゃがバタ、イカ焼き、お好み焼き、カルメ焼き、りんご飴《あめ》、綿飴、かき氷、ラムネにガラナジュース、なかには中古テレビゲームの露店もあった。ジュンは段ボール箱の横にしゃがみこむと、※2初代セガ・サターン用の※3クソゲーを一本三百円で山のように買いこんでいた。

前日よりもたくさんの手みやげをもって踊り場についたとき、すでに時刻は七時ちょっとまえになっていた。踊り場から見る空は暗く、※4晴海埠頭《はるみふとう》公園は突堤から見物客が海にこぼれそうになっている。先頭のダイが声を張った。

「こんばんは。いよいよ待ちに待った東京湾岸大華火祭が始まるよ。アカサカさん、なにかくいたいものはない？」

【国語】〈五〇分〉〈満点：一〇〇点〉

□一 次の問いに答えなさい。

問一 A～Cの傍線部の漢字と同じものを次の中からそれぞれ一つずつ選び、番号をマークしなさい。

A 感謝の心こそがシ上の人格である。
1 話合いではなく実力を行シする。
2 彼の作品は人類のシ宝だ。
3 全員でチームのシ気を高める。
4 卒業式は実シの方向で進んでいる。

B 団カイの世代と呼ばれる人の話を聴く。
1 余計なお節カイをしてしまう。
2 自分の無力さにカイ恨の情がわく。
3 固い鉄カイで釘を打つ。
4 石カイをまいてラインを引く。

C 山の中に炭コウの跡地をみつけた。
1 身柄がコウ束される。
2 医療費が全額、コウ除される。
3 私はコウ殻類が苦手だ。
4 希少なコウ物が採取できる場所だ。

問二 熟語の構成の仕方には次の1～4のようなものがある。

1 同じような意味の漢字を重ねたもの。 2 反対または対応の意味を表す漢字を重ねたもの。 3 上の字が下の字を修飾しているもの。 4 下の字が上の字の目的語・補語になっているもの。

次のA、Bの熟語は1～4のどれにあたるか。適切なものをそれぞれ一つずつ選び、番号をマークしなさい。

A 追跡　B 疾走

問三 次の1～4の中で、助動詞「まい」の意味が他と異なっているものを一つ選び、番号をマークしなさい。
1 昨日は寝てしまったので今日こそ寝まい。
2 よもや朝食からラーメンを食べまい。
3 彼がそのようなミスをすることはあるまい。
4 犬なのだから逆立ちはできまい。

問四 次に挙げた俳句が共通して表す季節はいつのものか。適切なものを一つ選び、番号をマークしなさい。
・青梅に　眉《まゆ》あつめたる　美人かな
・目には青葉　山ほととぎす　初鰹《はつがつお》
・五月雨を　集めてはやし　最上川

1 春　2 夏　3 秋　4 冬

問五 次の古文の意味として適切なものを1～4の中から一つ選び、番号をマークしなさい。

MEMO

大切なことはメモしておこうネ！

2022年度

解　答　と　解　説

《2022年度の配点は解答欄に掲載してあります。》

＜数学解答＞

1　(1)　ア　7　　(2)　イ　2　　ウ　3　　(3)　エ　8　　オ　3　　(4)　カ　1
(5)　キ　2　　ク　1　　(6)　ケ　9　　コ　8　　(7)　サ　1　　シ　2

2　(1)　ア　5　　イ　2　　(2)　ウ　1　　エ　4　　(3)　オ　8　　カ　0
(4)　キ　7　　ク　5　　(5)　ケ　3

3　(1)　ア　3　　(2)　イ　9　　(3)　ウ　1　　エ　2　　(4)　オ　3　　カ　1

4　(1)　ア　1　　イ　2　　(2)　ウ　6　　エ　2　　オ　1　　カ　5　　(3)　キ　5
ク　1　　ケ　7　　コ　3　　サ　3

5　(1)　ア　9　　イ　3　　(2)　ウ　1　　エ　8　　オ　3　　カ　9　　キ　7　　ク　4
(3)　ケ　6　　コ　2　　サ　1

○配点○
1・**2**　各4点×12　　**3**　(1)　4点　　(4)　6点　　他　各5点×2
4　(1)　4点　　(2)　5点　　(3)　6点　　**5**　(1)　5点　　他　各6点×2　　計100点

＜数学解説＞

1　(数・式の計算，平方根，連立方程式，因数分解，2次方程式)

(1)　$2\times5+12\div(-4)=10+(-3)=7$

(2)　$\frac{2x+3}{4}-\frac{2}{3}x-\frac{1}{2}=\frac{3(2x+3)-8x-6}{12}=\frac{6x+9-8x-6}{12}=\frac{-2x+3}{12}$

(3)　$(8x^2y^3)^2\div(2xy)^3=\frac{64x^4y^6}{8x^3y^3}=8xy^3$

基本　(4)　$(\sqrt{5}-\sqrt{7})(\sqrt{5}+\sqrt{7})+3=(\sqrt{5})^2-(\sqrt{7})^2+3=5-7+3=1$

(5)　$3x-2y=4$…①は両辺を3倍して$9x-6y=12$　　$4x+3y=11$…②は両辺を2倍して，$8x+6y=22$　　①×3＋②×2は$17x=34$　　$x=2$　　②に代入すると$8+3y=11$　　$3y=3$　　$y=1$

基本　(6)　$x^2-x-72=(x-9)(x+8)$

(7)　$4x^2=(3x+2)(x+1)-4x$　　$4x^2=3x^2+5x+2-4x$　　$4x^2-3x^2-5x+4x-2=0$　　$x^2-x-2=0$　　$(x+1)(x-2)=0$　　$x=-1,\ 2$

2　(反比例，確率，方程式の応用，角度，相似，三平方の定理)

(1)　xとyが反比例するとき，比例定数をaとすると$xy=a$とおける。$x=5$のとき$y=4$なので$5\times4=a$　　$a=20$　　$xy=20$　　$x=8$のとき$8y=20$　　$y=\frac{5}{2}$

(2)　$a+b=4$となるのは$(a,\ b)=(1,\ 3)$，$(2,\ 2)$，$(3,\ 1)$　　$a+b=8$となるのは$(2,\ 6)$，$(3,\ 5)$，$(4,\ 4)$，$(5,\ 3)$，$(6,\ 2)$　　$a+b=12$となるのは$(6,\ 6)$　　あわせて$a+b$が4の倍数となるのは$3+5+1=9$(通り)　　2つのさいころの目の出方は全部で$6\times6=36$(通り)なので，$a+b$が4の倍数となる確率は，$\frac{9}{36}=\frac{1}{4}$

(3)　男子生徒がx人とすると，女子生徒は$180-x$人　　自転車通学者について$0.2x=0.16(180-$

x)　両辺を100倍すると$20x=16(180-x)$　両辺を4でわると$5x=4(180-x)$　$5x=720-4x$　$9x=720$　$x=80$　80人

(4)　OCを結ぶと△OACはOA＝OCの二等辺三角形なので∠OCA＝∠OAC＝15°　ABが直径なので∠ACB＝90°　よって，∠OCB＝∠ACB－∠OCA＝90°－15°＝75°

(5)　△ADEについて三平方の定理により$AE^2=AD^2+DE^2=16+9=25$　AE＝5　∠DAE＝∠BAC　∠ADE＝∠ABC　2組の角がそれぞれ等しいので△ABC∽△ADE　対応する辺の比が等しいのでAB：AD＝BC：DE　AB：4＝6：3　AB＝4×6÷3＝8　BE＝AB－AE＝8－5＝3

3 **(倍数)**

(1)　120÷2＝60，60÷2＝30，30÷2＝15，15÷2＝7あまり1となるので，120☆2＝3

(2)　mは10で2回割り切れるので，$m\div10=a$(aは整数)，$a\div10=b$(bは整数)　$a=10b$，$m=10a=100b$　mは100の倍数である。3桁なので$b=1\sim9$の9通り，いずれの場合も，bは10でわりきれないのでm☆10＝2となる。よってmは9個

(3)　nは3で3回割り切れるので$n\div3=a$(aは整数)，$a\div3=b$(bは整数)，$b\div3=c$(cは整数)　$b=3c$，$a=3b=9c$，$n=3a=27c$　nは27の倍数である。nは500以下の自然数なので，500÷27＝18あまり14より$c=1\sim18$の18通りが考えられるが，$c=3$，6，9，12，15，18，の6通りについてはnが4回以上わりきれるのでn☆3＝3とならない。n☆3＝3となるnは18－6＝12(個)

やや難　(4)　m☆4＝1となるのはmが4の倍数であり，4×4＝16の倍数ではないとき。m☆4＝2となるのはmが16の倍数であり，16×4＝64の倍数でないとき。m☆4＝3となるのはmが64の倍数のとき。1から99までの自然数の中にm☆4＝4となる(mが64×4＝256の倍数となる)ことはない。1から99までの自然数の中に4の倍数は4×1～4×24の24個，16の倍数は16×1～16×6の6個，64の倍数は64×1の1個。m☆4＝1となるのは24－6＝18(個)。m☆4＝2となるのは6－1＝5(個)，m☆4＝3となるのは1個。(1☆4)＋(2☆4)＋(3☆4)＋…＋(99☆4)＝1×18＋2×5＋3×1＝31

4 **(図形と関数・グラフの融合問題)**

(1)　Aは$y=ax^2$上の点で$y=x+b$上の点であり，$x=-2$なので$(-2)^2\times a=-2+b$　$4a=-2+b$…①　Bは$y=ax^2$上の点で$y=x+b$上の点であり，$x=4$なので$4^2\times a=4+b$　$16a=4+b$…②　②－①は$12a=6$　$a=\frac{1}{2}$　①に代入すると$2=-2+b$　$b=4$　放物線の式は，$y=\frac{1}{2}x^2$，直線ABの式は$y=x+4$となる。

重要　(2)　点Aは$y=x+4$上の点で$x=-2$なのでA$(-2,\ 2)$　点Bは$y=x+4$上の点で$x=4$なのでB$(4,\ 8)$　三平方の定理により$AB^2=(4+2)^2+(8-2)^2=36+36=72$　$AB=6\sqrt{2}$　ABの中点Mの座標はM$\left(\frac{-2+4}{2},\ \frac{2+8}{2}\right)$＝M$(1,\ 5)$

(3)　Mからy軸に垂線をおろし，y軸との交点をHとおくとH$(0,\ 5)$　Pは中心M，直径ABの円周上の点なのでMPは半径となり$MP=MB=\frac{1}{2}AB=3\sqrt{2}$　△PHMについて三平方の定理により$PH^2=MP^2-HM^2=(3\sqrt{2})^2-1^2=17$　$PH=\sqrt{17}$　点Pのy座標は$5+\sqrt{17}$　直線ABとy軸の交点をQとするとQ$(0,\ 4)$　$\triangle ABP=\triangle QBP+\triangle QAP=\frac{1}{2}\times PQ\times4+\frac{1}{2}\times PQ\times2=\frac{1}{2}\times(5+\sqrt{17}-4)\times(4+2)=\frac{1}{2}\times(1+\sqrt{17})\times6=3+3\sqrt{17}$

5 **(空間図形の計量，三平方の定理，立体の切断)**

(1)　△ABCは1辺の長さが6の正三角形である。AからBCに垂線をおろし，BCとの交点をMとするとMはBCの中点となり，△ABMは角度が30°，60°，90°，辺の比$1:2:\sqrt{3}$の直角三角形である。$AM=3\sqrt{3}$となり，$\triangle ABC=\frac{1}{2}\times BC\times AM=\frac{1}{2}\times6\times3\sqrt{3}=9\sqrt{3}$

重要 (2) 三角柱を面ACEで切断して2つの立体に分けたとき，頂点Bを含む立体は三角錐E−ABCであり，その体積は$\triangle ABC \times BE \times \frac{1}{3} = 9\sqrt{3} \times 6 \times \frac{1}{3} = 18\sqrt{3}$　△ABEは直角二等辺三角形であり辺の比は$1:1:\sqrt{2}$　$AE = 6\sqrt{2}$となる。△CBEも同様，$CE = 6\sqrt{2}$である。$\triangle ABE = \triangle CBE = \frac{1}{2} \times 6 \times 6 = 18$　△EACはAE＝CEの二等辺三角形である。EからACに垂線をおろし，そのACとの交点をNとすると，NはACの中点である。△AENについて三平方の定理より$EN^2 = AE^2 - AN^2 = (6\sqrt{2})^2 - 3^2 = 72 - 9 = 63$　$EN = 3\sqrt{7}$　$\triangle EAC = \frac{1}{2} \times AC \times EN = \frac{1}{2} \times 6 \times 3\sqrt{7} = 9\sqrt{7}$ 立体の表面積は$\triangle ABC + \triangle ABE + \triangle CBE + \triangle EAC = 9\sqrt{3} + 18 \times 2 + 9\sqrt{7} = 9\sqrt{3} + 9\sqrt{7} + 36 = 9(\sqrt{3} + \sqrt{7} + 4)$

やや難 (3) 求める線分BHは，三角錐E−ABCを，底面を△EACとしたときの高さにあたる。体積について，$9\sqrt{7} \times BH \times \frac{1}{3} = 18\sqrt{3}$　$BH = 18\sqrt{3} \times 3 \div 9\sqrt{7} = \frac{6\sqrt{3}}{\sqrt{7}} = \frac{6\sqrt{21}}{7}$

★ワンポイントアドバイス★

1，2は基本的な問題で始まるが，3の整数の性質について考えさせられる問題，4，5の標準的で典型的な出題と，出題レベルも出題範囲もいろいろな問題が出される。過去問演習をして出題傾向に慣れておこう。

＜英語解答＞

1	(1) 1	(2) 4	(3) 2	(4) 3			
2	(5) 3	(6) 1	(7) 4				
3	(8) 1	(9) 3					
4	(10) 2	(11) 4	(12) 3	(13) 1	(14) 3	(15) 1	
5	(16) 1	(17) 2	(18) 2	(19) 4	(20) 1	(21) 3	
6	(22) 3	(23) 2	(24) 3	(25) 1	(26) 1	(27) 3	(28) 2
7	(29) 4	(30) 2	(31) 2	(32) 3	(33) 1		

○配点○

1，2，4　各2点×13　3，7　各3点×7　5 (21) 5点　他　各4点×12

計100点

＜英語解説＞

1〜3　リスニング問題解説省略。

4　**(語順整序問題：関係代名詞，現在完了，疑問詞，過去形，前置詞，分詞，未来形)**

(10) 「先日私たちが見た」という部分が「映画」を修飾するので，目的格の関係代名詞を使っている。この文では関係代名詞は省略されている。選択肢に which があるが，それを使った並べ方の選択肢はいずれも誤っている。

(11) 「昨日」とあるので，過去形の文になる。現在完了の選択肢もあるが，「昨日」のように明確に過去を示す語といっしょには使えないので，誤りになる。

(12) 疑問詞は文の初めに置く。また，did を使う疑問文では動詞は原形になるので，ate は誤りになる。

基本 (13) 後置修飾の文。「机の上の」という部分が「本」を修飾するので，book on the desk とする。

(14) 現在分詞は「～している」という進行中の意味を表し，直後にある名詞を修飾する。この文では「眠っている猫たち」とあるので，sleeping cats とする。

(15) 未来のことを表すので<be going to ～>を用いる。選択肢に I'll があるが，それを使った並べ方の選択肢はいずれも誤っている。

5 （長文読解問題・物語文：語句補充，発音，内容吟味）

（大意） アメリカの多くの人々は，「奇跡の人」は通常，ヘレン・ケラーの教師，アン・サリヴァンを意味すると考えるかもしれない。

アンの人生は決して簡単ではなかった。彼女の母親は，彼女がわずか8歳のときに亡くなった。彼女の父親はアンと彼女の弟を救貧院に入れ，その後姿を消した。その後すぐに彼女の兄は亡くなった。

アンは目がよく見えなかったので，多くを学ぶ機会がなかった。彼女が14歳のとき，地方自治体の人々が彼女を訪ねてきて，アンはもっと学びたいと彼らに言った。しばらくして，彼女はパーキンス盲学校へ学びに行った。

1882年までに，アンは彼女の目にいくつかの手術を受けた。彼女の目は今や読書に十分なほど良かった。それ以来，アンは一生懸命勉強した。彼女は20歳のときに，パーキンスをトップの学生として卒業した。彼女はスピーチで次のように述べた。「何かを学ぶとき，あなたは自分自身と社会の両方を助けます。あなたが学んでいないなら，あなたは社会を傷つけています。」

パーキンスを卒業した後，アンはヘレンに会い，彼女の教師になった。ヘレンが障がいを克服するために一生懸命働いたことは誰もが知っている。しかし，アンはヘレンを助けるために同じように一生懸命働いた。

ヘレンがラドクリフ大学で勉強していたとき，アンはヘレンの目と耳になった。彼女はヘレンの教科書をすべて(17)読み，先生が言ったことをすべて書き留めた。それから，彼女は手話を使ってこの情報をヘレンに話した。仕事は大変だった(18)が，彼女たちは共に努力したので，ヘレンは卒業することができた。ヘレンの社会を助けたいという願いは，同様にアンの願いでもあった。

アンは大学卒業後もヘレンを支援し続けたが，アンは病気になった。1936年，ヘレンは盲目の人々を助けることについて話すために日本に来るように頼まれた。ヘレンはアンの元を去らなかったが，アンは「日本の目の見えない人々を助けることを約束してください。」と言った。

1936年10月，アンは70歳で亡くなった。ヘレンは彼女が愛した先生の死を(19)聞いて本当に悲しかった。しかし半年後，ヘレンは日本に行った。彼女はアンとの約束を守りたかったのだ。ヘレンの訪問は，日本人に困難を抱える人々を助けることの(20)重要性を理解させた。

アンは，ヘレンが社会にもたらしたすべての変化を見るまで生きてはいなかった。しかし，彼女はヘレンが成功するのを助けた「奇跡の人」として常に記憶され続けるだろう。

(16) 〈 that S V 〉という形の that 節は「～こと」という意味を表す。

(17) ここでの read は過去形なので，〔red〕の e と同じ発音のものを選ぶ。1〔bíːt〕，2〔héd〕，3〔síːt〕，4〔míːt〕となり，2が答え。

(18) 前には「仕事は大変だった」とあり，後には「ヘレンは卒業することができた」とある。前後の内容が対立しているので，2が答え。

(19) 不定詞の副詞的用法は，感情の理由を表すことができる。ここではヘレンが悲しく思った理由として to hear of the death of the teacher と書かれている。

(20) 直前に the があるため名詞が入るので，答えは1か3になる。また，ヘレンは障がいを持つ人々を助けることを望んだので，1が答えとわかる。

重要 (21)

アン・サリヴァン

➢ アン・サリヴァンの人生

期間	出来事
1880年代	(a) ↓ (b) ↓ アンは手術のおかげでよりよく見えるようになった。
パーキンスを卒業した後	アンはヘレンと出会った。 ↓ アンはヘレンのために，大学の時にノートをとった。
1930年代	(c) ↓ (d)

ア 「日本の人々は盲目の人々を助けるために日本に来るようヘレンに頼んだ。」 この出来事は「1936年」だったとあるので，(c) か (d) に入るとわかる。 イ 「彼女は盲目だったが，地方自治体は彼女を学校で勉強させた。」 目の手術を受ける前のことなので，(a) か (b) に入るとわかる。 ウ 「アンは70歳で死んだ。」 最後の出来事なので (d) に入るとわかる。これよりアは (c) に入るとわかる。 エ 「ヘレンは盲目の先生になったので，アンはヘレンのために熱心に働いた。」 先生になったとは書かれていないので，誤り。 オ 「アンの家族は崩壊した。」 アンがパーキンス盲学校に行く前のことなので，(a) に入るとわかる。これよりイは (b) に入るとわかる。

6 (長文読解問題・物語文：内容吟味)

(大意) YZ 7は，宇宙で最も進んだ文明である惑星アストラからのエイリアンである。彼は優れた整備士であり，材料を手に入れることができれば，どんな難しい機械でも作ることができる。かつて彼は自分ひとりで宇宙船を修理したことがある。彼は，「地球」と呼ばれる惑星で，彼の一人用の宇宙船のためにコンピューター部品を手に入れた日のことをしばしば思い出す。それは彼の最高の思い出の1つだった。

「これは何？」彼のガールフレンドの QT 3は YZ 7に大きな黒い機械を指さして尋ねた。地球上の人々にとって，それは非常に大きな車のように見える。「つまり，」YZ 7は「タイムマシンだよ。」と言った。

「タイムマシン？」

「タイムマシンさ。過去と未来の間を行き来することができるんだ！」

「何ですって！？ あなたは大丈夫，YZ 7？」QT 3は笑った。

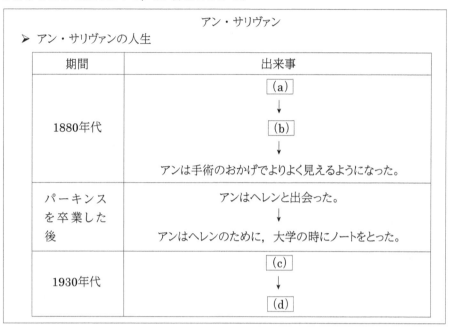

「可能なんだ。でも…いくつかの材料がまだぼくたちの惑星では手に入らないんだよ」と YZ 7は言った。「実際，それらはその惑星，地球で見つけることができるんだ。」

惑星アストラの人々は，地球上の人々のようにはまったく見えない。彼らは約5メートルの身長であり，明るい黄色と紫色で，6本の腕と4本の脚を持っている。したがって，地球を訪問するには，YZ 7と QT 3は地球から誰かの身柄を取得する必要があった。そうすれば，地球上の人々は驚かないだろう。YZ 7は，引退したフットボール選手のジミー・ホワイトの身柄を取ることに決めた。本物のジミー・ホワイトは家にいた。彼は静かな部屋の長い箱の中に一人で横たわっていた。YZ 7はジミー・ホワイトに彼の特別な光を浴びせ，彼を深く眠らせた。YZ 7とQT 3が地球を離れた直後に彼は目を覚ます必要がある。

QT 3は，ジミー・ホワイトの妻であるジェーン・ホワイトの身柄を取った。YZ 7は彼女が本物のジェーン・ホワイトを眠らせるのを手伝い，それから彼らは家を出た。今，彼女は黒いドレスを着たおばあさんのように見えた。QT 3は，彼女が見たものすべてが新鮮で素晴らしかったので興奮していた。彼女はこれらの小動物の世界にいるのが好きだった。

「ジェーン！　ああ，私の愛する人！　大丈夫？」ある女性がQT 3に近づき，「ジミーはいい男だったのに…」と言った。女性は目を大きく開いて叫び始めた。それで，YZ 7は彼女が彼らについて何も覚えていないように，その女性に特別な光を浴びせた。彼らは彼女に何が起こったのか理解していなかった。

YZ 7とQT 3は電車に乗ってロンフォードに行き，彼の機械の部品を探した。YZ 7が以前にコンピューター部品を購入した店は駅の近くにあった。この店は，ジミー・ホワイトのお気に入りの店でもあった。店主は笑顔で「こんにちは，ジミー，君には何年も会っていないよ！　君は深刻な病気にかかっていると聞いたよ。君が元気そうなのを見てぼくはうれしいよ。」と言った。YZ 7は自分のマシンの部品を購入した。

YZ 7とQT 3は惑星アストラに戻った。ジミー・ホワイトが目覚めた後何が起こったのかを，彼らは知らなかった。ジミーが長い箱の中から起き上がるのを見たとき，彼の妻，ジェーンは激しく泣いた。しかし，彼女は喜んで泣いていたのだ。

(22) 「この物語では…」　1「YZ 7はサッカーをするために地球を訪れた。」文中に書かれていないので，誤り。　2「YZ 7はタイムマシンで地球に来た。」タイムマシンを作ろうとしていたので，誤り。　3「YZ 7は彼の惑星ではタイムマシンを作る材料を見つけられなかった。」「いくつかの材料がまだぼくたちの惑星では手に入らないんだよ」，「それらはその惑星，地球で見つけることができる」とあるので，答え。　4「ジミー・ホワイトはYZ 7に会うために惑星アストラを訪ねた。」文中に書かれていないので，誤り。

(23) 「…YZ 7はジミー・ホワイトの身柄を取った。」　1「サッカーをするために」文中に書かれていないので，誤り。　2「地球の人々を驚かさないために」「惑星アストラの人々は，地球上の人々のようにはまったく見えない」とある。そのままの姿では地球に行けなかったので，答え。　3「QT 3が先にジミー・ホワイトの妻を選んだので」YZ 7が先に選んだので，誤り。
4「タイムマシンが地球に着陸するやいなや」タイムマシンで来てはいないので，誤り。

重要 (24) 「YZ 7とQT 3が地球に着いたとき…」　1「本物のジミー・ホワイトは眠っていた。」「長い箱の中に一人で横たわっていた」とあり，ジミー・ホワイトは死亡していたとわかるので，誤り。　2「地球の人々は彼らを歓迎した。」文中に書かれていないので，誤り。　3「本物のジミー・ホワイトは死亡していた。」「長い箱の中に一人で横たわっていた」とあるので，答え。
4「本物のジェーン・ホワイトは病気でベッドで寝ていた。」文中に書かれていないので，誤り。

(25) 「QT 3は地球が好きなようだったか。」　1「はい。彼女はこの惑星での滞在を楽しんだ。」「彼女はこれらの小動物の世界にいるのが好きだった」とあるので，答え。　2「はい。彼女はいくつかかわいい動物を見つけた。」「小動物」とは人間のことなので，誤り。　3「いいえ。彼女が見たすべてのものは退屈だった。」文中に書かれていないので，誤り。　4「いいえ。彼女は他の者たちとコミュニケーションをとれなかった。」文中に書かれていないので，誤り。

(26) 「…ので，女性は叫び始めた。」 1 「彼女はそこにいるはずがない男性を見た」 ある女性は，死んだはずのジミー・ホワイト(本当は YZ 7)がいて驚いたので，答え。 2 「彼女は6本の腕と4本の脚を持つ怪物を見た」 YZ 7と QT 3は人間の姿をしていたので，誤り。 3 「YZ 7は彼女に特別な光を浴びせた」 女性が叫んだ後に浴びせたので，誤り。 4 「彼女はジェーン・ホワイトがエイリアンだと知った」 文中に書かれていないので，誤り。

(27) 「店主は…」 1 「ジミー・ホワイトがエイリアンだと知っていた。」 文中に書かれていないので，誤り。 2 「QT 3に会ってうれしかった。」 YZ 7に会ってうれしかったので，誤り。 3 「ジミー・ホワイトがもはや病気でないと思った。」 「君が元気そうなのを見てぼくはうれしいよ」とあるので，答え。 4 「YZ 7といっしょにタイムマシンを作った。」 文中に書かれていないので，誤り。

(28) 「YZ 7と QT 3が地球を去ったとき何が起きたか。」 1 「ジミー・ホワイトが死んだ。」 「ジミーが長い箱の中から起き上がる」とあるので，誤り。 2 「ジミー・ホワイトが生き返った。」 「ジミーが長い箱の中から起き上がる」とあるので，答え。 3 「ジェーン・ホワイトが死んだ。」 文中に書かれていないので，誤り。 4 「ジェーン・ホワイトが生き返った。」 文中に書かれていないので，誤り。

7 (会話文問題：内容吟味)

ユキ　：もう7月で，2ヶ月で学園祭になりますが，まだ予定がありません。何をしましょうか？
カズ　：フォトギャラリーはどうですか？ それを「ザ・ギャラリー」と呼ぶことができます。
マイク：本当ですか？ 君が写真を好きなのは知っていますが，他の人たちにも来てもらいたいです。
カズ　：誰でも写真が好きです！
ユキ　：うーん…。他のアイデアはありますか？
マキ　：音楽カフェはどうですか？ 音楽を演奏したり，飲み物やおやつを売ったりすることができます。それを「バイツ・アンド・ビーツ」と呼ぶことができます。
マイク：「ザ・ギャラリー」よりもそのアイデアの方が好きです。
カズ　：ねえ！ 誰でも写真が好きですよ。
ユキ　：うーん…さて，ミュージックカフェをやってみましょう。しかし，どのような音楽を流しますか？
マキ　：イギリスの音楽はどうですか？
マイク：ジャスティン・ビーバーのような意味ですか？
マキ　：いいえ。イギリスの音楽です。
マイク：ジャスティン・ビーバーのような意味ですか？
マキ　：彼はイギリス出身ではなく，アメリカ出身です。
カズ　：いいえ。彼はカナダ人です。
ユキ　：とにかく。イギリスの音楽を流す場合，誰を流せばよいですか？
マキ　：ザ・フー。
ユキ　：はい，誰を流す必要がありますか？
マキ　：ザ・フー。
ユキ　：それは私の質問です。
マキ　：いいえ！ ザ・フーを流す必要があります。
ユキ　：何ですか。
マキ　：いや，ザ・フー！

マイク：私はなぜ今こんなに混乱しているのですか？

ユキ　：カフェで流したいアーティストやグループの名前は？！？

マキ　：ザ・フー！！！

ユキ　：おや，大変！　カフェで流したいアーティストは誰ですか？！？

マキ　：はい。

ユキ　：何？！？！

マキ　：しかし，「誰」ではなく，ザ・フーです。

ユキ　：誰か，助けて。

カズ　：グループの名前は「ザ・フー」です。彼らはロンドン出身のイギリスのロックバンドです。それは1964年に結成されました。

マキ　：そうです！　ザ・フーです。

カズ　：私も彼らが好きです。特に彼らのギタリスト，ピート，そしてドラマーのキース。

ユキ　：ええと，1つのバンドだけを流すことはできません。十分な音楽がありません。

マキ　：確かに十分な音楽があります。スタジオアルバム12枚，ライブアルバム16枚，コンピレーションアルバム27枚，サウンドトラックアルバム4枚があります。

マイク：うわー！　あなたは本当に彼らが好きなんですね。

カズ　：でも，ライブアルバムとコンピレーションアルバムは他のアルバムと同じ曲なので，使えません。

マキ　：でも，まだまだ使えるものがたくさんあります。

ユキ　：じゃあ，音楽カフェじゃなくて「ザ・フー・カフェ」ですね。

マキ　：それは素晴らしいですね！

マイク：カズが写真を愛するのと同じくらい，あなたはザ・フーを愛しています。

カズ　：誰もが写真が好きです。

ユキ　：うーん…。そうすると「ザ・フー・カフェ」になりますが，人を混乱させるかもしれません。

マキ　：なぜですか？　ザ・フーの音楽を流すカフェです。簡単です。

マイク：今の会話を覚えていますか？　誰も何も理解できませんでした。イギリスのさらにいくつかのバンドの音楽を再生して，「ザ・イングリッシュ・ミュージック・カフェ」と呼びましょう。

カズ　：それは，イギリスの音楽ですか，それとも英語の音楽ですか？

ユキ　：だんだん複雑な話になってますね。それを「ミュージック・アンド・ティー・フロム・イングランド」と呼びましょう。そうすれば，それは本当に理解しやすいです。

マキ　：ティーもありますか？

ユキ　：いくらかはありますね。

マイク：イギリスでは，「ティー」は夕食を意味することがありますよ。

ユキ　：あら，大変だわ！！！！　わかった，カズ，あなたの勝ちです。写真は何枚ありますか？

カズ　：たくさん！　誰もが写真が大好きだからです。

(29)　「学園祭はいつか。」「もう7月で2ヶ月で学園祭になります」とあるので，4が答え。　1「7月」，2「8月」，3「11月」，4「9月」

(30)　「写真が一番好きなのは誰か。」「誰もが写真が好きです」と何度も言っているので，2が答え。1「ユキ」，2「カズ」，3「マキ」，4「マイク」

(31)　「彼らが使うことができる『ザ・フー』のアルバムは何枚か。」「スタジオアルバム12枚，ライブアルバム16枚，コンピレーションアルバム27枚，サウンドトラックアルバム4枚」とあり，「ライブアルバムとコンピレーションアルバムは他のアルバムと同じ曲なので，使えません」ともあるので，2が答え。　1「12」，2「16」，3「27」，4「59」

(32)　「ジャスティン・ビーバーはどこの出身か。」「彼はカナダ人です」とあるので，3が答え。
1「イギリス」，2「アメリカ」，3「カナダ」，4「オーストラリア」

(33)　「彼らの学園祭は何になるか。」 結局最後には「カズ，あなたの勝ちです。写真は何枚ありますか？」と言っているので，1が答え。　1「ザ・ギャラリー」，2「ビーツ・アンド・バイツ」，3「ザ・フー・カフェ」，4「ザ・イングリッシュ・ミュージック・カフェ」

★ワンポイントアドバイス★

4(11)では現在完了の用法の知識が問われている。明らかに過去を表す語句とともに現在完了形は使えないのと同様に，疑問詞の when とも使えない。when は時の一点を指し示す意味があり，現在完了は時間的な幅を示すからである。

＜国語解答＞

一　問一　A　2　B　3　C　4　問二　A　4　B　3　問三　1　問四　2
問五　4　問六　4　問七　3

二　問一　3　問二　1　問三　4　問四　2　問五　3　問六　5　問七　4
問八　5

三　問一　1　問二　3　問三　5　問四　3　問五　2　問六　5　問七　4
問八　4　問九　2

四　問一　a　2　b　1　問二　①　3　②　2　③　1　問三　4　問四　3
問五　2

○配点○

一　問一・問二　各1点×5　他　各3点×5　二　問二・問三　各3点×2　他　各4点×6
三　問七～問九　各4点×3　他　各3点×6　四　問一　各1点×2　他　各3点×6
計100点

＜国語解説＞

一　(漢字の読み書き，熟語，品詞・用法，表現技法)

問一　A　至上　1　行使　2　至宝　3　士気　4　実施
B　団塊　1　お節介　2　悔恨　3　鉄塊　4　石灰
C　炭鉱　1　拘束　2　控除　3　甲殻類　4　鉱物

問二　A 「跡を」「追う」と考える。　B 「疾」には，はやいという意味がある。

問三　1は打ち消し意志の意味を表す助動詞で，他はすべて打ち消しの推量の意味を表す。

問四　「青梅」「青葉」「五月雨」はいずれも夏の季語。四月から六月が夏であることに注意する。

基本　問五　「温故知新(おんこちしん)」という四字熟語の意味として適切なものを選ぶ。

問六　「群盲，象を評す」「君子は豹変す」「虎の尾を踏む」という故事成語となる。

問七　1は「ここんむそう」，2は「ふそくふり」，3は「いっちはんかい」，4は「むみかんそう」。少し知っているだけで十分には理解していないという意味の3には，打ち消しの語が入らない。

二　(小説―主題・表題，情景・心情，内容吟味，文脈把握)

問一　アカサカさんが「はっきりとした笑顔をつくるのはつらい」理由を読み取る。本文前の注釈や，後の「いよいよだな。あと数日という気がする」という自分の死を予感した言葉から，アカサカさんは，重い病状のために「笑顔をつくるのはつらい」ことが読み取れる。このアカサカさんの様子に対して「苦しみを隠しきれないから」と理由を述べている3が適切。アカサカさんの病状に，1の「不思議な思い」は合わない。2の「苦手なものばっかりだった」や，4の「働かせてしまったことを申し訳なく感じている」，5の「憤り」が読み取れる描写はない。

やや難　問二　ナオトに心配そうに「大丈夫ですか」と聞かれて，アカサカさんは「いよいよだな。あと数日という気がする」と自分の死期を予想した後の動作である。傍線部②「首を横に振り」の後で，夏祭りの菓子を見て「ほう，懐かしいな」と言っていることから，アカサカさんは子どもたちに余計な心配を与えないように気持ちを切り替えようとしていることが読み取れる。この内容を述べているのは1。2の「記憶の中から忘れ去ろうとしている」や，3の「聞くべきではないと……暗に伝えようとしている」，5の「呆れた」という心情は読み取れない。4の「見当違いだったことに気付」いたわけではない。

問三　重い病状のアカサカさんに「そのカルメ焼きをくれないか。細かく割って」と言われ，「ナオトはカルメ焼きに飛びつ」いて「アカサカさんの口に運んだ」のである。ナオトはアカサカさんに好きなものを食べてほしいと気づかったとある4が適切。1は，ナオトのアカサカさんに対する心情が反映されていない。アカサカさんの病状から死は避けられないので，「長生きさせねばならない」とある2や「回復させたい」とある5は適切ではない。3に通じる描写はない。

問四　傍線部④「全身の力を振り絞って」アカサカさんは「上半身を起こし」，「最後にひとつ話しておきたい」と言っている。後の「わたしがみとった患者の多くは，自分の死期を悟り，家族友人に感謝の気もちと別れを告げて，立派に旅立っていった」「なるべく迷惑をかけずに，静かにひとりで終わりにしたい。最後にきみたちに会えて……感謝している。どうもありがとう」という言葉から，アカサカさんは自分がみとった多くの患者のように死の直前まで周囲に感謝を伝え旅立つことを子どもたちに伝えようとしている。アカサカさんの言葉は，1の「自分自身の未来は自分の手でつかみとるべき」，3「健康を意識して生活することの大切さ」，4「親や周りの大人の言うことをよく聞いて生活するように」，5の「自分の勇ましい雄姿」を伝えるものではない。

やや難　問五　前の「そうだ。医者の不養生というやつだな。わたしがみとった患者の多くは，自分の死期を悟り，家族友人に感謝の気もちと別れを告げて，立派に旅立っていった……それがこんな形で自分の番がまわってきてしまった」というアカサカさんの言葉と，「夜空に大輪の花が咲いて，あとから腹に響く音がくる……地鳴りのような歓声が続いた」という華火の情景を対比させて考える。傍線部⑤「背を向けて」というのであるから，「ぼく」は華火よりも死期が近いアカサカさんの言葉を聞きもらすまいとする心情が読み取れる。この心情を「今こそを大切にしたい」としている3が適切。1は，「より美しく感じられ」が適切ではない。2の「悩みや不安を消す」や4の「悲しい気持ちを取り去って」，5の「自分自身を鼓舞している」に通じる描写はない。

問六　前の「わたしがみとった患者の多くは，自分の死期を悟り，家族友人に感謝の気もちと別れを告げて，立派に旅立っていった……わたしは自分にそんなことができるか，よく不安に思ったものだ」という自分の言葉を踏まえて，アカサカさんは「私もなんとかみんなに続けそうだ」と言っている。「みんな」は過去にみとった患者を意味しているので，2と5にしぼる。傍線部⑥のあとに「なるべく迷惑をかけずに，静かにひとりで終わりにしたい」とあるので，「少年たちにみとってもらいながら」とある2は適切ではない。

重要　問七　最終段落の「きっとこの世界も同じことなのだろう。どこかで誰かが消えて，その名残が響いているうちに，新しい人が生まれる。それでにぎやかで，ちょっとばかばかしいこの世界が続いていくのだ」に着目する。少年たちはアカサカさんとの出会いによって，人の命は華火のように「一瞬咲いて消えるもの」であることを実感している。この少年たちの心情を，誰でも死が訪れるという衝撃になすすべもなく黙りこんでいると説明している4が適切。2の「目に見えるもの」と「目に見えないもの」や，5の「大人に成長した彼らが抱く期待や希望」に通じる内容はない。3の「華火の美しさ」が焦点ではない。

重要　問八　本文は，少年たちがアカサカさんとの出会いによって命の儚さを実感する様子が描かれている。少年たちはアカサカさんと親しく交わっているので，「『人の死』に遠くから触れる」とある5が適切でない。

三　(論説文―大意・要旨，内容吟味，文脈把握，脱文・脱語補充)

問一　「自然」が「人がいなくなると困る」のはなぜか。直前の段落の「人為を受けながら存在している動植物は，人為が消えて生態系が変化を始めた際に生き残れない」を理由として説明している1が適切。他の選択肢に関する内容は，本文には書かれていない。

問二　後に「命題にもどる」とあるので，この前で「命題」について述べている部分を探す。冒頭の文に「『自然は，常に変わる』ということを前提に，人間がどのように自然と向き合うべきかという命題も考えてみるべき」とある。この部分を含むものを選ぶ。

問三　B　「自然」と「人間」の関係を考える。同じ文の文脈から，自然も人間がいないと困るという内容になる語が入る。一つ前の段落の「人は自然界に……依存している」に着目する。

C　「[C]ではなく」を，後で「長い年月をかけて変化している」と言い換えているので，変わらないという意味を表す語が入る。　D　直前の文の「共進化」について説明している部分であることから判断する。　E　同じ段落の「同時期にくちばしと花弁の形を変え」の「変え」に通じる語が入る。　F　直前の「相談し合ったようにお互いの姿を変える」のに必要なものは何か。あることを実現しようとする心の働きを意味する語が入る。

基本　問四　直後の「自然は人に与えるばかりではなく，人間の活動の影響を受けて変わってきた。人も自然の変化に合わせて自らの生活を変えてきた」から，「自然界と人間」が「共進化を遂げてきた」とする理由を読み取る。この内容を述べている3を選ぶ。2の「人間が環境を破壊してもその都度『自然』が自らの力で回復してきた」とは述べていない。他の選択肢は，傍線部②の直後の部分の内容に合わない。

やや難　問五　直後の文以降で「自然を定まった存在としてではなく，常にいくつもの条件がからみ合い変化するシステムとして見る……自然と人間社会を厳密に線引きするのではなく，自然が成立する一要素として人間の活動も含まれる」と説明している。「定まった存在」を「ガッチリと固定化された……存在」に，「常にいくつもの条件がからみ合い変化するシステム」「自然が成立する一要素として人間の活動も含まれる」を「人間のさまざまな活動が要因となって新たな変化を起こしうる『システム』」と言い換えて説明している2が適切。1の「驚異的な回復システム」，5の「予想や計算の立つ存在」について言っているわけではない。3の「互いに足りない部分を補完し合って共存」，4の「自然は人間に管理されたシステムに過ぎない」の部分が適切ではない。

問六　傍線部④の「思い上がった意識」は，直前の「自然をコントロールすることもできる」という意識である。この意識が危険な理由を，同じ段落の「現在の生態系は，光，水，気温など実に様々な要素が極めて複雑に作用する……人の知恵では予想もしないつながりが，まだ隠れているかもしれない」から読み取る。この内容を述べて理由としているのは5。1，2，4は，「害虫」の例を挙げて具体的に説明しているので，適切ではない。3の「争いや戦争」が理由ではない。

問七　挿入文の内容から，二つの事柄を挙げその優劣について述べている部分の後が正しい。【　4　】の直前で「人と自然は持ちつ持たれつである」と，「人」と「自然」という二つの事柄を挙げ，互いに助け合いどちらが優位であるとは言えないと述べているので，脱落している箇所は【　4　】が正しい。

問八　人間の自然との向き合い方について筆者の意見を述べている部分を探す。「自然界と人間は」で始まる段落の「人は自然に合わせて生活を変える一方で，自然も人に合わせる面があってもよい」，「ただ」で始まる段落の「現在の生態系は……人の知恵では予想もしないつながりが，まだ隠れているかもしれない。それだけに人間の行動には慎重さが要求される」という筆者の意見として適切なものは4。1の「人間が地球上に君臨」，2の「自然災害にも耐え忍ぶべき」，3の「覚悟して開発に当たるべき」5の「人間の活動など……自然の営みにはまったく影響しない」などが適切ではない。

重要　問九「自然と人のかかわり」で始まる段落に「人と自然を対立させることなく，人間の活動も自然の一部として見れば，人の暮らしそのものが生態系を作り出す要素だと見ることもできる。人と自然は持ちつ持たれつである」とある。2の「雑木林」は人間の活動によるもので，「天然林」は自然であるとすると，その関係は「持ちつ持たれつ」でどちらが優秀とは言えない。したがって，「天然林」の方が優秀とある2は適切ではない。

四　（古文―大意・要旨，情景・心情，仮名遣い，口語訳，文学史）

〈口語訳〉　Ⅰ　師実の(白河院にお仕えしている)時代に，白河院が，宇治にお出かけになった。興が後まで残って終わらなかったので，(白河院が)今日一日，(宇治に)お留まりになることを(師実が)申し上げると，「明日，(白河院が京に)お戻りということであれば，京は，宇治より北にあたりますので，(災いがおこる)差し障りがあります。こういうことがあるので，(もう一日留まるのは)いかがなものか」。師実が，残念に思っているところに，行家が申し上げて言うには，「宇治は都の南ではありません。喜撰の歌にあるように，

我が庵は都のたつみしかぞ住む世をうぢ山と人はいふなり

と詠みました。したがって，何の差し障りがありましょうか」とお申し上げになられた。このことを(白河院に)申しあげたので，その日，(白河院が)都へ帰る日程が延びた。

師実も，感心して(行成を)ほめたたえた。人々もまた美談としている。

Ⅱ　我が庵は都のたつみ鹿ぞ住む世をうぢ山と人はいふなり

古今集の雑の巻の下に題知らずとある。歌の意味は(私の)庵は都からは南東にあたる(鹿が住んでいるような)所で，ただこのように住んでいる。それと言うのも生きづらい世の中が嫌になって引きこもっているのだが，この山の名も世をつらく思っていると言うように，うじ山うじ山と人が言うことを詠んだものだ。

問一　a「む」は現代仮名遣いでは「ん」にする。「は」は語頭ではないので，「は」のままにする。　b　語頭以外のハ行は現代仮名遣いではワ行に，「やう」は「よう」にする。

問二　①「これ」は，前の「今日一日，御逗留あるべき由」を指している。もう一日留まると災いがおこる差し障りがあるのに，白河院が明日京にお戻りになるのは「いかがなものか」と言っている。　②　行成が，喜撰法師の和歌にあるように京は宇治の北にあるわけではないと申し上げたので，白河院が明日京に帰還しても「はばかり」はなくなったことから考える。　③「憂(う)し」はつらい，「飽(あ)く」は嫌になる，という意味であることから判断する。

問三　直前の「殿下」は，語注から師実であることを確認する。「遺恨」には，恨みに思う，残念に思うという意味がある。師実が「余興尽きざるによりて，今日一日，御逗留あるべき」と言っ

たところ，「明日，還御あらば，花洛，宇治より北にあたりて，日塞がりのはばかりあり。これがため，いかが」と言われたときの心情として適切なのは，「残念に思う」とある4。

基本　問四　『古今集』の冒頭は紀貫之の作で「和歌は人の心を種として，さまざまな表現となっている…。」という意味。1は『平家物語』，2は『源氏物語』，4は『竹取物語』の冒頭の文章。

重要　問五　文章Ⅰの「宇治は都の南にあらず。喜撰が歌にいはく，わが庵は都のたつみしかぞ住む世をうぢ山と人はいふなり　とよめり。しかれば，なにのはばかりかあらむ」という行成の言葉に着目する。宇治は都から「たつみ」の方向にあり，北ではないから「日塞がり」として問題はないと述べている2が適切。1の「次の行楽地を示した」，3の「宇治山はもともと『うき山』という名だった」，4の「一度東南の方角に向かってから都に戻った」とは述べていない。

★ワンポイントアドバイス★

それぞれの選択肢は長文だ。選択肢の中で差異を見つけその部分のみ本文と照らし合わせるという手順を踏むことで，時間短縮を図ることができる。

MEMO

大切なことはメモしておこうネ！

2021年度

★★★★★★★★★★★★★★★★★★★★★★★★★★★★★★

入　試　問　題

2021年度

千葉明徳高等学校入試問題

【数　学】（50分）〈満点：100点〉

$\boxed{1}$ 次の$\boxed{}$に入る数値を答えなさい。

(1) $1-5+8\div 2$ を計算すると $\boxed{\text{ア}}$ となる。

(2) $\dfrac{1}{2}(x-3)-\dfrac{1}{3}(x-3)$ を計算すると $\dfrac{x-\boxed{\text{イ}}}{\boxed{\text{ウ}}}$ となる。

(3) $2x^3\times(4x^3)^2\div 4x^5$ を計算すると $\boxed{\text{エ}}x^{\boxed{\text{オ}}}$ となる。

(4) 方程式 $7x-3y-4=5x-2y=13$ を解くと $x=\boxed{\text{カ}}$，$y=\boxed{\text{キ}}$ となる。

(5) $\dfrac{6}{\sqrt{2}}+2\sqrt{18}-\dfrac{\sqrt{216}}{\sqrt{3}}$ を計算すると $\boxed{\text{ク}}\sqrt{\boxed{\text{ケ}}}$ となる。

(6) $4ay-6bx+4ax-6by$ を因数分解すると $\boxed{\text{コ}}(x+y)(\boxed{\text{サ}}a-\boxed{\text{シ}}b)$ となる。

(7) 2次方程式 $3x^2-10x-8=0$ を解くと $x=\boxed{\text{ス}}$，$-\dfrac{\boxed{\text{セ}}}{\boxed{\text{ソ}}}$ となる。

$\boxed{2}$ 次の$\boxed{}$に入る数値を答えなさい。

(1) Aさん，Bさん，Cさんの3人でじゃんけんを1回するとき，Aさん1人だけが勝つ確率は $\dfrac{\boxed{\text{ア}}}{\boxed{\text{イ}}}$ となる。

(2) 右の図において，線分ABは円の直径，点Pは円周上の点である。
このとき，$x=\boxed{\text{ウ}}\boxed{\text{エ}}^\circ$ になる。

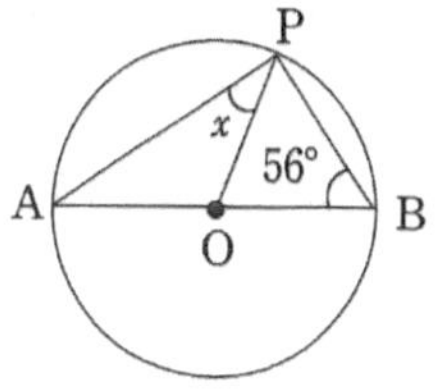

(3) 右の図において，斜線部分の面積は $\boxed{\text{オ}}$ になる。

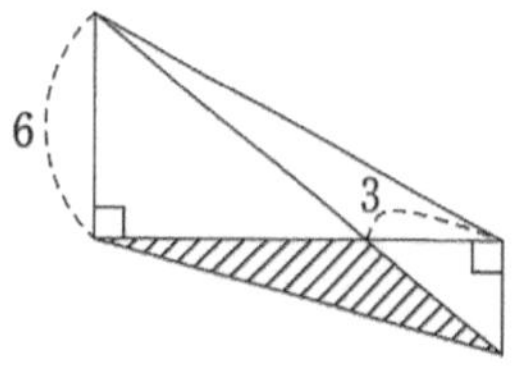

(4) 最大公約数が16で，最小公倍数が240になる2つの数がある。1つの数が48のとき，もうひとつの数は $\boxed{\text{カ}}\boxed{\text{キ}}$ である。

(5) 1 mあたりの値段が54円の銅線を810円分購入すると，その重さは1.2 kgであった。この銅線100 mの重さは $\boxed{\text{ク}}$ kgである。

(6) ある商品に対して仕入れ値の3割の利益を見込んで定価をつけたが，売れ残ったため定価の2割引で販売した。このときの利益が2円であったとすると，この商品の仕入れ値は $\boxed{\text{ケ}}\boxed{\text{コ}}$ 円である。

$\boxed{3}$ 得点形式のあるゲームを6回行ったところ，結果は下の表のようになった。
このとき，次の$\boxed{}$に入る数値を答えなさい。

回数	得点
1回目	5
2回目	8
3回目	11
4回目	2
5回目	10
6回目	6

(1) 6回目までの得点の平均値は$\boxed{\text{ア}}$点，中央値は$\boxed{\text{イ}}$点となる。

(2) 7回目の得点をa点とすると，aの値によって考えられる得点の中央値は$\boxed{\text{ウ}}$通りである。ただし，aは0以上の整数とする。

(3) 表の得点には間違いが1つあることがわかった。正しい平均値は7.5点であり，中央値は8.5点であった。このとき，間違っていたのは$\boxed{\text{エ}}$回目の得点であり，正しい得点は$\boxed{\text{オ}}$点である。

$\boxed{4}$ 下の図のように，点Pを通りx軸と平行な直線と放物線$y=\dfrac{1}{2}x^2$の交点をA，Bとする。
ただし，点Pはy軸上の点とする。このとき，次の$\boxed{}$に入る数値を答えなさい。

(1) 点Pの座標が(0，2)であるとき，点Aのx座標は$-\boxed{\text{ア}}$となり，△OABの面積は$\boxed{\text{イ}}$となる。

(2) 点Pがy軸上を移動する。△OABが正三角形となるのは，点Pの座標が$(0,\ \boxed{\text{ウ}})$のときであり，そのときの点Bの座標は$(\boxed{\text{エ}}\sqrt{\boxed{\text{オ}}},\ \boxed{\text{カ}})$である。

(3) △OABが正三角形となるとき，△OABをx軸を軸として1回転させてできる立体の体積は円周率をπとして求めるとし$\boxed{\text{キ}}\boxed{\text{ク}}\sqrt{\boxed{\text{ケ}}}\pi$となる。

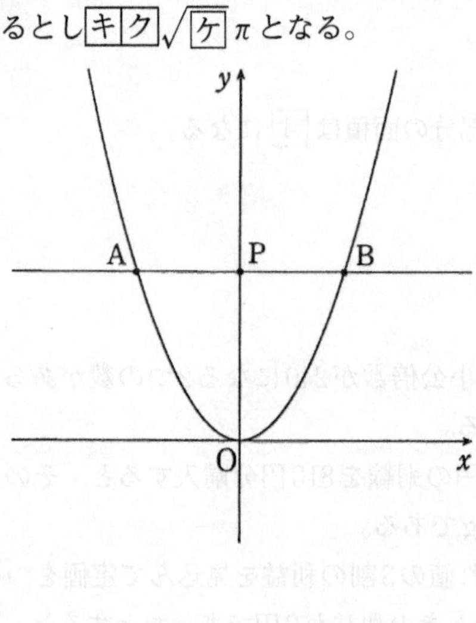

$\boxed{5}$ 下の図のような平行四辺形ABCDがある。辺AB上に点Pをとり，頂点Dと点Pを結んだ線分と対角線ACとの交点をQとする。このとき，$\boxed{}$に入る数値を答えなさい。

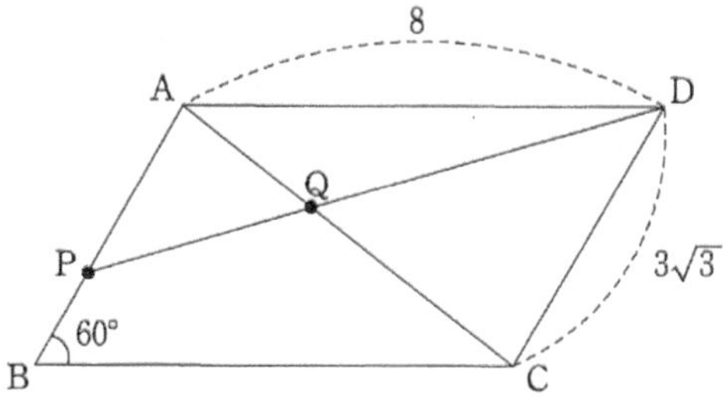

(1) この平行四辺形ABCDの面積は$\boxed{アイ}$となる。

(2) ∠ACB＝a°，∠CDP＝46°のとき，∠AQPの大きさは$(a+\boxed{ウエ})$°と表すことができる。

(3) BR：RCが2：1となるように辺BC上に点Rをとる。頂点Dと点Rを結んだ線分と対角線ACの交点をSとする。点Pが辺ABの中点であるとき，AQ：QS：SCは$\boxed{オ}$：$\boxed{カ}$：$\boxed{キ}$となる。

また，このとき△DQSの面積は$\dfrac{\boxed{クケ}}{\boxed{コ}}$となる。

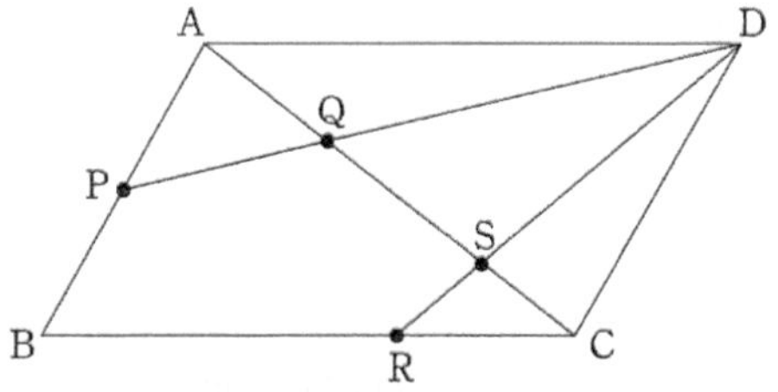

【英　語】（50分）〈満点：100点〉

リスニングの問題は[1]から[3]です。

[1] この問題は，英語の対話を聞いて，最後の発言に対する受け答えを選ぶ問題です。受け答えとして最も適当なものを１～４のうちから一つ選び，その数字をマークしなさい。問題は（１）から（３）の３問で，対話と選択肢はそれぞれ２回放送します。

（１）（内容は記載されません。）

（２）（内容は記載されません。）

（３）（内容は記載されません。）

[2] この問題は，英語の対話または発言を聞いて，それぞれの内容についての質問に答える問題です。問題用紙に印刷された質問の答えとして適当なものを，１～４のうちから一つ選び，その数字をマークしなさい。問題は（４）から（６）の３問で，対話または発言は，それぞれ２回放送します。

（４）What is the woman doing?

1. She is listening to music.
2. She is interviewing an artist.
3. She is reading an interview.
4. She is writing a story.

（５）What will the man do next?

1. He will tell the woman what size of drink he wants.
2. He will tell the woman what drink he wants to order.
3. He will pay for the meal.
4. He will eat a cheeseburger at home.

（６）What is an "Atari 2600"?

1. It is a kind of home video game machine.
2. It is a kind of personal computer.
3. It is the name of a game software.
4. It is the name of a group enjoying video games.

[3] この問題は，長めの英文を聞いて，その内容についての質問に答える問題です。質問の答えとして適当なものを，問題用紙に印刷されている１～４のうちから一つ選び，その数字をマークしなさい。問題は（７）と（８）の２問で，英文と質問は，それぞれ通して２回放送します。

（７）

1. They have very heavy locks on the doors.
2. Their name is "The Tokyo Toilet," but they are not in Tokyo.
3. They have see-through walls.
4. People never feel comfortable when they use them.

（8） 1. Because they wanted to use the toilets as soon as possible.
2. Because they wanted to see the toilets from the outside.
3. Because they knew people thought the toilets were so clean.
4. Because they wanted to change the bad image of toilets.

リスニングテストはここまでです。

これから，英語のリスニングテストを行います。リスニングテストの問題は１から３です。

1

この問題は，英語の対話を聞いて，最後の発言に対する受け答えを選ぶ問題です。受け答えとして最も適当なものを１～４のうちから一つ選び，その数字をマークしなさい。問題は(1)から(3)の３問で，対話と選択肢はそれぞれ２回放送します。では，始めます。

(1)

F：Look! There's a rainbow over there!

M：Wow, it's great!

F：We had a shower a few minutes ago. That made it.

1. Yeah, I was surprised because it was sunny!
2. I had a bath last night.
3. The shower head in my house is broken.
4. The sky is so dark. It is going to rain.

(2)

M：Welcome to my family, Keiko.

F：Thank you for accepting me, Mr. Baker.

M：Is this your first stay in a foreign country?

1. No, I'd like to book two nights.
2. Yes, it's the first time for me.
3. No, you have to stay home.
4. Yes, I have stayed in New York before.

(3)

F：Hi, Dave. How have you been?

M：Hi, Aya. You look well as usual.

F：Thanks. I'm so glad to talk to you online.

1. Usually, I use my computer for the Internet.
2. Yes, nice to meet you, too.
3. It would be better if I hear your voice.
4. Yeah! We can talk face to face like this though we are far away.

2

この問題は，英語の対話または発言を聞いて，それぞれの内容についての質問に答える問題です。問題用紙に印刷された質問の答えとして適当なものを，１～４のうちから一つ選び，その数字をマークしなさい。問題は(4)から(6)の３問で，対話または発言は，それぞれ２回放送します。では，始めます。

(4)

M：Oh, Mary. What are you reading?

F：Ah..., this is an article of the interview of my favourite artist.

M：Who is that?

(5)

F：Hi, what would you like to have?

M：One Cheeseburger Combo please.

F：Which drink would you like?

(6)

"Atari 2600" is a home video game console, which was released in 1977, by Atari Inc. Its name was originally "Video Computer System," and was often called "Atari VCS" among people in the US.

3

この問題は，長めの英文を聞き，その内容についての質問に答える問題です。質問の答えとして適当なものを，問題用紙に印刷されている１～４のうちから一つ選び，その数字をマークしなさい。問題は(7)と(8)の２問で，英文と質問は，それぞれ通して２回放送します。では，始めます。

(Sound)

There are new public toilets in Tokyo, Japan. They have see-through walls. When someone locks the door, people can no longer see in. It is part of "The Tokyo Toilet". Designers made nicer toilets that are easier to use. People can feel comfortable using them. The toilets will be in 17 parks and public spaces.

The designers want to change the bad image of toilets. People think they are dark, dirty, smelly and scary places. People want clean and safe toilets. The first toilets opened in a park this week. Many tourists took photos of them. People can see the toilets and sinks from the outside, but only when they are empty.

Breaking News English Lesson: Public Toilets (21st August, 2020)
https://breakingnewsenglish.com/2008/200821-the-tokyo-toilet-0.html

Questions

No. 7 What is the feature of the new public toilets in Tokyo?

No. 8 Why did the designers make the new toilets?

以上でリスニングテストを終わります。引き続き，このあとの問題に取り組んで下さい。

4　[　　]内を日本文と合うように，正しく並べ替えているものを番号で答えなさい。なお，[　　]内の英語は全て用いるわけではなく，文頭に来るものも小文字になっています。

(9)　机の上の人形は非常に高価である。

[あ. very expensive　い. on the desk　う. is　え. the doll　お. figure　か. put].

1. い－お－か－あ
2. え－う－あ－い
3. え－い－う－あ
4. お－う－か－い

(10) 今日の午後，医者に行くつもりだ。

[あ. this afternoon　い. a doctor　う. I'll　え. go　お. see　か. the hospital].

1. う―え―か―あ
2. あ―い―お―か
3. あ―う―え―か
4. う―お―い―あ

(11) ピクニックに行きましょう。

[あ. let's　い. a picnic　う. do　え. go　お. on　か. shall we].

1. か―う―い―え
2. あ―え―お―い
3. か―い―え―お
4. あ―え―か―い

(12) 私は知っていることを全てダニエルに話した。

I told [あ. to　い. Daniel　う. everything　え. what　お. that　か. I knew].

1. あ―い―え―か
2. う―あ―い―か
3. い―う―お―か
4. う―か―え―い

(13) 母は私にドレスを買ってくれました。

My mother [あ. bought　い. to　う. for　え. me　お. a dress　か. made].

1. あ―お―う―え
2. か―え―う―お
3. あ―え―う―お
4. か―お―い―え

5 以下の英文を読み，問いに答えなさい。

Once upon a time, there lived a kind old man. One day, on his way home from getting firewood in the mountains, he happened upon a little fox who was trying with all its might to pick fruit off a tree. (14), it could not reach the fruit, so the old man picked the fruit for the little fox. This made the little fox (15) happy that it continued to look in the direction of the old man even long after he disappeared far away.

On another day, when the old man came home from a visit to town, the little fox that he met previously was waving to him. The old man followed the little fox to his mother. The mother fox thanked the old man for his (16) to her son, and gave the old man an old hood as a *token of her thanks.

The next day, when the old man was chopping firewood in his yard, the hood he received the previous day fell out of his pocket, so he tried it on. As soon as (17)he did so, he found he was able to understand the language of the *sparrows. "What a magical hood!" the old man said, and wearing the hood, continued to enjoy (18) to the conversations of many kinds of animals and trees.

Then one day the old man heard two crows in a tree talking about the daughter of a rich man in the village (19) was ill. They said that the daughter's illness was the *curse of a *camphor tree. The old man therefore visited the rich man's house and asked him if he could enter the *storehouse. Inside the storehouse, the old man heard the camphor trees outside talking among themselves, and (20) from their conversation that the curse was because the rich man's storehouse was standing on the *stump of one of the camphor trees.

(21) The following day, the old man told what he had heard to the rich man, and asked him to move the storehouse and the rich man accepted it. Then, *miraculously, the rich man's daughter recovered fully from her illness. Very happy with his daughter's recovery, (ア) gave (イ) many gifts in *reward. The old man headed home after buying an armful of *deep-fried tofu, which is the favorite food of foxes.

Medetashi, medetashi.

Taken from *The Listening Hood* (partly modified)

【注】 *token しるし　*sparrow スズメ　*curse 呪い　*camphor tree クスノキ　*storehouse 倉庫
*stump 切り株　*miraculously 奇跡的に　*reward 報酬　*deep-fried tofu 油揚げ

(14) (14)に入る適切なものを番号で答えなさい。

1. And　2. By the way　3. However　4. So

(15) (15)に入る適切なものを番号で答えなさい。

1. helping　2. felt　3. so　4. too

(16) (16)に入る適切なものを番号で答えなさい。

1. kind　2. kindly　3. kindless　4. kindness

(17) 下線部(17)が示す内容を番号で答えなさい。

1. He tried to pick up the hood.
2. He received the hood from the little fox.
3. He chopped firewood in his yard.
4. He put the hood on.

(18) (18)に入る適切なものを番号で答えなさい。

1. listening　2. listen　3. to listen　4. listened

(19) (19)に入る適切なものを番号で答えなさい。

1. who　2. whom　3. which　4. whose

(20) (20)に入る適切なものを番号で答えなさい。

1. learn　2. learned　3. to learn　4. learning

(21) 下線部(21)とほぼ同じ内容を表すものを番号で答えなさい。

1. The next day
2. Every day
3. The day before
4. On the day

(22)　(　ア　)と(　イ　)に入る適切な組み合わせを番号で答えなさい。

1. ア. the rich man　　イ. the old man
2. ア. the old man　　イ. the rich man
3. ア. the little fox　　イ. the rich man
4. ア. the little fox　　イ. the old man

(23)　次の１から６をストーリー順に並べたときに，４番目に来るものを番号で答えなさい。

1. The mother fox gave an old hood to the old man.
2. The old man heard some camphor trees talking.
3. The little fox was waiting for the old man.
4. The rich man decided to move his storehouse.
5. The old man came across a little fox.
6. The old man enjoyed the conversation of animals.

6　以下の英文を読み，問いに答えなさい。

"Junior, get out of the kitchen," Marie shouted at the family's dog, then returned to help her mom with the party dinner. Mom and Marie had made the pies – one pumpkin, two apple, and one pecan – yesterday. The pies were in the *pantry, where they'd stay until dessert time.

The turkey in the oven was almost ready. The rolls and yams were done, the table was set, and Marie was finishing up the mashed potatoes. Dinner would be ready soon.

Marie's brothers were waiting for the party dinner. They always seem to be hungry, especially Chris. Chris was bigger than Zachary even though he was two years younger. Marie pulled the turkey from the oven and shouted upstairs to her brothers.

"Tayler, Zachary, Chris, time for dinner!" They came down from Tayler's room, followed by their five cousins. They were playing video games together in Tayler's room.

The kids and Marie's dad, mom, uncle, aunt, and her two grandparents were soon seated. Everything in the party dinner that day was fantastic. They enjoyed the dinner and had a very good time.

Finally, Mom said to all, "I'm ready for dessert! Who wants pie?"

A chorus of cheers erupted. "Marie, would you help me?"

When Marie and her mother reached the pantry, Mom looked at the pies and asked, "Didn't we make four pies?"

"Two apple, a pumpkin, and a pecan," Marie said.

"Well now, we're missing a pumpkin pie."

Mom left the pies in the pantry, and she and Marie returned to the dining room.

"We have a mystery," Mom said. "Marie and I made four pies. Now there are only three. One is missing. Any idea where it went?"

"I think Marie ate it," said her brother Zachary. "She was in the kitchen!"

"Junior ate it," said Chris. "He has been in the kitchen! And we know how much he loves pumpkin pie."

Everyone looked down at Junior. He was sitting silently under the table. Then Marie's uncle looked at his kids, "What were you kids doing in Tayler's room? I think the empty pie plate will be found under the bed in his room!"

"No! We were just playing games!" one of the cousins spoke up. "I think you *grown-ups ate it while watching football on TV!"

"I think it's pretty clear who ate the pie," Marie said.

"Clear to me, too," Mom said smiling.

Marie and Mom both pointed to the same person and said, "How can you know [(29)]?"

"Easy As Pie" hy Rick Walton (partly modified)

【注】 *pantry キッチンの収納庫 *grown-ups 大人たち

(24) How many people were there in the party dinner that day?

1. Nine 2. Fourteen 3. Fifteen 4. Sixteen

(25) Zachary is ...

1. the youngest brother.
2. younger than Chris.
3. older than Chris.
4. as old as Tayler.

(26) What were Marie's cousins doing just before having dinner that day?

1. They were watching football on TV.
2. They were eating pies in the kitchen.
3. They were watching a movie together.
4. They were playing in Tayler's room.

(27) How many pies did Mom and Marie bake in total?

1. Three 2. Four 3. Five 4. Six

(28) Who seemed to eat the missing pie?

1. Chris
2. Zachary
3. Marie's uncle
4. Marie's cousins

(29) What is the most suitable option to fill in [(29)]?

1. Marie was in the kitchen
2. that was a pumpkin pie
3. the grown-ups were watching football on TV
4. Junior was in the kitchen

7 対話文を読んで，以下の問いの答えとしてふさわしいものを，それぞれ選択肢より一つ選び，解答をマークしなさい。

James：Hey Ralph! Sorry, I'm late. I caught the right train, but I had to get off and go back home.
Ralph ：Why? What happened?
James：I left my money and phone at home.
Ralph ：Oh! It is lucky you realized before you arrived.
James：Yeah. I got on the train and thought, I would send you a message. That's when I found out.
Ralph ：You can't send a message without a phone, or go shopping without money. Ha-ha.
James：You are right! But I have both now. Let's do it.
Ralph ：Where do you want to go first?
James：Well, today I have to buy sunglasses, running shoes, a note book, a new case for my phone and some masks for my mother. I want to buy a game for my BINTENDO, but I guess that it's not necessary.
Ralph ：So we have to go to an accessory shop for your sunglasses, a sports shop for running shoes, a stationery shop for a note book, a mobile phone shop for a case and a drug store for masks. Oh, and maybe a game shop, too.
James：That's a lot of shops for me. What do you want to get?
Ralph ：Just a T-shirt, I think. So I want to go to a clothes shop.
James：Okay. Where should we go first?
Ralph ：Let's look at the map and go to the closest shop first.
James：Good idea. The map says there is a sports shop just over there, and then next to that is a drug store.
Ralph ：That is our first two items. And around the corner from the drug store is a mobile phone shop and across from that is a clothes shop. So, that is our next two things.
James：Really near that clothes shop there is a game shop, and near that is a stationery shop. So, that's it. Have I forgotten something?
Ralph ：Your sunglasses!
James：Oh yeah! Well, there is an accessory shop next to the drug store, so let's go there after we get masks for my mother.
Ralph ：Okay, let's shop!
James：Actually, I'm hungry. Can we get some food first?
Ralph ：That's a good idea. Let's go to BURGER QUEEN and then go shopping.
James：Great.

－3 HOURS LATER－

James：I think I have got everything I had to buy.
Ralph ：And I got my T-shirt, too.
James：I feel like I have forgotten something. What is it?
Ralph ：Your sunglasses!
James：You're right! But I'm tired now, so never mind.

Ralph ：Really?

James：Yeah, summer is almost over anyway.

Ralph ：And the game for your BINTENDO?

James：I don't need it now, so that's okay.

Ralph ：Let's go home then.

(30) Why couldn't James send a message to Ralph?

1. The train was late.
2. He took the right train.
3. His phone was still at home then.
4. He had not bought a case for his phone.

(31) How many items does James say he has to buy for himself?

1. Four 2. Five 3. Six 4. Seven

(32) What is the third item they plan to buy?

1. Masks
2. A T-shirt
3. Sunglasses
4. A mobile phone case

(33) Where do they go first?

1. BURGER QUEEN
2. A sports shop
3. A drug store
4. A clothes shop

(34) How many items did they buy?

1. Five 2. Six 3. Seven 4. Eight

問三　文章Ⅰの二重傍線部「忠見、名歌よみ出でたりと思ひて、兼盛もいかでこれほどの歌をよむべきと思ひける」とあるが、どのようなことを言っているのか。その説明として適切なものを次の中から一つ選び、番号をマークしなさい。

1　忠見は自分の和歌を名歌であると感じ、なぜ相手である兼盛にこれほどの和歌が作れないのかと、疑問を感じている。

2　忠見は自分の和歌を名歌であると感じ、相手である兼盛には自分のものほどの歌は詠めないと思っている。

3　忠見は相手である兼盛の和歌を名歌であると感じ、なぜ兼盛にこれほどの和歌が作れたのかと、疑問に感じている。

4　忠見は相手である兼盛の和歌を名歌であると感じ、自分には兼盛ほどの名歌は作れないと思っている。

問四　文章Ⅱの「小臣」と同じ意味の言葉として適切なものを、文章Ⅰに出ている次の人物の呼称の中から一つ選び、番号をマークしなさい。

1　兼盛　　2　忠見　　3　判者　　4　御門

問五　文章Ⅱの和歌Ｘ・Ｙについて述べた文として最も適切なものを次の中から一つ選び、番号をマークしなさい。

1　和歌Ｘでは恋をしている相手に自分の名前をまだ伝えきれておらず、恋の成就を焦る気持ちを詠んでいるが、和歌Ｙでは恋をする相手に、自分の名前を尋ねられたことの喜びを詠んでいる。

2　和歌Ｘでは自分に恋心を寄せている相手が、自分の名をまだ知らないことへの不安を詠んでおり、和歌Ｙでは恋をする相手に自分の恋心が伝わってしまうことを必死にごまかそうとする心情を詠んでいる。

3　和歌Ｘと和歌Ｙは両方とも、他人に恋の噂を流された嘆きを詠む点で共通しているが、和歌Ｘでは自分の名前が知られたことを詠み、和歌Ｙでは人に問われるまで名前を隠していたことを詠んでいる。

4　和歌Ｘと和歌Ｙは両方とも、隠していた恋心を詠む点では共通しているが、和歌Ｘでは他者が恋の噂をながしたことを詠み、和歌Ｙでは自然と恋心が表出してしまうことを詠んでいる。

問六　文章Ⅰ・Ⅱについて述べた文として適切なものを次の中から一つ選び、番号をマークしなさい。

1　文章Ⅰでは帝が忠見の歌よりも兼盛の歌を多く詠み上げたことで、兼盛の勝ちが決まったが、文章Ⅱでは帝は忠見の歌を詠み上げたことから忠見が勝ったことになっている。

2　文章Ⅰで「判者」は天皇の様子から兼盛の勝ちという判定を下したが、文章Ⅱでは「源大納言」の様子から、兼盛の勝ちという判定を下したことになっている。

3　文章Ⅰでは忠見が右方につき、兼盛が左方についたことになっているが、文章Ⅱでは忠見が左方につき、兼盛が右方についたことになっており、勝者はいずれも兼盛である。

4　文章Ⅰでは忠見が左方につき、兼盛が右方についたことになっており、文章Ⅱでは忠見が右方につき、兼盛が左方についたことになっているので、勝者が文章ⅠとⅡで異なる。

Ⅱ

左

X恋すてふ我が名はまだき立ちにけり人知れずこそ思ひそめしか　忠見

右

Yしのぶれど色に出でにけり我が恋はものや思ふと人の問ふまで　兼盛

小臣奏《しょうしんそう》して云はく、「左右の歌、共にもつて優《いう》なり。勝劣を定め申すこと能《あた》はず」と。＊勅《ちょく》して云はく、「おのおの尤《もっと》も耽美《たんび》すべし。ただしなほ定め申すべし」てへれば、小臣＊大納言源朝臣《だいなごんみなもとのあそん》に譲るも、敬服して答へず。この間相ひ互に詠み揚《あ》ぐること、おのおの我方の勝を請ふに似たり。小臣頻《しき》りに天気を候《うかが》ふに、いまだ勅判《ちょくはん》を給はず。密かに右方を詠ぜしむるか。源大納言密かに語りて云はく、「天気もしくは右に在るか」てへれば、これに因《よ》りて遂に右をもつて勝となす。思ふ所有りて、暫くは＊持《じ》に疑ふなり。ただし、右歌＊甚《はなは》だ好し。

（『袋草紙』より）

語注

天徳の歌合 …… 天徳四年（九六〇）三月三十日の村上天皇の内裏で行われた歌合。

兼盛 …… 平兼盛。平安時代中期の歌人。

忠見 …… 壬生忠見。平安中期の歌人。身分は低かったが歌の才能は高かった。

御随身 …… 貴族の警護などに当たる役人。

左右に番てけり …… 「左右に一対としてどちらの歌が優れているか評価されることとなった」の意味。

御前にて講じて、判ぜられけるに …… 「天皇の前で詠まれて、優劣の判定がくだされようとしていた」の意味。

判者 …… 最終的に左右の和歌のどちらが優れているか、判定を下す人物。

御門 …… 天皇のこと。

天気 …… 天皇の意向。

勅して云はく …… 「天皇が命じて言うには」の意味。

大納言源朝臣 …… 平安時代中期の貴族。

持 …… 引き分け。

甚だ …… 非常に。

問一　傍線部a・bを現代仮名遣いにしたとき、その組み合わせとして適切なものを次の中から一つ選び、番号をマークしなさい。

1　a　恋すちょう　b　なお

2　a　恋すという　b　なほ

3　a　恋すてう　b　なを

4　a　恋すとう　b　なうお

問二　傍線部A～Cの現代語の意味として適切なものをそれぞれ後の選択肢の中から一つ選び、番号をマークしなさい。

A　つつめども

1　我慢したとしても　2　わかってはいたが

3　耐えられなくても　4　隠していたのに

B　判じかねて

1　判断しきって　2　判断できずに

3　判断しそこねて　4　判断をゆだねて

C　能はず

1　できない　2　向いていない

3　知らない　4　終わらない

同じように記憶できる方法を探っていくこと。

5　悪者であった忘却の良い部分に目を向け、それによって一方的に下げられていた忘却の地位を高めていくこと。

問八　傍線部⑦「忘却はゴミ出しに似ている」の説明として適切なものを次の中から一つ選び、番号をマークしなさい。

1　ゴミは、生活に伴って発生する不要な物をさす。人間にとっての記憶も同様であり、必要だったものが徐々に不必要なものへと変換されていく。その変化していく過程をゴミ出しと表現した。

2　個人の中で所有されている記憶は、価値がある間は記憶として保たれるが、価値が失われた段階で不要なものとして忘却される。価値の有無がゴミ出しと似ているためこの表現が用いられた。

3　ゴミは、内容に応じて処分方法が決まっている。記憶の捨て方も同様であり、忘却という手段を用いることで頭の整理がされる。捨てる方法に決められた手段がある点をゴミ出しと表現した。

4　現在、情報は止まることなくあらゆる場から流入してくる。それは個人の処理能力を超えており、取捨選択しなければ判断すら出来なくなる。その選別行為の過程を、ゴミ出しにたとえた。

5　不必要な情報があまりに多い場合、〝忘却不全症〟を起こす。実際のゴミ出しでもその量によって処理できないものが残ってしまうことから、このような表現が用いられている。

問九　傍線部⑧「忘却を積極的に評価する考え方は、現代においては不可欠である」とあるがなぜか。その理由を説明したものとして適切なものを次の中から一つ選び、番号をマークしなさい。

1　選択的な忘却は精神を健康な状態に保ち、まだらな記憶のありかたはコンピューターにはない人間の個性と捉えることができるから。

2　情報に溢れた現代社会において、記憶されていく内容も膨大な量に達するが、自然忘却はその量を一定に保つ機能を持っているから。

3　忘却を否定的にみる傾向にあるが、知識や情報が重視される現代では、記憶は意図的に処分しないと思考に支障がでることがあるから。

4　物理的・機械的な記憶はコンピューターでも代用できるが、忘却は人間の心的作用によるので、コンピューターには不可能だから。

5　人間の記憶は全ての情報を一様にインプットしているわけではないので、一度忘却することで記憶の整理が行われるから。

四　次の文章Ⅰ・Ⅱを読んで、後の問いに答えなさい。

Ⅰ

*天徳《てんとく》の歌合《うたあはせ》の時、*兼盛《かねもり》・*忠見《ただみ》、共に*御随身《みずいじん》にて、*左右に番《つがひ》てけり。初恋といふ題を給《たま》はりて、忠見、名歌よみ出《い》でたりと思ひて、兼盛もいかでこれほどの歌をよむべきと思ひける。

a恋すてふ我が名はまだき立ちにけり人知れずこそ思ひそめしか

さて既《すで》に*御前《おんまえ》にて講《かう》じて、判ぜられけるに、兼盛が歌に、

Aつつめども色に出でにけり我が恋はものや思ふと人の問ふまで

共に名歌なりければ、*判者《はんじゃ》、B判じかねて、暫《しばら》く天気をうかがひけるに、*御門《みかど》、忠見が歌をば、両三辺御詠《りやうさんぺんぎょえい》ありけり。兼盛が歌をば多辺《たへん》御詠ありけるとき「*天気左にあり」とて、兼盛勝《かち》にけり。（『沙石集』より）

3　記憶と忘却は、互いが互いを補い合う関係にあり、一方だけでは多くの労力を要することを車の両輪に喩えた。

4　記憶と忘却は、記憶があることで初めて忘却が存在するため、忘却だけでは意味がないことを車の両輪に喩えた。

5　記憶と忘却は、忘却があることで記憶に差が生じることから、互いが牽制《けんせい》しあう状態にあることを車の両輪に喩えた。

問五　傍線部④「記憶の視野に、個人差のある盲点がいくつもある」とはどのようなことを表しているか。適切なものを次の中から一つ選び、番号をマークしなさい。

1　個人で認識している記憶全体を人間の視覚に例えるならば、盲点のように気づかないうちに忘却された部分も存在するということ。

2　映像をそのまま記録する全記憶はコンピューターにしかできず、人間の記憶は忘却された部分も含め十人十色に異なるということ。

3　印象の強かったものほどよく記憶しており、印象の薄かったものは記憶も定かではないという差異が個人間で生じるということ。

4　同じことでも個人の生き方によって記憶の内容が異なるが、同一内容であれば同じように覚えていると錯覚するということ。

5　興味や関心などの複雑なネットを通して記憶は行われるので、覚えたくないものはあらかじめ記憶しないことがあるということ。

問六　傍線部⑤「人間の記憶は、生理的・心理的であって物理的ではない」の説明として、適切なものを次の中から一つ選び、番号をマークしなさい。

1　コンピューターは機械であるため、反応の全てが物理的なものとなる。人間は、身体的特徴及び精神状態によって反応が異なるため、人間が機械と同じ記憶をすることは出来ないと説明している。

2　人間は完全に同じ存在がいないため、同じ経験をしても異なる記憶になる。それに対して機械は、全てが同じでその能力も一律《いちりつ》であることから記録も同一になる。その両者の違いを説明している。

3　コンピューターは、与えられた情報を決められた方法で計算しながら記録する。人間は、数値化ができない五感を使用して脳に記録する。その記録の仕方による記憶の違いについて説明している。

4　人間の記憶は、短期記憶と長期記憶の二種類に分類されるが、いずれも忘却の影響を免《まぬが》れることはできない。その克服のために忘却の影響を受けない物理的な記録が生み出されたと説明している。

5　機械の記憶は数量に置き換えられ記録されることで、自然に消滅することはない。一方人間は、印象などによる感覚的なものが記憶定着の強弱を決めるため、個人差まで存在すると説明している。

問七　傍線部⑥「新しい目で見る必要がある」とあるが、これはどのような見方のことを指すのか。適切なものを次の中から一つ選び、番号をマークしなさい。

1　記憶には個人差が大きく影響することを踏まえ、どうすれば機械を超えられるようになるか考えていくこと。

2　これまであった忘却についての否定的な評価を見直し、積極的に肯定していく評価に変えていくということ。

3　学習者に悪い影響を及ぼしていたのが忘却であるという真実に目を向け、個性とは別であることを認めること。

4　完全記憶を可能としたコンピューターを分析することで、人も

問一　傍線部①「いかにものんきである」とは、どのようなことを表しているか。適切なものを次の中から一つ選び、番号をマークしなさい。

1　個性を考えるにあたり大きな役割を果たしている記憶と忘却について、本来であれば十分に時間をかけて考えていかなければいけないにもかかわらず軽く考えている点を批判している。

2　個性を育てるためには時間をかけてじっくりと成長させていく必要があることから、その手間を考えて取り組む姿勢をのんきという言葉を使用して分かりやすく表現している。

3　忘却の重要性を述べようとしているが、堅苦しい文章にならないように直接的な表現を避けて語調を和らげつつ、もっと真剣に考えていくべきであると注意を促している。

4　日々刻々と記憶されていく知識を自分の意志で取捨選択して忘却していく。その過程が個性という独自性を生み出しているということをやさしく喩えている。

5　コンピューターの発達により、単純記憶から人間は解放されることになった。それにともない、コンピューターには不可能な忘却が注目されるようになったことを表している。

問二　〔Ａ〕及び〔Ｂ〕について、それぞれに当てはまると考えられる語の組み合わせについて、適切なものを次の中から一つ選び、番号をマークしなさい。

1　Ａ　日常　Ｂ　異常　　2　Ａ　解放　Ｂ　束縛

3　Ａ　主観　Ｂ　客観　　4　Ａ　集中　Ｂ　分散

5　Ａ　創造　Ｂ　破壊

問三　傍線部②「もうひとつの比喩を考えた」とあるが、筆者はプラトンの別の比喩をなぜここで改めて紹介しているのか。適切なものを次の中から一つ選び、番号をマークしなさい。

1　記憶についての鳩小屋の喩えが一般的ではなく分かりにくかったため、当時日常的に使用されていた蠟板に替えることで、理解しやすくできるようにしたから。

2　蠟板の仕組みは、脳がどのように記憶しているかを適切に表すことが出来、これによって鳩小屋の考え方では説明しきれなかったことを可能にしたから。

3　鳩小屋にいる鳩以外の様々な鳥を記憶とし、記憶は自らの意志で捕まえるものとした一方で、蠟板が自然に薄れていくことで忘却を説明したから。

4　鳩小屋の喩えでは、記憶についてしか述べることが出来なかった。そのため、蠟板を用いることにより忘却についても取り上げられるようにしたから。

5　蠟板は鳩小屋の比喩では出来なかった記憶と忘却の関係について述べたものであり、全ての問題を解決する万能の喩えとして用いることができているから。

問四　傍線部③「車の両輪のようなもの」という喩えを用いた説明として、適切なものを次の中から一つ選び、番号をマークしなさい。

1　記憶と忘却は、二つが同時に誕生したことで意味を持ったため、片方だけでは意味が無いことを車の両輪に喩えた。

2　記憶と忘却は、二つの内どちらも欠くことのできない、対等に協力して働く関係にあることを車の両輪に喩えた。

人間の記憶は、生理的・心理的であるのに、コンピューターは物理的記憶である。人間の記憶は忘却にさらされるが、コンピューターは、機械という物体が存在し、電気というエネルギーが存在する限り、消滅したりすることはない。忘却はおきない。いわんや選択的忘却などはじめから問題にならない。百パーセントの記憶が可能なばかりでなく、それ以外の記憶はおきない。完全記憶で、そしていったん記憶されたものは物理的条件が激変しない限り忘却されることはありえない。選択的記憶・忘却は、こうしてみるときわめて人間的性格の強い心的作用であることがわかる。

　人間の記憶は選択的であり、個人差が大きく影響するが、それ以上に、忘却は個人差が大きいと考えられる。したがって、コンピューターとの違いも、記憶よりいっそう顕著でなくてはならない。忘却は個人の心理的歴史を反映しているから、何が忘却されるかでその人間の精神構造を知ることができるはずである。

　これまで、忘却は悪者扱いされてきたから、人間のもっとも深い個性と結びついているといったことを真剣に考える人もなかったであろうが、超個性的機械的記憶万能のコンピューターがあらわれたのだから、⑥新しい目で見る必要がある。

　近年は、ことに高齢者のもの忘れがネガティヴな見方をされることもあって、忘却がこれまで以上に負の心的現象と見る向きがふえている。そしてそういう忘却恐怖症ともいうべきものは、昔から、学習者に広く潜在していた忘却恐怖症と奇妙に結びついて忘却のイメージをいっそう悪くする。それが間接的に作用して、〝忘却不全症〟が起こり、いろいろな好ましくない行動を起こしたりする。神経症といわれるものの多くに、忘却不全が関わっていることは充分、予想されるところである。

　比喩は適当でないが、⑦忘却はゴミ出しに似ている。情報、知識というものが、モノと同じように増えたかどうかは別として、かつては知識があふれて困るというような人は例外的であったと思われる。普通であれば、特に何もしないでも、余計なあふれた知識、記憶は生活の中でほとんど意識されずに自然に処分されていた。つまり自然忘却で支障はなかった。それが、知識、情報社会と言われるようになると、自然忘却だけではゴミが溢《あふ》れることになりかねない。記憶を意図的に廃棄しないと、頭がゴミで埋まって働かなくなる恐れが現実的になってくる。

　⑧忘却を積極的に評価する考え方は、現代においては不可欠である。気づいているのに具体的な努力をしないのは怠慢と言っても不当ではなかろう。選択的忘却は健全な精神にとって、記憶よりもはるかに重要である、と言ってもよい。ギリシャの昔から、日陰《ひかげ》もののように身をひそめていた忘却。いまこそ、スポットライトを浴びて登場すべきヒーローであると言ってもよい。

（外山滋比古『忘却の整理学』より）

語注

没個性　……個性が希薄であるか、または全く個性の感じられないさま。

蠟板　……木や象牙《ぞうげ》でつくった小さな板の表面に蠟をかぶせ、棒状の筆記用具で蠟をひっかいて書く書写材。

内省　……自分の考えや行動などを深くかえりみること。

喜ばしいが、なお不充分である。たしかに蠟に書かれ刻まれたものは、時とともに消失するが、記憶の忘却とはパラレル（並行、並列）にいかない。蠟つけられた刻印は一様にうすれて消えていくが、忘却はまだらであって画一的ではなく、選択的忘却ともいうべきものである。プラトンはそれを見過ごしている。

もうひとつテンポも問題である。蠟文字はゆっくり消えていくけれども人間の忘却ははじめ急速、やがてゆっくり消えるのである。記憶したものが失われていくのを喩えるなら、紙片にインクで文字を書いて流れる水の中に浸すという比喩の方がすこし妥当性が高い。流れる水とは時間である。書かれたインクの文字は、時がたつにつれてうすくなり、やがてはほとんど消えてしまうが、はじめのうちの消失がことに大きいことを示すことができる。しかし、選択的忘却はこの比喩でもうまく説明できない。

人間にとって、記憶と忘却は③車の両輪のようなものだ。忘却は困ったことではない。それどころか記憶と同じくらいに大切な心的活動である。両者は対立関係にあるのではなくて、セットとして共同のはたらきをしていると考えるべきである。忘却がなくては記憶が存在しないし、忘却がなくては記憶はその力を発揮できない。一方だけでは精神は活動できない。それなのに、古来記憶のみを重視して、忘れることをないがしろにしてきたのは不思議である。

その記憶にしても、すべての入ってくる情報を一様に、万遍なくインプットしているのではないように思われる。つよく印象づけられた部分もあれば、当然のこととして、さほどはっきりしない印象として受け入れられた部分もあって、まだら模様である。それを一様の記憶と見るのは不正確な内省*にもとづく誤解であるように思われる。関心の中心、注目の焦点はつよく細かく記憶されるのに対して、周辺部はぼんやりとしか知覚されず、したがって印象も希薄であるにちがいない。ひどいのになると、ある部分がすっぽり脱落ということも考えられる。④記憶の視野に、個人差のある盲点がいくつもあるように考えられる。

あるがままを記憶する全記憶などというのは生身の人間には考えられないこと。かならず興味、関心、コンプレックス、欲望などが複雑に入り組んだネットがあり、それを通して記憶されるのであるから、完全・十全の記憶は考えることもできない。同じ光景を忠実に再現したと思われる記録と比べてみると、見た人の個人的特色というものによって、十人十色に異なる。同じ光景を見ているようで、実は各人各様に見、めいめい違った記憶をしている。それにもとづいた記録、表現がもし一致符号したらそれこそ異常である。

われわれは、完全記憶というものを人間にあてはめるのは誤りである、と考える必要があるように思われる。部分的記憶、歪みを内蔵した記憶、選択的記憶が正常な記憶であるということになる。人間の記憶の特質もまさに、その選択的記憶という点にあることを昔の人はともかく、現代の人間は見落としてはならない。

別な言い方をすれば、⑤人間の記憶は、生理的・心理的であって物理的ではないということである。それがはっきりするのはコンピューターが出現してからである。コンピューターは記憶する機械として人間の能力をはるかに超越するが、量的問題ではなく、質的に人間とコンピューターはまったく別々の記憶をする。

人公の心情を巧みに表現している。

4　多数派と少数派という、現代社会にも通ずる難解なテーマを、二人の主人公の立場にそれぞれ置き換えて描くことで、読者にとっては身近なテーマとして考えられる工夫が用いられている。

5　修辞を多用することで、文章全体に奥行きを持たせ、主人公の複雑な気持ちを見事に表現している。また、様々な風景描写が臨場感を生み出している。

三　次の文章を読んで、後の問いに答えなさい。

知識の記憶のみによって、個性を育むことはできない。知識も記憶も、そのままでは*没個性的であり、超個性的である。しかし忘却はひとりひとり独自の忘れ方をする点で、個性的である。没個性的な知識を習得することを通じて個性が生まれるのは、つまり忘却の作用によるのである。個性の尊重がやかましく言われるようになったのにもかかわらず、個性の源泉が忘却にあることを知らずにいるのは、①いかにものんきである。

コンピューターは記憶の巨人である。単純記憶において、コンピューターにまさる人間は存在しないと言ってよい。完全に大量の情報を記憶し、それを操作、処理する能力をもっている。完全記憶を実現しているが、個性がない。忘却ということを知らないからである。記憶だけなら人間はコンピューターにかなわないが、忘却と記憶のセットで考えれば、人間はコンピューターのできないことをなしとげる。この点からすれば、忘却は新しい役割を認められなくてはならないことになり、これまでの忘却観は一変しなくてはならないはずである。忘却が個性化をすすめ、〔　A　〕的なはたらきの基盤であるのに目を向けないのは知的怠慢である。

忘却は力である。忘却力は〔　B　〕的ではなく、記憶力を支えて〔　A　〕的はたらきをもっている。忘却は歴史的に長い間、無視されてきた。現在もなお困ったことに悪者扱いは続いている。心理学者でもヘルマン・エビングハウス（一八五〇―一九〇九）の忘却曲線は有名であるが、いまはもう古いというだけで、新しい研究のおこる気配は少なくとも部外のものには感じられない。

古くから記憶は注目され、その本質に迫るのは重要な問題とされてきたのに、忘却はその陰にかくれて、表立って考察されることもなかったようである。哲学においてもギリシャのプラトン（哲学者　前四二七―前三四七）は、記憶に興味をもっていたらしく、記憶を鳩小屋に喩《たと》えている。プラトンは「心を鳩小屋と考え、さまざまな鳥を捕らえてその小屋に入れることを記憶とし、鳩小屋の鳥をとらえることを想起とした」（細川亮一「日本大百科全書」）。この比喩には忘却はまったく姿を見せない。捕らえられた鳥は、いつまでも同じ鳥であると考えたわけではあるまいが、この喩えでは記憶を変える忘却はまったく考えられていないように見られる。

実はプラトンは記憶について、②もうひとつの比喩を考えた。それによると、人間は心のうちに*蠟板《ろうばん》のようなものがあるとして、経験がその蠟に刻印されるのを記憶、刻印されなかったり消えたりした場合を忘却と考えた。蠟に刻まれたものは、時の経つにつれてすこしずつ消え、やがてほとんどあとかたもなくなる。それを記憶と忘却の比喩としたのである。忘却がとり上げられているのは忘却の名誉のためにもさずに笑う先生の姿に好感が持てたから。

問四　傍線部③「わたしたちはアナゴだ」という表現で用いられている修辞法を次の中から一つ選び、番号をマークしなさい。

1　体言止め　　2　直喩　　3　隠喩
4　倒置法　　5　擬人法

問五　傍線部④「そんなの絶対に嫌！」とあるが、何がそんなに嫌なのか。説明として適切なものを次の中から一つ選び、番号をマークしなさい。

1　本当は不幸な結果が待ち受けているのに、浅はかな考えで、一瞬でも笑ってしまった自分自身の行動。
2　全国の学校での状況は、よく考えてみると自分の嫌いなアナゴの生態とそれほど差がないという事実。
3　多数派の意見に逆らおうと努力しても、結局は「小さな魚のように」押しつぶされてしまうという現実。
4　多数派の意見に従って自分の立場を安定させ、無意識のうちに少数派をつぶしてしまう教室という環境。
5　当たり前のことが、まるで間違ったことのように曲解されてしまう、社会と隔離された教室という空間。

問六　傍線部⑤「それ」とは何を指しているか。その説明として適切なものを次の中から一つ選び、番号をマークしなさい。

1　「しょうがなくて正しい」決まりごとのなかで、不自由な思いで日々を送る人がいることを理解し、彼らのために心を動かすことができること。
2　正しくないことでも、自分の欲望を我慢することで、社会人として世の中で生きていく力を身につけようとしていること。
3　「本当は間違っているけれど正しいこと」については、自分自身の力で見極め、周囲のために徹底的に抵抗しようとする態度。
4　多数派の意見に流されることが生きていくうえで正しいことだと分かっていても、あえて抵抗することで、自分の個性を伸ばしていこうとする姿勢。
5　周囲の目が気になって、行動できないようなことでも、少数派である自分の意見を主張するために、勇気をふりしぼって行動する強い心。

問七　空欄［I］に入る語として適切なものを次の中から一つ選び、番号をマークしなさい。

1　手をこまねいた。　　2　顔がゆがんだ。
3　腹を抱えた。　　4　胸をなでおろした。
5　指をくわえた。

問八　本文の表現や内容の特徴を説明したものとして適切なものを次の中から一つ選び、番号をマークしなさい。

1　感傷的になっている中学三年生の主人公と、不器用な先生とのテンポの良い会話を中心として物語が展開していき、最終的には読者の意表をつく結末を迎えている。
2　主人公の心中が一人称視点で表現されていることによって、中学三年生という多感な時期の主人公の心の動きが、直接的に読者に伝わるようになっている。
3　ありふれた日常の出来事が、年の離れた二人の会話を軸として快活に描かれている。ところどころに見受けられる情景描写が主

問一　二重傍線部A「屁理屈」、B「口をとがらせたら」の本文中における意味として適切なものを次の中から一つずつ選び、それぞれ番号をマークしなさい。

A　屁《へ》理屈

1　筋の通らない議論
2　道理の正しい議論
3　不明なことを推《お》し量《はか》る議論
4　例を挙げてなされる議論
5　長時間に及ぶ議論

B　口をとがらせたら

1　甘えた表情をすること
2　不満げな表情をすること
3　悲しそうな表情をすること
4　苦しげな表情をすること
5　楽しそうな表情をすること

問二　傍線部①「ムカッとする」とあるが、その理由として適切なものを次の中から一つ選び、番号をマークしなさい。

1　「正しい」や「正しくない」といったことで割り切れないような問題を、意味ありげに質問してくることが少し高圧的に感じられたため。
2　大勢に合わせるために、少数派が犠牲にならなければならないという、自分でも納得できていない、しょうがないけど正しいことを追求されたため。
3　昼食を食べる時間を確保しなければならないのに、決まりきったことを何度もしつこく聞いてくることにいいかげん堪《た》えられなくなったため。
4　今日は今日で違う話をしに尋ねたのに、過去の過ちを繰り返し非難され、何度説明しても、理解を示してくれない先生にうんざりしたため。
5　日本中の全ての人が仕方がないと諦めていることを、わざわざもっともらしく質問してくるという、あまりのしつこさに嫌気がさしたため。

問三　傍線部②「つい笑い返した」とあるが、その理由として適切なものを次の中から一つ選び、番号をマークしなさい。

1　多数派に合わせて行動した結果、誰もが居心地の悪い思いで授業を受けるという事態になることが容易に想像でき、滑稽《こっけい》に思われたから。
2　少数派を犠牲にしないための提案について、多少の不便はあるとしても、クラスに一体感が生まれるという予想外の展開が想像でき、先生の発想力に失望したから。
3　現実に起こりえないことを真剣に想像したあげくに、結局、現状よりも不便な状況が生じるということが大人である先生でもすぐには思いつかなかった点を大変愉快に感じたから。
4　少数派を犠牲にしないための提案について想像すると、村内先生が不公平にならないことに気をとられ、授業環境が損なわれているさまが滑稽であったから。
5　多数派に合わせて物事を決定すると、いつでもおかしな結果になるというのは分かりきったことなのに、過去の失敗を全くいか目に涙が湧いて、あふれて、頬にこぼれそうになったとき、先生は大きく、ゆっくりとうなずいた。

それでいいんだよ。

声が、すうっと耳に流れ込んで、胸に届いた。

たいせつなことだよ、⑤それは、すごく。

つっかえでいるはずの言葉が、まるで最初からつっかえるのもリズムのうちだったみたいに、すんなりと聞こえる。おしゃべりの声や椅子を引く音や机を動かす音はずっと教室に響き渡っているのに、先生の声はなににも邪魔されずに、まっすぐ届く。

たいせつなことさえ忘れなければ、篠沢さんは、どこの高校に行っても、ひとごろしにはならないよ。

「先生……」

「うん？」

「たいせつなことと、正しいことって、違うんですか？」

先生は少し考えて、よくわからないんだ、先生にも、と言った。なにそれ、無責任、と目元を指で拭いながらB口をとがらせたら、わからないんだけど、と言葉がつづいた。

たいせつじゃないけど、正しいこと、あるよな。しょうがなくて正しいこと、やっぱりあるし、本当は間違ってるのに正しいことも、あるよな。

そんなの、たくさんある。新聞やニュースにもたくさん出ている。

正しくなくてもたいせつなことだって、あるんだ。でも、たいせつじゃない、たいせつなことは、絶対にないんだ。たいせつなことは、どんなときでもたいせつなんだ。中学生でも高校生でも。おとなでも子どもでも。

なんとなく、わかる——ような気がする。やだぁ、と教室で誰かが笑う。ちょっと待ってよぉ、と廊下を誰かが駆けていく。

だから、と先生は言った。

先生は、正しいことを教えるために先生になったんじゃないんだ。

「……どういうこと？」

先生は、たいせつなことを、教えたいんだ。

その一言を言い終えると、それこそ「たいせつなこと」を伝え終えたみたいに、先生は深くて、気持ちよさそうなため息をついた。

（重松　清『進路は北へ』より）

語注

この前の。クイズ……日本全国の学校の黒板が西を向いているのはなぜか、という問い。

アナゴ……篠沢が修学旅行先の水族館で見たアナゴ。アナゴはパイプに詰まり身動きが取れずにいたが、実は体が何かに触れていることが幸せなのだと知り、その生態を自分たちに重ね合わせた。

古川さん……中学二年生の頃、いじめによって精神を病み、転校していった生徒。

「……もっと暗いじゃないですか、右利きの子も左利きの子も、みんな困るし」

　そうだよな。じゃあ、みんなが窓に向いて座ったら。どうだ?

「まぶしいし、黒板どこに置くんですか」

　先生は、あ、そうか、と自分の出した問題の間抜けさにいま気づいたみたいに笑った。

　なんなんだろう、ほんと。またムカッとした。でも、②つい笑い返した。クラス全員がお日さまを背にしてどんよりとノートを取っている光景や、クラス全員がお日さまに向かってまぶしさに目を細めている光景を思い浮かべると、やっぱりおかしい。それに、村内先生と話すときの「ムカッ」は、他の先生のときの「ムカッ」とは、場所が違う。頭に来るのは同じだし、腹が立つのも一緒だけど、胸の奥が――ちょっとだけ、違うのだ。

　昼休みが始まったばかりでばたばたと騒がしい教室を見渡して、先生は「不思議だよなあ」と言った。

「なにが?」

「一つの部屋にいる三十何人が、みんな同じ向きで座ってる、ばっ、場所って、ほかに、どどっ、どこにもないだろ。不思議っていうか、不自然だよなあ、よく、かっかかかっ、考えてみたら」

　わたしは黙ってうなずいた。ほんとうにそうだ。不自然で、理不尽で、不気味で、不思議な場所だと思う、教室って。

　先生は「想像しろ」と言った。

　朝十時。ニッポン中の小学校や。中学校や。高校の。教室で。何百万人の。児童や生徒が、みんな席に。ついて。黒板を見てるんだ。みんな西を向いて、みんな左側から陽射しを浴びて。

　想像した。最初は笑って、でも、すぐに背中がぞっとして、[I]。ひどい場所だ。サイテーの空間だ。*アナゴを思い出す。③わたしたちはアナゴだ。パイプの外に出て行けない。*古川さんは元気だろうか。新しい学校で友だちができただろうか。わたしはパイプの中で身動きがとれない。学校が嫌いで、先生が嫌いで、でも友だちとは離れられない。わたしたちは、いつかひとごろしになる。何十尾ものアナゴが、パイプの中に迷い込んだ小さな魚を押しつぶしてしまうように、誰がやったかわからないまま、自分ではないんだろうなと勝手に信じ込んで、誰かのこころを壊して、ころしてしまう。嫌だ嫌だ嫌だ嫌だ嫌だ嫌だ嫌だ嫌だ嫌だ嫌だ……。

　先生は言った。

どこの。学校でも、同じだよ。

頬がカッと熱くなって、胸の奥の、いつもの場所がいつものようにムカッとなって、わたしは言った。

「わたし、西、向かない! 絶対に向かない! ④そんなの絶対に嫌!」

先生は――そうだな、とうなずいた。

いつかと同じ、寂しそうな笑顔になって、でで、でもな、と言った。つっつ机を、一人だけ、後ろ向きにするのは、でっできないんだよ。

　わかるよ。それくらい、わかってる。怒りが突き抜けて、悲しくなった。悔しくなった。

「……机は西向きでも、わたし、下向いてる……横向いたり、外を見たりしてる……」

問五　『万葉集』が成立した時代の説明として最も適切なものを次の中から一つ選び、番号をマークしなさい。

1　わが国に現存する最古の物語である『竹取物語』が成立したと考えられている。
2　天皇中心の国家を対外的に誇示することが目的とされている『日本書紀』が成立した。
3　「諸行無常」や「盛者必衰」の精神を説いたことで有名な『平家物語』が成立した。
4　安房の武将の娘と犬との間に生まれた八犬士が活躍する『南総里見八犬伝』が成立した。

問六　次の中から、宮沢賢治の作品ではないものを一つ選び、番号をマークしなさい。

1　『よだかの星』
2　『銀河鉄道の夜』
3　『最後の一句』
4　『雨ニモマケズ』

問七　次の四字熟語の意味として適当なものを次の中から一つ選び、番号をマークしなさい。

試合で勝つために［　　］で臨む。

1　百花繚乱
2　博聞強記
3　一意専心
4　温故知新

二　次の文章を読んで、後の問いに答えなさい。

> 篠沢は、私立の附属中学校に通う三年生である。クラスで一人だけ内部進学をせずに受験することを決意している。この文章は、受験を控えた篠沢と、言葉がつっかえてうまく話せない村内先生との会話の場面である。

*この前の。クイズ。つづき、あるんだ。第三問。

左利きの子がいるのに、どうして窓が左側になるのか――。

「そんなの……だって、右利きの子の方が多いから」

そうだな。でも。このまえ、篠沢さんは、そういうのはひどいって怒ってたぞ。

「だから……ひどいと思うけど、どっちかに合わせなきゃいけないんだから、しょうがないじゃないですか」

それは。正しい。ことなのかな。

「正しいっていうか、しょうがないっていうか……」

間違ってても、しょうがないことってあるのかな。

「あるんじゃないですかぁ、そういうもんだし、現実」

なんなんだろう。①ムカッとする。この先生と話すといつもそうだ。

「ちょっと、お弁当食べなきゃいけないんで、もういいですか？　A屁《へ》理屈って好きじゃないんですよ、わたし」

第四問。

「はあ？」

じゃあ、窓が背中にあったら、右利きも左利きも同じで、いいんじゃないのか？

【国　語】〈五〇分〉〈満点：一〇〇点〉

一　次の問いに答えなさい。

問一　次のA～Cの傍線部の漢字と同じものを次の中から一つずつ選び、それぞれ番号をマークしなさい。

A　夢と現実とがコウサクしてしまう。
1　通信テンサクで英語を勉強する。
2　ほとんどサクラン状態になる。
3　試験のタイサクを考える。
4　漁獲量がサクネン度を上回った。

B　感染症の影響で経済がホウカイしそうだ。
1　先人の作品をモホウする。
2　多額のごホウシをいただきました。
3　戦地で倒れたドウホウの死を悲しむ。
4　石垣がホウラクする。

C　嵐にソウグウして難破した豪華客船。
1　満塁の走者をイッソウする三塁打。
2　仏教の伝来以後カソウが始まった。
3　雪山でソウナンする。
4　日本の将来は若者のソウケンにかかっている。

問二　熟語の構成のしかたには、次の1～5のようなものがあります。

> 1　同じような意味の漢字を重ねたもの
> 2　反対または対応の意味を表す漢字を重ねたもの
> 3　上の字が下の字を修飾しているもの
> 4　下の字が上の字の目的語・補語になっているもの
> 5　上の字が下の字の意味を打ち消しているもの

次のA・Bの熟語は1～5のどれにあたりますか。適切なものをそれぞれ一つずつ選び、番号をマークしなさい。

A　屈伸　　B　妨害

問三　次の例文中の「で」と同じ意味・用法で用いられているものを次の中から一つ選び、番号をマークしなさい。

例文　あれは森ではない。
1　この教室で委員会を開く。
2　よく読んで理解する。
3　会長に選ばれそうで嬉しく思う。
4　彼は美化委員である。

問四　次の1～4の中で、使役の動詞「せる」「させる」の使い方が誤っているものを一つ選び、番号をマークしなさい。
1　プリントを配らせていただく。
2　下級生にボールを取りに行かせる。
3　赤ん坊を笑わせるのが得意だ。
4　教室のゴミを捨てさせる。

2021年度

解　答　と　解　説

《2021年度の配点は解答欄に掲載してあります。》

＜数学解答＞

1　(1)　ア　0　(2)　イ　3　ウ　6　(3)　エ　8　オ　4　(4)　カ　5　キ　6
(5)　ク　3　ケ　2　(6)　コ　2　サ　2　シ　3　(7)　ス　4　セ　2
ソ　3

2　(1)　ア　1　イ　9　(2)　ウ　3　エ　4　(3)　オ　9　(4)　カ　8　キ　0
(5)　ク　8　(6)　ケ　5　コ　0

3　(1)　ア　7　イ　7　(2)　ウ　3　(3)　エ　6　オ　9

4　(1)　ア　2　イ　4　(2)　ウ　6　エ　2　オ　3　カ　6　(3)　キ　9
ク　6　ケ　3

5　(1)　ア　3　イ　6　(2)　ウ　1　エ　4　(3)　オ　4　カ　5　キ　3
ク　1　ケ　5　コ　2

○配点○

1　各4点×7　2　各4点×6　3　(1)　各3点×2　(2)　4点　(3)　6点
4　(1)　各3点×2　(2)　4点　(3)　6点　5　各4点×4　計100点

＜数学解説＞

1　(数・式の計算，1次方程式，平方根，因数分解，2次方程式)

基本

(1)　$1-5+8\div2=1-5+4=0$

(2)　$\frac{1}{2}(x-3)-\frac{1}{3}(x-3)=\frac{3(x-3)-2(x-3)}{6}=\frac{x-3}{6}$

(3)　$2x^3\times(4x^3)^2\div4x^5=\frac{2x^3\times16x^6}{4x^5}=\frac{2\times16\times x^9}{4\times x^5}=8x^4$

(4)　$7x-3y-4=5x-2y=13$　2つの式に分ける。　$7x-3y-4=13$　$7x-3y=17$…①
$5x-2y=13$…②　①×2は$14x-6y=34$　②×3は$15x-6y=39$　②×3−①×2より$x=5$
これを①に代入して，$35-3y=17$　$-3y=-18$　$y=6$

(5)　$\frac{6}{\sqrt{2}}+2\sqrt{18}-\frac{\sqrt{216}}{\sqrt{3}}=\frac{6\sqrt{2}}{2}+2\times3\sqrt{2}-\sqrt{72}=3\sqrt{2}+6\sqrt{2}-6\sqrt{2}=3\sqrt{2}$

(6)　$4ay-6bx+4ax-6by=2(2ay-3bx+2ax-3by)=2\{2a(y+x)-3b(x+y)\}=$
$2(x+y)(2a-3b)$

(7)　$3x^2-10x-8=0$　$(3x+2)(x-4)=0$　$x=4,\ -\frac{2}{3}$

2　(確率，角度，面積，数の性質，単位量あたりの大きさ，割合)

(1)　3人それぞれが，グー，チョキ，パーの3通りの手の出し方があるので，1回じゃんけんをするとき，3人の手の出し方は全部で3×3×3＝27(通り)　その中で，Aさんが1人だけ勝つ手の出し方は，(A，B，C)＝(グー，チョキ，チョキ)，(チョキ，パー，パー)，(パー，グー，グー)の3通り。　したがって，その確率は$\frac{3}{27}=\frac{1}{9}$

(2)　ABが直径なので△ABPは∠APB＝90°の直角三角形　∠PAB＝180−90−56＝34
△OAPはOA＝OPの二等辺三角形なので，x＝∠PAB＝34

(3)　右図のように頂点に名前をつけ，BC＝aとおく。斜線部
△BCE＝△ABE－△ABC＝$\frac{1}{2}\times 6\times(a+3)-\frac{1}{2}\times 6\times a=$
$3a+9-3a=9$

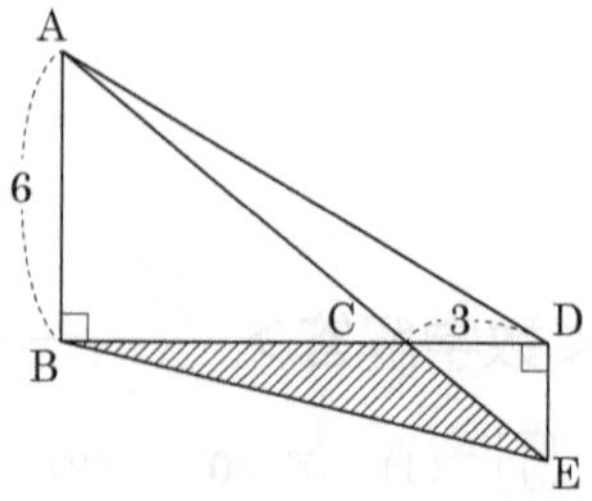

(4)　48との最大公約数が16なので，もとめる数Aは16aとおくことができる。ただし，aは3を約数としてもたない整数。このとき最小公倍数は16×3×a＝240　a＝5　よって，求める数は16×5＝80

(5)　1mあたり54円なので，810円分は810÷54＝15(m)　15mの重さが1.2kgなので，100mの重さは$1.2\times\frac{100}{15}=8$(kg)

(6)　仕入れ値をx円とすると，定価は1.3x円，売れ残った分の売値は1.3×0.8x(円)　そのときの利益は1.3×0.8x−x＝2　0.04x＝2　x＝50

3 (資料の整理，平均，中央値)

基本 (1)　平均は，合計得点を回数で割ればよいので(5＋8＋11＋2＋10＋6)÷6＝42÷6＝7(点)　6回の得点を小さい順に並べると2，5，6，8，10，11　中央値は3番目と4番目の平均なので(6＋8)÷2＝7(点)

(2)　7個の数の中央値は小さい方から4番目の数になる。aが6以下であれば，4番目の数は6で中央値は6点。a＝7であればaが4番目になり，中央値は7　aが8以上であれば4番目の数は8になり，中央値は8点。以上，得点の中央値は3通り考えらえる。

(3)　6回の平均が7.5点になるためには，合計点が6×7.5＝45(点)である必要があり，表の値よりも3点高い必要がある。もし間違っていたのが4回目ならば2点→5点となるが，このとき中央値は7点のままである。もし1回目が5点→8点であれば，中央値は8点になってしまう。もし6回目が6点→9点であれば中央値は8.5点になる。もし2回目が8点→11点なら，中央値は8点，もし5回目が10点→13点なら7点，3回目が11点→14点なら中央値は7点となるので，あてはまるのは6回目の正しい得点が9点だったとき。

4 (図形と関数・グラフの融合問題)

(1)　Pの座標が(0，2)のとき，点Aのy座標は，2　$y=\frac{1}{2}x^2$上の点なので，$\frac{1}{2}x^2=2$　$x^2=4$
$x<0$より　$x=-2$　また，点Bのx座標は2である。　△OAB＝$\frac{1}{2}$×AB×OP＝$\frac{1}{2}$×4×2＝4

重要 (2)　点Bは$y=\frac{1}{2}x^2$上の点なのでB$\left(b,\ \frac{1}{2}b^2\right)$とおくことができる。△OABが正三角形になるとき，△OBPは30°，60°，90°の角をもつ，辺の比$1:2:\sqrt{3}$の直角三角形であるので，BP：OP＝b：$\frac{1}{2}b^2=1:\sqrt{3}$　$\frac{1}{2}b^2=\sqrt{3}\,b$　$b^2=2\sqrt{3}\,b$　$b>0$より両辺をbでわると，$b=2\sqrt{3}$
B$(2\sqrt{3},\ 6)$　BとPはy座標が等しいので，P(0，6)

やや難 (3)　Aからx軸に垂線をおろし，x軸との交点をC，Bからx軸に垂線をおろし，x軸との交点をDとすると，△OABをx軸を軸として1回転させてできる立体は底面の半径BD，高さABの円柱から，底面の半径BD，高さODの円錐と底面の半径AC，高さOCの円錐を引いたものである。その体積は$6\times6\times\pi\times4\sqrt{3}-6\times6\times\pi\times2\sqrt{3}\times\frac{1}{3}\times2=96\sqrt{3}\,\pi$

5 (平面図形の計量，相似)

(1)　DからBCの延長に垂線をおろし，BCの延長との交点をHとすると，AB//BCより∠DCH＝∠ABC＝60°であり，△DCHは30°，60°，90°の角をもつ辺の比$1:2:\sqrt{3}$の直角三角形である。した

がって，$DH=3\sqrt{3}\div 2\times\sqrt{3}=\frac{9}{2}$　平行四辺形ABCDの面積＝底辺×高さ＝$BC\times DH=8\times\frac{9}{2}=36$

重要 (2)　平行四辺形は対角が等しいので$\angle ADC=\angle ABC=60°$　$\angle ADQ=\angle ADC-\angle CDP=60-46=14$　AD//BCより錯角は等しいので$\angle DAQ=\angle ACB=a°$　△ADQについて外角の定理により$\angle AQP=\angle DAQ+\angle ADQ=(a+14)°$

やや難 (3)　AB//DCより錯角は等しいので$\angle APQ=\angle CDQ$，$\angle PAQ=\angle DCQ$　2組の角がそれぞれ等しいので△APQ∽△CDQ　辺の比は等しいので$AQ:QC=AP:CD=\frac{1}{2}AB:AB=1:2=4:8$…①　AD//BCより錯角は等しいので$\angle SAD=\angle SCR$，$\angle SDA=\angle SRC$　2組の角がそれぞれ等しいので△SAD∽△SCR　辺の比は等しいので$AS:SC=AD:CR=BC:\frac{1}{3}BC=3:1=9:3$…②　①，②より$AQ:QS:SC=4:5:3$　平行四辺形ABCD＝36より，$\triangle ACD=\frac{1}{2}\times 36=18$　$\triangle DQS=\frac{QS}{AC}\times\triangle ACD=\frac{5}{12}\times 18=\frac{15}{2}$

★ワンポイントアドバイス★

算数で学習する単位量あたりの大きさの問題であったり，正負の数の基本的な問題であったり，ごく基本的な問題もあるが，相似を利用する問題，平均値や中央値の問題など，出題範囲が幅広い。過去問研究をして出題傾向をつかんでおこう。

＜英語解答＞

1　(1) 1　(2) 2　(3) 4
2　(4) 3　(5) 2　(6) 1
3　(7) 3　(8) 4
4　(9) 3　(10) 4　(11) 2　(12) 3　(13) 1
5　(14) 3　(15) 3　(16) 4　(17) 4　(18) 1　(19) 1　(20) 2
　(21) 1　(22) 1　(23) 6
6　(24) 3　(25) 3　(26) 4　(27) 2　(28) 1　(29) 2
7　(30) 3　(31) 1　(32) 3　(33) 1　(34) 1

○配点○

1・2・4・7　各3点×16　　3・6　各4点×8　　5　各2点×10　　計100点

＜英語解説＞

1～3　リスニング問題解説省略。

4　(語順整序問題：前置詞，動詞，命令文，関係代名詞)

(9)　The doll on the desk is very expensive.　on the desk が doll を修飾する。

(10)　I'll see a doctor this afternoon.　医者に診てもらうは see a doctor と表す。

基本 (11)　Let's go on a picnic.　< go on a picnic >で「ピクニックに出かける」という意味を表す。

(12)　(I told) Daniel everything that I knew.　< tell A B >で「AにBを話す」という意味を表す。

(13)　(My mother) bought a dress for me.　動詞が buy の場合，「～に対して」という意味は< for ～ >で表す。

5　**(長文読解問題・物語文：語句補充，指示語，語彙，内容吟味)**

(大意)　昔々，優しいおじさんが住んでいました。ある日，山で薪を拾う帰り道，木の実を一生懸命摘み取ろうとしている小さなキツネに出会いました。(14)しかし，実のところまで届きませんでしたので，おじいさんはキツネのために実を摘みました。キツネは(15)とても喜んで，老人が遠くに消えた後も，老人の方を見続けました。

別の日，おじいさんが町から帰ってくると，前に会ったキツネが手を振っていました。老人はキツネの後をついてその母親のところへ行きました。母キツネは，おじいさんの息子への(16)優しさに感謝し，おじいさんに感謝のしるしとして古い頭巾をくれました。

次の日，おじいさんが庭で薪を割っていたら，前日にもらった頭巾がポケットから落ちてしまったので，かぶってみました。(17)そうするとすぐに，彼はスズメの言葉を理解できることに気づきました。「なんという魔法の頭巾だ！」おじいさんはそう言って，頭巾をかぶって，いろいろな動物や木の会話を(18)聞くことを楽しみ続けていました。

そんなある日，老人は村の金持ちの男の，病気に(19)なった娘について，木の中で二羽のカラスが話しているのを聞きました。彼らは，娘の病気はクスノキの呪いだと言いました。そこで老人は金持ちの男の家を訪ねて，倉庫に入っていいのか尋ねました。倉庫の中で老人は外のクスノキが話しているのが聞こえ，その会話からその呪いは金持ちの男の倉庫がクスノキの切り株の上に立っていたからだということを(20)知りました。

(21)翌日，老人は聞いたことを金持ちの男に話し，倉庫を動かすように頼み，金持ちの男はそれを受け入れました。すると，奇跡的に，金持ちの男の娘は病気から完全に回復しました。(ア)金持ちの男は娘の回復にとても満足して，(イ)おじいさんに報酬としてたくさんの贈り物をしました。おじいさんはキツネの大好物である油揚げを腕一杯買って帰りました。

(14)　前後の内容が対立しているので，3が答え。1「そして」，2「ところで」，4「それで」

(15)　< so ～ that … >で「とても～なので…」という意味になる。

(16)　前に for がある。前置詞の後に置けるのは名詞なので，4を選ぶ。1「形容詞」，2「副詞」，3「形容詞」

(17)　直前にある「(頭巾を)かぶってみました」という内容を指しているので，4を選ぶ。1「彼は頭巾を拾い上げようとした。」，2「彼は小さなキツネから頭巾を受けとった。」，3「彼は庭で薪を割った。」

(18)　enjoy の後に動詞を置く場合には動名詞にする。

(19)　was ill が daughter を修飾するので，主格の関係代名詞を使う。

(20)　過去に起こったことを表すので，過去形を選ぶ。

(21)　「翌日」という意味を表すので1を選ぶ。2「毎日」，3「前の日」，4「その日に」

(22)　娘の病気が治って喜ぶのは金持ちの男であり，金持ちの男から報酬をもらうのは，娘の病気を直したおじいさんである。

重要　(23)　5「おじいさんは小さなキツネのところにやって来た。」→3「小さなキツネはおじいさんを待っていた。」→1「母キツネはおじいさんに古い頭巾をあげた。」→6「おじいさんは動物たちの会話を楽しんだ。」→2「おじいさんはクスノキが話しているのを聞いた。」→4「金持ちの男は倉庫を動かすことに決めた。」

6 （長文読解問題・物語文：内容吟味，語句補充）

（大意）「ジュニア，キッチンから出て行け」とマリーは家の犬に向かって叫び，パーティーディナーで彼女のお母さんを助けるために戻ってきました。ママとマリーは昨日，カボチャを1つ，りんごを2つ，ピーカンを1つ作ったのです。パイはパントリーにあり，デザートの時間までそこに置かれていました。 オーブンの七面鳥はほとんど準備ができていました。ロールパンと山芋が焼けて，テーブルがセットされ，マリーはマッシュポテトを仕上げていました。すぐに夕食の準備ができます。

マリーの兄弟たちはパーティーディナーを待っていました。彼らはいつもお腹が空いているようで，特にクリスはそうです。クリスは2歳年下でしたが，ザッカリーよりも大きくなりました。マリーは七面鳥をオーブンから取り出し，上の階で兄弟たちに向かって叫びました。「テイラー，ザッカリー，クリス，夕食の時間だよ！」彼らはテイラーの部屋から降りてきて，5人のいとこが続きました。彼らはテイラーの部屋で一緒にビデオゲームをしていました。子供たちとマリーのお父さん，お母さん，おじさん，おばさん，そして二人の祖父母はすぐに席に着きました。その日のパーティーディナーのすべてが素晴らしかったです。彼らは夕食を楽しみ，とても楽しい時間を過ごしました。

最後に，ママはみんなに言いました，「デザートの準備ができました！　パイを欲しいのは誰？」

大歓声が沸き起こりました。「マリー，手伝ってくれる？」

マリーと母親がパントリーに着くと，ママはパイを見て，「パイを4つ作らなかったっけ？」と尋ねました。

「リンゴ2つ，カボチャ1つ，ピーカン1つ」とマリーは言いました。

「さて，パンプキンパイが足りないわよ。」

ママはパントリーにパイを置き，マリーと一緒にダイニングルームに戻りました。

「私たちには謎があるの」とママは言いました。「マリーと私は4つのパイを作ったのよ。今は3つしかないの。1つ足らないわ。どこに行ったかわかる？」

「マリーが食べたと思うよ」と弟のザッカリーが言いました。「彼女は台所にいたからね！」

「ジュニアが食べたんだ」とクリスは言いました。「彼はずっと台所にいるんだ！　それから，彼がパンプキンパイをどれほど愛しているかぼくたちは知ってるよね。」

皆がジュニアを見下ろしました。彼は黙ってテーブルの下に座っていました。それから，マリーのおじさんは自分の子供たちを見て，「テイラーの部屋で子供たちは何をしていたの？　彼の部屋のベッドの下に空のパイ皿が見つかると思うな！」

「いや！　ぼくたちはただゲームをしていただけだよ！」いとこの一人が言いました。「ぼくは，あなたたち大人がテレビでサッカーを見ながら食べたと思うよ！」

「誰がパイを食べたのかはっきりしたわね」とマリーは言いました。

「私にもわかったわ」ママはほほえみながら言いました。

マリーとママは同じ人を指さして言いました，「どうして(29)パンプキンパイだとわかるの？」

(24) 「その日パーティーディナーには何人の人がいたか。」「マリー，テイラー，ザッカリー，クリス，マリーのお父さん，お母さん，5人のいとこ，おじさん，おばさん，そして二人の祖父母」とあるので，3が答え。

(25) 「ザッカリーは…」 ザッカリーについて，「クリスは2歳年下でした」とあるので，3「クリスより年上だ」が答え。1「一番若い兄弟だ」，2「クリスより若い」，4「テイラーと同い年だ」

(26) 「その日ディナーを食べる前，マリーのいとこたちは何をしていたか。」 子供たちはみなテイラーの部屋から出てきており，「テイラーの部屋で一緒にビデオゲームをしていました」とあるので，4「彼らはテイラーの部屋で遊んでいた。」が答え。1「彼らはテレビでサッカーを見ていた。」，2「彼らは台所でパイを食べていた。」，3「彼らは一緒に映画を見ていた。」

(27) 「お母さんとマリーは全部でいくつのパイを作ったか。」「マリーと私は4つのパイを作った」とあるので，2が答え。

(28) 「誰がなくなったパイを食べたと思われるか。」 クリスだけが「パンプキンパイ」と言っており，それはマリーと母親しか知らなかったことだったので，1が答え。

(29) 「(29)を埋めるのに一番適したものはどれか。」 クリスが「パンプキンパイ」と言ったことを指摘しているので，2「それがパンプキンパイだと」が答え。1「マリーが台所にいたと」，3「大人がテレビでサッカーを見ていたと」，4「ジュニアが台所にいたと」

7 (会話文読解問題：内容吟味)

ジェームズ：やあ，ラルフ！ ごめん，遅れた。正しい電車に乗ったんだけど，降りて家に戻らなきゃいけなかったんだ。

ラルフ　　：どうして？ 何が起きたの？

ジェームズ：家にお金と電話を置いてきたんだ。

ラルフ　　：ああ！ 到着する前に気がついてよかったよ。

ジェームズ：そうだね。ぼくは電車に乗って，君にメッセージを送ろうと思ったんだ。それでわかったんだ。

ラルフ　　：電話がなければメッセージを送れないし，お金がなければ買い物に行けないよね。ハハ。

ジェームズ：その通り！ でも今は両方あるからね。さおやろう。

ラルフ　　：まずどこに行きたい？

ジェームズ：ええと，今日ぼくはサングラス，ランニングシューズ，ノート，携帯電話用の新しいケースと母親にマスクを買わないといけないんだ。ぼくのビンテンドーのゲームも買いたいけど，必要ではないかも。

ラルフ　　：じゃあ君のサングラス用にアクセサリーショップ，ランニングシューズ用にスポーツショップ，ノート用に文房具屋，ケース用に携帯電話ショップ，マスク用に薬屋に行かないとね。ああ，それからたぶんゲームショップもね。

ジェームズ：ぼくのための店が多いね。君は何を買いたいの？

ラルフ　　：Tシャツだけだね。だからぼくは洋服屋に行きたいんだ。

ジェームズ：オッケイ。まずどこへ行こう？

ラルフ　　：地図を見て，一番近い店に最初に行こう。

ジェームズ：いい考えだ。地図によると向こうにスポーツショップがあって，その隣に薬屋があるよ。

ラルフ　　：それが最初の2つのものだね。薬屋から角を曲がると携帯電話ショップがあって，その向かい側には洋服屋だね。それが次の2つだね。

ジェームズ：その洋服屋のほんの近くにゲームショップがあって，その近くに文房具屋があるよ。じゃあそれだ。何か忘れてるかな？

ラルフ　　：君のサングラスさ！

ジェームズ：ああ，そうだ！ ええと，薬屋の隣にアクセサリーショップがあるから，母親のマスクを買った後にそこに行こう。

ラルフ　　：オッケイ，買い物をしよう！

ジェームズ：実はぼくはお腹がすいてるんだよ。まず何か食べないかい？

ラルフ　　：それはいい考えだ。バーガー・クイーンに行ってから買い物をしよう。
ジェームズ：いいね。

3時間後

ジェームズ：買わないといけないものは全部手に入れたと思う。
ラルフ　　：ぼくはTシャツを買ったよ。
ジェームズ：何か忘れている気がするなあ。なんだろう？
ラルフ　　：君のサングラスさ！
ジェームズ：そうだ！　でももう疲れたから，気にしないで。
ラルフ　　：本当？
ジェームズ：うん，夏はもう終わりだしね。
ラルフ　　：君のビンテンドーのゲームは？
ジェームズ：もういらないよ。それでいいさ。
ラルフ　　：じゃあ家に帰ろう。

(30)「ジェームズはなぜラルフにメッセージを送れなかったのか。」「家にお金と電話を置いてきた」と言っているので，3「彼の電話はその時まだ家にあった。」が答え。1「電車が遅れた。」，2「彼は正しい電車に乗った。」，4「彼は電話用のケースを買っていなかった。」

(31)「ジェームズは自分のために何個のものを買わねばならないと言うか。」「サングラス，ランニングシューズ，ノート，携帯電話用の新しいケース」と言っているので，1が答え。

(32)「彼らが買う予定の3番目のものは何か。」「スポーツショップ」→「薬屋」→「アクセサリーショップ」という順になるので，3が答え。

(33)「彼らは最初にどこに行くか。」「バーガー・クイーンに行ってから買い物をしよう」と言っているので，1が答え。

重要 (34)「彼らはいくつの物を買ったか。」「ランニングシューズ，ノート，携帯電話用の新しいケース，Tシャツ，マスク」を買ったことになるので，1が答え。

★ワンポイントアドバイス★

[5]の(15)には<so ~ that …>が用いられている。似た表現に<so ~ that S can …>(とても~なのでSは…できる)があるので覚えておこう。(例)He is so kind that he can help me.(彼はとても親切なので私を助けることができる。)

<国語解答>

[一] 問一　A 2　B 4　C 3　問二　A 2　B 1　問三　4　問四　1
問五　2　問六　3　問七　3

[二] 問一　A 1　B 2　問二　2　問三　4　問四　3　問五　4　問六　1
問七　2　問八　2

[三] 問一　3　問二　5　問三　4　問四　2　問五　3　問六　5　問七　2
問八　4　問九　3

[四] 問一　1　問二　A 4　B 2　C 1　問三　2　問四　3　問五　4
問六　3

○配点○

一　各2点×10　　二　問一・問四・問七　各2点×4　　他　各4点×5

三　問一・問二・問四　各2点×3　　他　各4点×6

四　問一・問二・問四　各2点×5　　他　各4点×3　　計100点

＜国語解説＞

一　（漢字の読み書き，熟語，品詞・用法，文学史）

問一　A　交錯　1　添削　2　錯乱　3　対策　4　昨年

　　　B　崩壊　1　模倣　2　芳志　3　同胞　4　崩落

　　　C　遭遇　1　一掃　2　火葬　3　遭難　4　双肩

問二　A「屈する」「伸ばす」と考える。　B「妨げる」「害する」と考える。

問三　例文の「で」は断定の意味を表す助動詞で，同じ意味・用法で用いられているものは4。1は場所を表す格助詞，2は接続助詞，3は「そうで」という助動詞の一部。

問四　1の「配ら」という四段活用には，本来「せる」が接続するので，誤っている。

基本　問五　『万葉集』が成立したのは奈良時代なので2が最も適切。1は平安時代，3は鎌倉時代，4は江戸時代。

問六　3の『最後の一句』は，森鷗外の作品。

問七　1は「ひゃっかりょうらん」，2は「はくぶんきょうき」，3は「いちいせんしん」，4は「おんこちしん」。一つのことに集中するという意味の3が入る。

二　（小説―主題・表題，情景・心情，内容吟味，文脈把握，指示語の問題，脱文・脱語補充，語句の意味，ことわざ・慣用句，表現技法）

問一　A「へりくつ」と読む。道理に合わない理屈のこと。前の「ひどいと思うけど，どっちかに合わせ」ることは正しいのか，「間違ってても，しょうがないこと」はあるのか，という議論に対していっている。　B　前の「なにそれ，無責任」という会話の調子もヒントになる。

やや難　問二　前の「だから……ひどいと思うけど，どっちかに合わせなきゃいけないんだから，しょうがないじゃないですか」という「わたし」に対して，先生は「正しい。ことなのかな。」「間違ってても，しょうがないことってあるのかな。」と問い質しており，その時の「わたし」の心情を「ムカッ」と表現している。「ムカッと」に着目すると，「なんなんだろう」で始まる段落に「またムカッとした……村内先生と話すときの『ムカッ』は，他の先生のときの『ムカッ』とは，場所が違う。頭に来るのは同じだし，腹が立つのも一緒だけど，胸の奥が――ちょっとだけ，違う」とある。「わたしは黙って」で始まる段落に「ほんとにそうだ」と納得していることから，自分でも納得していなかった正しいことを先生に追求されたために「ムカッと」したのだとわかる。この心情を述べて理由としている2が適切。1の「高圧的」は先生の会話の様子に合わない。「わたし」は納得していないので，3の「決まりきったこと」は適切ではない。4の「過去の過ち」を先生は責めてない。5の「日本中の全ての人が」という記述はない。

問三　左利きの子のために「窓が背中に合ったら，右利きも左利きも同じでいいんじゃないのか？」や，「みんなが窓に向いて座ったら。どうだ？」という先生の提案に対して，「……もっと暗いじゃないですか，右利きも左利きの子も，みんな困るし」「まぶしいし，黒板どこに置くんですか」と「わたし」が反論した場面である。傍線部②の直後「クラス全員がお日様を背にしてどんよりとノートを取っている光景や，クラス全員がお日さまに向かってまぶしさに目を細めている光景を思い浮かべると，やっぱりおかしい」から，理由を読み取る。1の「多数派に合わせ」たわけではない。2の「一体感が生まれる」，5の「いつでもおかしな結果になる」とは述べていない。現状より不便な状況になると「わたし」はすぐに気づいているので，「大人である先生でもすぐには思いつかなかった」とある3も適切ではない。

基本　問四　友だちと離れることができず教室で身動きがとれなくなっている「わたしたち」を，パイプの中で身動きがとれない「アナゴ」にたとえている。「ように」「ごとく」などの語を使っていないので，3の「隠喩」が用いられている。

問五　傍線部④の「そんなの」が指示している内容を読み取る。前で「ひどい場所だ」とし「嫌だ嫌だ嫌だ」と繰り返し言っているのは，「みんな西を向いて」いる「教室」という環境に対してである。5の「社会と隔離」されていることを「嫌だ」と言っているわけではない。

やや難　問六　先生が「たいせつなこと」だと言っているのは，前の「……机は西向きでも，わたし，下向いてる……横向いたり，外を見たりしてる……」という「わたし」の言葉に対してである。この「わたし」の言葉は，みんなと同じでなくても自分が正しいと思うことをすることを意味している。「ひどい場所だ」で始まる段落の「誰がやったかわからないまま，自分ではないんだろうなと勝手に信じ込んで，誰かのこころを壊して，ころしてしまう」から，「わたし」が正しいと思うのは，誰かのために心を動かすことだと読み取れる。この内容を述べているのは1。

基本　問七　直前の「背中がぞっとして」や，直後の「ひどい場所だ」にふさわしいのは，2の「顔がゆがんだ」。1は何もしないで見過ごす，3はひどく笑う，4は安心する，5はうらやみながら手を出せない，という意味。

重要　問八　本文は「わたし」という一人称で描かれており，主人公の「わたし」が先生に反発したり自分の気持ちに向き合う心情が読者に伝わるものとなっている。1の「テンポの良い会話」や「意表をつく結末」，3の「快活に描かれている」，4の「難解なテーマ」，5の「様々な風景描写」は，本文の表現や内容の特徴にそぐわない。

三　**(論説文―大意・要旨，内容吟味，文脈把握，脱文・脱語補充，表現技法)**

問一　直前の「個性の源泉が忘却にあることを知らずにいる」ことに対して，筆者は「いかにものんき」と言っている。筆者は「忘却」の重要性を述べようとしているので，3が適切。1の「十分に時間をかけて」，2の「じっくりと成長させていく必要」とは述べていない。4にあるように「喩えている」わけではない。5の「忘却」が「コンピューターには不可能」だから注目されるようになったわけではない。

問二　一つ目の［　A　］の直前の「個性化をすすめ」に通じるのは，新しいものをつくり出すという意味の5の「創造」。［　B　］の後の文脈から，「支えて」と反対の意味内容を持つ「破壊」が当てはまる。

問三　直前の段落で「心を鳩小屋と考え，さまざまな鳥を捕らえてその小屋に入れることを記憶とし，鳩小屋の鳩をとらえることを想起とした」というプラトンの比喩を挙げ，「この喩えでは記憶を変える忘却はまったく考えられていない」ので，傍線部②「もうひとつの比喩を考えた」と述べている。この「もうひとつの比喩」は，「人間は心のうちに蠟板のようなものがあるとして……記憶と忘却の比喩とした」というものである。「忘却についても考えるようにした」とある4が適切。忘却を説明するために?板の喩えを用いたので，1と2と3は合わない。傍線部②と同じ段落に「なお不充分」とあるので，5の「全ての問題を解決する」は適切ではない。

基本　問四　同じ段落の「忘却は……記憶と同じくらいに大切な心的活動である。両者は対立関係にあるのではなくて，セットとして共同の働きをしている」ことを「車の両輪」と喩えている。「セットとして共同の働きをしている」を「対等に協力して働く」と言い換えている2が適切。

問五　「視野」は目を動かさないで見ることのできる範囲。「盲点」は見落としている点のこと。傍線部④は，同じ段落の「記憶にしても，すべての入ってくる情報を一様に，万遍なくインプットしているのではないように思われる。つよく印象づけられた部分もあれば……さほどはっきりしない印象として受け入れられた部分もあって，まだら模様である」ことを表している。この内容を述べているのは3。1の「気づかないうちに忘却された」，4の「個人の生き方によって記憶の内容が異なる」，5の「複雑なネットを通して行われる」とは，本文で述べていない。傍線部④は個人の記憶について述べており，2の「コンピューター」と比較しているわけではない。

やや難　問六　傍線部⑤の「人間の記憶は，生理的・心理的」と「物理的」について，直後の段落で「人間の記憶は，生理的・心理的であるのに，コンピューターは物理的記憶である」と繰り返し，その後で「コンピューターは，機械という物体が存在し，電気というエネルギーが存在する限り，消滅したりすることはない」と説明している。「人間の記憶は選択的」で始まる段落の「人間の記憶は選択的であり，個人差が大きく影響する」と合わせて説明している5が適切。他の選択肢は，機械の記憶が自然に消滅することはないことを「物理的」，人間の記憶は印象によって左右することを「生理的・心理的」とする本文の内容にそぐわない。

問七　同じ文の文脈から，筆者が「新しい目で見る必要がある」と言っているのは，「忘却」だとわかる。「忘却」は「悪者扱いされてきた」とあるので，積極的に肯定していくべきだという見方を示している2を選ぶ。1と3と4は，「忘却」に対して述べていない。5は「一方的に下げられた」とまでは言っていない。

問八　同じ段落で「知識，情報社会と言われるようになると，自然忘却だけではゴミが溢れることになりかねない。記憶を意図的に廃棄しないと，頭がゴミで埋まって働かなくなる恐れが現実的になってくる」と説明している。1の「変化していく過程」，2の「価値の有無」，3の「捨てる方法に決められた手段がある」，5の「不必要な情報があまりに多い」の部分が適切ではない。

重要　問九　筆者は，本文全体で「忘却」の重要性を述べている。最終段落の「選択的忘却は健全な精神にとって，記憶よりもはるかに重要である」から，「忘却を積極的に評価する」ことが「現代においては不可欠である」とする理由を探る。知識や情報があふれる現代においては，忘却しないと思考を健全に保つことができないと述べている3が適切。1の「選択的な忘却」に限っているわけではない。2の「自然忘却」は記憶の量を保つためではない。4の「コンピューターには不可能」だから忘却を評価しているわけではない。5の「一度忘却することで記憶の整理が行われる」とは述べていない。

四　**(古文―大意・要旨，情景・心情，内容吟味，文脈把握，語句の意味，仮名遣い，古文の口語訳)**

〈口語訳〉　Ⅰ　天徳の歌合の時に，平兼盛と壬生忠見は，共に随身で，左右に一対としてどちらの歌が優れているか評価されることとなった。初恋という題をいただいて，忠見が，名歌を詠むことができたと思って，兼盛はどうしてこれほどの歌を詠むことができるだろうか，いやできはしないと思ったのだった。

恋すてふ我が名はまだき立ちにけり人知れずこそ思ひそめしか(恋をしているという私の噂は，早くも広まったことだ。だれにも知られないようにひそかに思い始めたのに)

そういうわけですべて天皇の前で詠まれて，優劣の判定がくだされようとしていて，兼盛の歌は

つつめども色に出でにけり我が恋はものや思ふと人の問ふまで(隠しているが顔色にあらわれてしまったことだ，私の恋は。物思いをしているのですかと人が尋ねるほどに)

共に名歌であったので，判者が，判断できずに，少しの間帝の意向を伺ったところ，帝は，忠見の歌を二，三度お詠みになられた。(そして)兼盛の歌を何度もお詠みになられたので，「天皇の意向は左である」として，兼盛が勝ったのだった。

Ⅱ　左　忠見　X恋すてふ我が名はまだき立ちにけり人知れずこそ思ひそめしか(恋をしていると

いう私の噂は，早くも広まったことだ。だれにも知られないようにひそかに思い始めたのに)

右　兼盛　Yしのぶれど色に出でにけり我が恋はものや思ふと人の問ふまで(隠しているが顔色にあらわれてしまったことだ，私の恋は。物思いをしているのですかと人が尋ねるほどに)

判者が(帝に)申しあげて言うには，「左右の歌は，どちらも優れております。優劣も定めることができません」と。天皇が命じて言うには，「それぞれなるほど美しい。けれどもやはり優劣はつけるべきだ」というわけで，家来の大納言源朝臣に譲ったが，どちらもすばらしくて答えない。この間にお互いに詠むことができず，それぞれ自分の価値を願っているようだった。判者はしきりに天皇のご意向を伺ったが，なかなか判定をいただけない。(帝が)こっそり右の方をお詠みになったのだろうか，源朝臣がこっそり語って言うには，「帝のご意向は右にあるのか」というわけで，これによってついに右を勝ちとした。思う所があって，しばらくの間は引き分けかと思われた。とはいうものの，右の歌は非常によい。

基本　問一　A 「てふ」は現代仮名遣いでは「ちょう」に直す。　B　語頭以外のハ行はワ行に直す。

問二　A　気持ちを「包めども」と考える。　B 「……かねて」は，……することができなくて，という意味になる。　C 「能はず」は，することができない，という意味になる。

問三　忠見は，自分で名歌を詠んだと思っている。「いかで」は反語表現なので，兼盛はどうしてこれほどの歌が詠めるだろうか，いや詠めはしないということを言っている。忠見の「恋いすてふ」の歌に対する自信が感じられる。

問四　直後で「左右の歌，共にもつて優なり。勝劣を定め申すこと能はず」と言っているので，歌の勝劣を判定する，3の「判者」が適切。

やや難　問五　和歌Xの「恋いすてふ我が名はまだき立ちにけり」は，恋をしているという私の噂が立ってしまったと詠んでいる。和歌Yの「しのぶれど色に出にけり我が恋は」は，隠していた恋心が自然に表れてしまったと詠んでいる。他の選択肢の内容は，歌の意味からは読み取れない。

重要　問六　文章Ⅰの最後に「『天気左にあり』とて，兼盛勝にけり」とあるので，左方が兼盛で右方が忠見。文章Ⅱでは「左」が「忠見」，「右」が「兼盛」で，「右をもつて勝となす」とある。文章Ⅰと文章Ⅱでは，忠見と兼盛の左右の位置が入れ替わっているが，勝者はともに兼盛である。この内容を述べている3が適切。

★ワンポイントアドバイス★

選択肢には紛らわしいものが多い。それぞれの選択肢の文末に注目して判断するのも一つの方法だ。

MEMO

大切なことはメモしておこうネ！

解答用紙集

○月×日　△曜日　天気（合格日和）

◆ご利用のみなさまへ
＊解答用紙の公表を行っていない学校につきましては、弊社の責任において、解答用紙を制作いたしました。
＊編集上の理由により一部縮小掲載した解答用紙がございます。
＊編集上の理由により一部実物と異なる形式の解答用紙がございます。

人間の最も偉大な力とは、その一番の弱点を克服したところから生まれてくるものである。　――カール・ヒルティ――

東京学参株式会社

千葉明徳高等学校　2024年度

◇数学◇

※ 125％に拡大していただくと，解答欄は実物大になります。

1	(1)	ア	0 1 2 3 4 5 6 7 8 9
	(2)	イ	0 1 2 3 4 5 6 7 8 9
		ウ	0 1 2 3 4 5 6 7 8 9
		エ	0 1 2 3 4 5 6 7 8 9
	(3)	オ	0 1 2 3 4 5 6 7 8 9
	(4)	カ	0 1 2 3 4 5 6 7 8 9
		キ	0 1 2 3 4 5 6 7 8 9
	(5)	ク	0 1 2 3 4 5 6 7 8 9
		ケ	0 1 2 3 4 5 6 7 8 9
	(6)	コ	0 1 2 3 4 5 6 7 8 9
	(7)	サ	0 1 2 3 4 5 6 7 8 9
		シ	0 1 2 3 4 5 6 7 8 9
		ス	0 1 2 3 4 5 6 7 8 9
2	(1)	ア	0 1 2 3 4 5 6 7 8 9
		イ	0 1 2 3 4 5 6 7 8 9
	(2)	ウ	0 1 2 3 4 5 6 7 8 9
		エ	0 1 2 3 4 5 6 7 8 9
		オ	0 1 2 3 4 5 6 7 8 9
	(3)	カ	0 1 2 3 4 5 6 7 8 9
		キ	0 1 2 3 4 5 6 7 8 9
	(4)	ク	0 1 2 3 4 5 6 7 8 9
		ケ	0 1 2 3 4 5 6 7 8 9
		コ	0 1 2 3 4 5 6 7 8 9

3	(1)	ア	0 1 2 3 4 5 6 7 8 9
		イ	0 1 2 3 4 5 6 7 8 9
	(2)	ウ	0 1 2 3 4 5 6 7 8 9
	(3)	エ	0 1 2 3 4 5 6 7 8 9
		オ	0 1 2 3 4 5 6 7 8 9
		カ	0 1 2 3 4 5 6 7 8 9
4	(1)	ア	0 1 2 3 4 5 6 7 8 9
		イ	0 1 2 3 4 5 6 7 8 9
		ウ	0 1 2 3 4 5 6 7 8 9
		エ	0 1 2 3 4 5 6 7 8 9
		オ	0 1 2 3 4 5 6 7 8 9
		カ	0 1 2 3 4 5 6 7 8 9
	(2)	キ	0 1 2 3 4 5 6 7 8 9
		ク	0 1 2 3 4 5 6 7 8 9
		ケ	0 1 2 3 4 5 6 7 8 9
	(3)	コ	0 1 2 3 4 5 6 7 8 9
		サ	0 1 2 3 4 5 6 7 8 9
5	(1)	ア	0 1 2 3 4 5 6 7 8 9
		イ	0 1 2 3 4 5 6 7 8 9
	(2)	ウ	0 1 2 3 4 5 6 7 8 9
		エ	0 1 2 3 4 5 6 7 8 9
		オ	0 1 2 3 4 5 6 7 8 9
	(3)	カ	0 1 2 3 4 5 6 7 8 9
		キ	0 1 2 3 4 5 6 7 8 9
		ク	0 1 2 3 4 5 6 7 8 9

<記入上の注意>

- 記入は黒色鉛筆またはシャープペンシルを使用すること。
- この用紙は折ったり曲げたりしないこと。
- マーク部分の記入　（良い例）▮　（悪い例）▌ ○ ✕ •

千葉明徳高等学校　2024年度　　◇英語◇

※ 127％に拡大していただくと，解答欄は実物大になります。

1	(1)	1 2 3 4
	(2)	1 2 3 4
	(3)	1 2 3 4
	(4)	1 2 3 4
2	(5)	1 2 3 4
	(6)	1 2 3 4
	(7)	1 2 3 4
3	(8)	1 2 3 4
	(9)	1 2 3 4
4	(10)	1 2 3 4
	(11)	1 2 3 4
	(12)	1 2 3 4
	(13)	1 2 3 4
	(14)	1 2 3 4
	(15)	1 2 3 4

5	(16)	1 2 3 4
	(17)	1 2 3 4
	(18)	1 2 3 4
	(19)	1 2 3 4
	(20)	1 2 3 4
	(21)	1 2 3 4

6	(22)	1 2 3 4
	(23)	1 2 3 4
	(24)	1 2 3 4
	(25)	1 2 3 4
	(26)	1 2 3 4
7	(27)	1 2 3 4
	(28)	1 2 3
	(29)	1 2 3 4
	(30)	1 2 3 4
	(31)	1 2 3 4
	(32)	1 2 3 4
	(33)	1 2 3 4

<記入上の注意>

・記入は黒色鉛筆またはシャープペンシルを使用すること。
・この用紙は折ったり曲げたりしないこと。
・マーク部分の記入　（良い例）　（悪い例）

千葉明徳高等学校　2024年度

◇国語◇

※ 128％に拡大していただくと，解答欄は実物大になります。

一	問一	A	1 2 3 4 5
		B	1 2 3 4 5
		C	1 2 3 4 5
		D	1 2 3 4 5
		E	1 2 3 4 5
	問二	A	1 2 3 4 5
		B	1 2 3 4 5
		C	1 2 3 4 5
		D	1 2 3 4 5
		E	1 2 3 4 5
	問三		1 2 3 4 5
	問四		1 2 3 4 5
	問五		1 2 3 4 5
	問六		1 2 3 4 5
	問七		1 2 3 4 5

二	問一	Ⅰ	1 2 3 4 5
		Ⅱ	1 2 3 4 5
		Ⅲ	1 2 3 4 5
		Ⅳ	1 2 3 4 5
	問二	ア	1 2 3 4 5
		イ	1 2 3 4 5
		ウ	1 2 3 4 5
		エ	1 2 3 4 5
	問三		1 2 3 4 5
	問四		1 2 3 4 5
	問五		1 2 3 4 5
	問六		1 2 3 4 5
	問七		1 2 3 4 5

三	問一	ア	1 2 3 4 5
		イ	1 2 3 4 5
		ウ	1 2 3 4 5
	問二		1 2 3 4 5
	問三		1 2 3 4 5
	問四		1 2 3 4 5
	問五		1 2 3 4 5
	問六		1 2 3 4 5
	問七		1 2 3 4 5

四	問一	a	1 2 3 4 5
		b	1 2 3 4 5
	問二	X	1 2 3 4 5
		Y	1 2 3 4 5
		Z	1 2 3 4 5
	問三		1 2 3 4 5
	問四		1 2 3 4 5
	問五		1 2 3 4 5

<記入上の注意>
- 記入は黒色鉛筆またはシャープペンシルを使用すること。
- この用紙は折ったり曲げたりしないこと。
- マーク部分の記入　（良い例）　（悪い例）

千葉明徳高等学校　2023年度

◇数学◇

※ 120%に拡大していただくと，解答欄は実物大になります。

1	(1)	ア	0	1	2	3	4	5	6	7	8	9
	(2)	イ	0	1	2	3	4	5	6	7	8	9
	(3)	ウ	0	1	2	3	4	5	6	7	8	9
		エ	0	1	2	3	4	5	6	7	8	9
	(4)	オ	0	1	2	3	4	5	6	7	8	9
		カ	0	1	2	3	4	5	6	7	8	9
	(5)	キ	0	1	2	3	4	5	6	7	8	9
	(6)	ク	0	1	2	3	4	5	6	7	8	9
		ケ	0	1	2	3	4	5	6	7	8	9
	(7)	コ	0	1	2	3	4	5	6	7	8	9
		サ	0	1	2	3	4	5	6	7	8	9
2	(1)	ア	0	1	2	3	4	5	6	7	8	9
	(2)	イ	0	1	2	3	4	5	6	7	8	9
	(3)	ウ	0	1	2	3	4	5	6	7	8	9
		エ	0	1	2	3	4	5	6	7	8	9
	(4)	オ	0	1	2	3	4	5	6	7	8	9
		カ	0	1	2	3	4	5	6	7	8	9
		キ	0	1	2	3	4	5	6	7	8	9
	(5)	ク	0	1	2	3	4	5	6	7	8	9
		ケ	0	1	2	3	4	5	6	7	8	9
3	(1)	ア	0	1	2	3	4	5	6	7	8	9
	(2)	イ	0	1	2	3	4	5	6	7	8	9
		ウ	0	1	2	3	4	5	6	7	8	9
		エ	0	1	2	3	4	5	6	7	8	9
		オ	0	1	2	3	4	5	6	7	8	9

3	(3)	カ	0	1	2	3	4	5	6	7	8	9
		キ	0	1	2	3	4	5	6	7	8	9
		ク	0	1	2	3	4	5	6	7	8	9
		ケ	0	1	2	3	4	5	6	7	8	9
4	(1)	ア	0	1	2	3	4	5	6	7	8	9
		イ	0	1	2	3	4	5	6	7	8	9
		ウ	0	1	2	3	4	5	6	7	8	9
	(2)	エ	0	1	2	3	4	5	6	7	8	9
		オ	0	1	2	3	4	5	6	7	8	9
	(3)	カ	0	1	2	3	4	5	6	7	8	9
		キ	0	1	2	3	4	5	6	7	8	9
		ク	0	1	2	3	4	5	6	7	8	9
		ケ	0	1	2	3	4	5	6	7	8	9
5	(1)	ア	0	1	2	3	4	5	6	7	8	9
	(2)	イ	0	1	2	3	4	5	6	7	8	9
		ウ	0	1	2	3	4	5	6	7	8	9
	(3)	エ	0	1	2	3	4	5	6	7	8	9
		オ	0	1	2	3	4	5	6	7	8	9
		カ	0	1	2	3	4	5	6	7	8	9
		キ	0	1	2	3	4	5	6	7	8	9
		ク	0	1	2	3	4	5	6	7	8	9

<記入上の注意>

・記入は黒色鉛筆またはシャープペンシルを使用すること。

・この用紙は折ったり曲げたりしないこと。

・マーク部分の記入　（良い例）　（悪い例）

千葉明徳高等学校　　2023年度

◇英語◇

※ 127％に拡大していただくと，解答欄は実物大になります。

1	(1)	1 2 3 4
	(2)	1 2 3 4
	(3)	1 2 3 4
	(4)	1 2 3 4
2	(5)	1 2 3 4
	(6)	1 2 3 4
	(7)	1 2 3 4
3	(8)	1 2 3 4
	(9)	1 2 3 4
4	(10)	1 2 3 4
	(11)	1 2 3 4
	(12)	1 2 3 4
	(13)	1 2 3 4
	(14)	1 2 3 4
	(15)	1 2 3 4

5	(16)	1 2 3 4
	(17)	1 2 3 4
	(18)	1 2 3 4
	(19)	1 2 3 4
	(20)	1 2 3 4
	(21)	1 2 3 4

6	(22)	1 2 3 4
	(23)	1 2 3 4
	(24)	1 2 3 4
	(25)	1 2 3 4
	(26)	1 2 3 4
	(27)	1 2 3 4
7	(28)	1 2
	(29)	1 2 3 4
	(30)	1 2 3 4
	(31)	1 2 3 4
	(32)	1 2 3 4
	(33)	1 2 3 4
	(34)	1 2 3 4

<記入上の注意>
- 記入は黒色鉛筆またはシャープペンシルを使用すること。
- この用紙は折ったり曲げたりしないこと。
- マーク部分の記入　（良い例）　（悪い例）

千葉明徳高等学校　2023年度

◇国語◇

※ 127%に拡大していただくと，解答欄は実物大になります。

大問	問	記号	解答欄
一	問一	A	1 2 3 4 5
		B	1 2 3 4 5
		C	1 2 3 4 5
		D	1 2 3 4 5
		E	1 2 3 4 5
	問二	A	1 2 3 4 5
		B	1 2 3 4 5
		C	1 2 3 4 5
		D	1 2 3 4 5
		E	1 2 3 4 5
	問三		1 2 3 4 5
	問四		1 2 3 4 5
	問五		1 2 3 4 5
	問六		1 2 3 4 5
	問七		1 2 3 4 5

大問	問	記号	解答欄
二	問一	I	1 2 3 4 5
		II	1 2 3 4 5
		III	1 2 3 4 5
		IV	1 2 3 4 5
	問二	ア	1 2 3 4 5
		イ	1 2 3 4 5
		ウ	1 2 3 4 5
		エ	1 2 3 4 5
	問三		1 2 3 4 5
	問四		1 2 3 4 5
	問五		1 2 3 4 5
	問六		1 2 3 4 5
	問七		1 2 3 4 5

大問	問	記号	解答欄
三	問一	ア	1 2 3 4 5
		イ	1 2 3 4 5
		ウ	1 2 3 4 5
	問二		1 2 3 4 5
	問三		1 2 3 4 5
	問四		1 2 3 4 5
	問五		1 2 3 4 5
	問六		1 2 3 4 5
	問七		1 2 3 4 5

大問	問	記号	解答欄
四	問一	a	1 2 3 4 5
		b	1 2 3 4 5
	問二	X	1 2 3 4 5
		Y	1 2 3 4 5
	問三		1 2 3 4 5
	問四		1 2 3 4 5
	問五		1 2 3 4 5

<記入上の注意>

・記入は黒色鉛筆またはシャープペンシルを使用すること。
・この用紙は折ったり曲げたりしないこと。
・マーク部分の記入　（良い例）　（悪い例）

千葉明徳高等学校　2022年度

◇数学◇

※ 120%に拡大していただくと，解答欄は実物大になります。

1	(1)	ア	0	1	2	3	4	5	6	7	8	9
	(2)	イ	0	1	2	3	4	5	6	7	8	9
		ウ	0	1	2	3	4	5	6	7	8	9
	(3)	エ	0	1	2	3	4	5	6	7	8	9
		オ	0	1	2	3	4	5	6	7	8	9
	(4)	カ	0	1	2	3	4	5	6	7	8	9
	(5)	キ	0	1	2	3	4	5	6	7	8	9
		ク	0	1	2	3	4	5	6	7	8	9
	(6)	ケ	0	1	2	3	4	5	6	7	8	9
		コ	0	1	2	3	4	5	6	7	8	9
	(7)	サ	0	1	2	3	4	5	6	7	8	9
		シ	0	1	2	3	4	5	6	7	8	9
2	(1)	ア	0	1	2	3	4	5	6	7	8	9
		イ	0	1	2	3	4	5	6	7	8	9
	(2)	ウ	0	1	2	3	4	5	6	7	8	9
		エ	0	1	2	3	4	5	6	7	8	9
	(3)	オ	0	1	2	3	4	5	6	7	8	9
		カ	0	1	2	3	4	5	6	7	8	9
	(4)	キ	0	1	2	3	4	5	6	7	8	9
		ク	0	1	2	3	4	5	6	7	8	9
	(5)	ケ	0	1	2	3	4	5	6	7	8	9
3	(1)	ア	0	1	2	3	4	5	6	7	8	9
	(2)	イ	0	1	2	3	4	5	6	7	8	9
	(3)	ウ	0	1	2	3	4	5	6	7	8	9
		エ	0	1	2	3	4	5	6	7	8	9

3	(4)	オ	0	1	2	3	4	5	6	7	8	9
		カ	0	1	2	3	4	5	6	7	8	9
4	(1)	ア	0	1	2	3	4	5	6	7	8	9
		イ	0	1	2	3	4	5	6	7	8	9
	(2)	ウ	0	1	2	3	4	5	6	7	8	9
		エ	0	1	2	3	4	5	6	7	8	9
		オ	0	1	2	3	4	5	6	7	8	9
		カ	0	1	2	3	4	5	6	7	8	9
	(3)	キ	0	1	2	3	4	5	6	7	8	9
		ク	0	1	2	3	4	5	6	7	8	9
		ケ	0	1	2	3	4	5	6	7	8	9
		コ	0	1	2	3	4	5	6	7	8	9
		サ	0	1	2	3	4	5	6	7	8	9
5	(1)	ア	0	1	2	3	4	5	6	7	8	9
		イ	0	1	2	3	4	5	6	7	8	9
	(2)	ウ	0	1	2	3	4	5	6	7	8	9
		エ	0	1	2	3	4	5	6	7	8	9
		オ	0	1	2	3	4	5	6	7	8	9
		カ	0	1	2	3	4	5	6	7	8	9
		キ	0	1	2	3	4	5	6	7	8	9
		ク	0	1	2	3	4	5	6	7	8	9
	(3)	ケ	0	1	2	3	4	5	6	7	8	9
		コ	0	1	2	3	4	5	6	7	8	9
		サ	0	1	2	3	4	5	6	7	8	9

<記入上の注意>

・記入は黒色鉛筆またはシャープペンシルを使用すること。

・この用紙は折ったり曲げたりしないこと。

・マーク部分の記入　（良い例）　（悪い例）

千葉明徳高等学校　　2022年度

◇英語◇

※ 127%に拡大していただくと，解答欄は実物大になります。

1	(1)	1 2 3 4
	(2)	1 2 3 4
	(3)	1 2 3 4
	(4)	1 2 3 4
2	(5)	1 2 3 4
	(6)	1 2 3 4
	(7)	1 2 3 4
3	(8)	1 2 3 4
	(9)	1 2 3 4
4	(10)	1 2 3 4
	(11)	1 2 3 4
	(12)	1 2 3 4
	(13)	1 2 3 4
	(14)	1 2 3 4
	(15)	1 2 3 4

5	(16)	1 2 3 4
	(17)	1 2 3 4
	(18)	1 2 3 4
	(19)	1 2 3 4
	(20)	1 2 3 4
	(21)	1 2 3 4

6	(22)	1 2 3 4
	(23)	1 2 3 4
	(24)	1 2 3 4
	(25)	1 2 3 4
	(26)	1 2 3 4
	(27)	1 2 3 4
	(28)	1 2 3 4
7	(29)	1 2 3 4
	(30)	1 2 3 4
	(31)	1 2 3 4
	(32)	1 2 3 4
	(33)	1 2 3 4

<記入上の注意>

・記入は黒色鉛筆またはシャープペンシルを使用すること。

・この用紙は折ったり曲げたりしないこと。

・マーク部分の記入　（良い例）　（悪い例）

千葉明徳高等学校　2022年度　　◇国語◇

※ 127％に拡大していただくと，解答欄は実物大になります。

一			
	問一	A	1 2 3 4
		B	1 2 3 4
		C	1 2 3 4
	問二	A	1 2 3 4
		B	1 2 3 4
	問三		1 2 3 4
	問四		1 2 3 4
	問五		1 2 3 4
	問六		1 2 3 4
	問七		1 2 3 4

三		
	問一	1 2 3 4 5
	問二	1 2 3 4 5
	問三	1 2 3 4 5
	問四	1 2 3 4 5
	問五	1 2 3 4 5
	問六	1 2 3 4 5
	問七	1 2 3 4 5
	問八	1 2 3 4 5
	問九	1 2 3 4 5

四			
	問一	a	1 2 3 4
		b	1 2 3 4
	問二	①	1 2 3 4
		②	1 2 3 4
		③	1 2 3 4
	問三		1 2 3 4
	問四		1 2 3 4
	問五		1 2 3 4

二		
	問一	1 2 3 4 5
	問二	1 2 3 4 5
	問三	1 2 3 4 5
	問四	1 2 3 4 5
	問五	1 2 3 4 5
	問六	1 2 3 4 5
	問七	1 2 3 4 5
	問八	1 2 3 4 5

<記入上の注意>

・記入は黒色鉛筆またはシャープペンシルを使用すること。

・この用紙は折ったり曲げたりしないこと。

・マーク部分の記入　（良い例）　（悪い例）

千葉明徳高等学校　2021年度

◇数学◇

1	(1)	ア	0	1	2	3	4	5	6	7	8	9
	(2)	イ	0	1	2	3	4	5	6	7	8	9
		ウ	0	1	2	3	4	5	6	7	8	9
	(3)	エ	0	1	2	3	4	5	6	7	8	9
		オ	0	1	2	3	4	5	6	7	8	9
	(4)	カ	0	1	2	3	4	5	6	7	8	9
		キ	0	1	2	3	4	5	6	7	8	9
	(5)	ク	0	1	2	3	4	5	6	7	8	9
		ケ	0	1	2	3	4	5	6	7	8	9
	(6)	コ	0	1	2	3	4	5	6	7	8	9
		サ	0	1	2	3	4	5	6	7	8	9
		シ	0	1	2	3	4	5	6	7	8	9
	(7)	ス	0	1	2	3	4	5	6	7	8	9
		セ	0	1	2	3	4	5	6	7	8	9
		ソ	0	1	2	3	4	5	6	7	8	9
2	(1)	ア	0	1	2	3	4	5	6	7	8	9
		イ	0	1	2	3	4	5	6	7	8	9
	(2)	ウ	0	1	2	3	4	5	6	7	8	9
		エ	0	1	2	3	4	5	6	7	8	9
	(3)	オ	0	1	2	3	4	5	6	7	8	9
	(4)	カ	0	1	2	3	4	5	6	7	8	9
		キ	0	1	2	3	4	5	6	7	8	9
	(5)	ク	0	1	2	3	4	5	6	7	8	9
	(6)	ケ	0	1	2	3	4	5	6	7	8	9
		コ	0	1	2	3	4	5	6	7	8	9
3	(1)	ア	0	1	2	3	4	5	6	7	8	9
		イ	0	1	2	3	4	5	6	7	8	9
	(2)	ウ	0	1	2	3	4	5	6	7	8	9
	(3)	エ	0	1	2	3	4	5	6	7	8	9
		オ	0	1	2	3	4	5	6	7	8	9
4	(1)	ア	0	1	2	3	4	5	6	7	8	9
		イ	0	1	2	3	4	5	6	7	8	9
	(2)	ウ	0	1	2	3	4	5	6	7	8	9
		エ	0	1	2	3	4	5	6	7	8	9
		オ	0	1	2	3	4	5	6	7	8	9
		カ	0	1	2	3	4	5	6	7	8	9
	(3)	キ	0	1	2	3	4	5	6	7	8	9
		ク	0	1	2	3	4	5	6	7	8	9
		ケ	0	1	2	3	4	5	6	7	8	9
5	(1)	ア	0	1	2	3	4	5	6	7	8	9
		イ	0	1	2	3	4	5	6	7	8	9
	(2)	ウ	0	1	2	3	4	5	6	7	8	9
		エ	0	1	2	3	4	5	6	7	8	9
	(3)	オ	0	1	2	3	4	5	6	7	8	9
		カ	0	1	2	3	4	5	6	7	8	9
		キ	0	1	2	3	4	5	6	7	8	9
		ク	0	1	2	3	4	5	6	7	8	9
		ケ	0	1	2	3	4	5	6	7	8	9
		コ	0	1	2	3	4	5	6	7	8	9

<記入上の注意>

・記入は黒色鉛筆またはシャープペンシルを使用すること。
・この用紙は折ったり曲げたりしないこと。
・マーク部分の記入　（良い例）　（悪い例）

◇英語◇

1	(1)	1 2 3 4
	(2)	1 2 3 4
	(3)	1 2 3 4
2	(4)	1 2 3 4
	(5)	1 2 3 4
	(6)	1 2 3 4
3	(7)	1 2 3 4
	(8)	1 2 3 4
4	(9)	1 2 3 4
	(10)	1 2 3 4
	(11)	1 2 3 4
	(12)	1 2 3 4
	(13)	1 2 3 4

5	(14)	1 2 3 4
	(15)	1 2 3 4
	(16)	1 2 3 4
	(17)	1 2 3 4
	(18)	1 2 3 4
	(19)	1 2 3 4
	(20)	1 2 3 4
	(21)	1 2 3 4
	(22)	1 2 3 4
	(23)	1 2 3 4 5 6

6	(24)	1 2 3 4
	(25)	1 2 3 4
	(26)	1 2 3 4
	(27)	1 2 3 4
	(28)	1 2 3 4
	(29)	1 2 3 4
7	(30)	1 2 3 4
	(31)	1 2 3 4
	(32)	1 2 3 4
	(33)	1 2 3 4
	(34)	1 2 3 4

<記入上の注意>

・記入は黒色鉛筆またはシャープペンシルを使用すること。
・この用紙は折ったり曲げたりしないこと。
・マーク部分の記入　（良い例）▮　（悪い例）▌ ○ ✕ ・

千葉明徳高等学校　2021年度

◇国語◇

一	問一	A	1 2 3 4
		B	1 2 3 4
		C	1 2 3 4
	問二	A	1 2 3 4 5
		B	1 2 3 4 5
	問三		1 2 3 4
	問四		1 2 3 4
	問五		1 2 3 4
	問六		1 2 3 4
	問七		1 2 3 4

三	問一	1 2 3 4 5
	問二	1 2 3 4 5
	問三	1 2 3 4 5
	問四	1 2 3 4 5
	問五	1 2 3 4 5
	問六	1 2 3 4 5
	問七	1 2 3 4 5
	問八	1 2 3 4 5
	問九	1 2 3 4 5

四	問一		1 2 3 4
	問二	A	1 2 3 4
		B	1 2 3 4
		C	1 2 3 4
	問三		1 2 3 4
	問四		1 2 3 4
	問五		1 2 3 4
	問六		1 2 3 4

二	問一	A	1 2 3 4 5
		B	1 2 3 4 5
	問二		1 2 3 4 5
	問三		1 2 3 4 5
	問四		1 2 3 4 5
	問五		1 2 3 4 5
	問六		1 2 3 4 5
	問七		1 2 3 4 5
	問八		1 2 3 4 5

<記入上の注意>

・記入は黒色鉛筆またはシャープペンシルを使用すること。

・この用紙は折ったり曲げたりしないこと。

・マーク部分の記入　（良い例）　（悪い例）

〈ダウンロードコンテンツについて〉

本問題集のダウンロードコンテンツ、弊社ホームページで配信しております。現在ご利用いただけるのは「2025年度受験用」に対応したもので、**2025年3月末日**までダウンロード可能です。弊社ホームページにアクセスの上、ご利用ください。

※配信期間が終了いたしますと、ご利用いただけませんのでご了承ください。

高校別入試過去問題シリーズ

千葉明徳高等学校　2025年度

ISBN978-4-8141-2998-0

[発行所] 東京学参株式会社

〒153-0043　東京都目黒区東山2-6-4

書籍の内容についてのお問い合わせは右のQRコードから ⇒

※書籍の内容についてのお電話でのお問い合わせ、本書の内容を超えたご質問には対応できませんのでご了承ください。

2024年7月11日　初版